Ewert, Janßen, Kirschnick-Janssen,
Papenheim-Tockhorn, Schwellach

Handbuch Projektmanagement Öffentliche Dienste

Grundlagen, Praxisbeispiele und Handlungsanleitungen für die Verwaltungsreform durch Projektarbeit

SachBuchVerlag Kellner
Bremen ● Boston

Die Deutsche Bibliothek – CIP-Einheitsaufnahme

Handbuch Projektmanagement Öffentliche Dienste:
Grundlagen, Praxisbeispiele und Handlungsanleitungen für
die Verwaltungsreform durch Projektarbeit

7., unveränderte Auflage. Bremen: Sachbuchverlag Kellner, 2011

PraxisReihe VerwaltungsReform, Band I
Herausgeber: Dr. Friedrich-Wilhelm Dopatka

Das Erscheinen dieses Buches wurde wesentlich
gefördert durch das Institut für Projektmanagement
und Wirtschaftsinformatik (IPMI) an der Universität
Bremen und durch den Senator für Finanzen,
Abt. Personal- und Verwaltungsmanagement, Bremen.
Allen herzlichen Dank.

© 7. Auflage 2011

Alle Rechte beim SachBuchVerlag Kellner
St.-Pauli-Deich 3, 28199 Bremen, Germany
Fon: 0421 - 77 8 66, Fax: 70 40 58
sachbuch@kellnerverlag.de
www.kellnerverlag.de

Satz & Gestaltung: Karin Wagener

ISBN 978-3-927155-34-3

Vorwort

Verwaltungsentwicklung und Projektarbeit

Ebenso wie andere Bereiche der Gesellschaft unterliegt auch die öffentliche Verwaltung mehr denn je einem starken Wandel. Sie kann auf Veränderungsimpulse von außen nicht nur reagieren; vielmehr muß sie ihren Wandel zu Dienstleistungsformen und mehr Wirksamkeit, zu Offenheit und Bürgernähe, zu Dezentralisierung und Autonomisierung selbst gestalten. Dabei werden Informations- und Kommunikationstechnologien eingesetzt, Organisationsentwicklungen und Personalqualifizierungen durchgeführt. Derartige Ansätze einer aktiven "Verwaltungsentwicklung" führen über traditionelle Arbeitsstrukturen der reinen Linienorganisation hinaus; flexible Arbeitsformen und Organisationsmodelle gilt es umzusetzen. Das Führungskonzept "Projektmanagement" bietet erprobte Methoden für Planung und Controlling, für Gruppenarbeit und ergebnisorientierte Dezentralisierung, für fachübergreifende Kommunikation und hierarchieübergreifende Kooperation.

Das vorliegende Handbuch Projektmanagement Öffentliche Dienste (PMÖD) entstand aus der Zusammenarbeit zwischen Mitarbeiterinnen und Mitarbeitern der Senatskommission für das Personalwesen (SKP) und dem Institut für Projektmanagement und Wirtschaftsinformatik (IPMI) in der Universität Bremen. Das PMÖD ist eines der Ergebnisse aus einem gemeinsamen Forschungs- und Entwicklungsvorhaben. Ziel des Vorhabens ist es, projektorientierte Denkweisen und Organisationsformen sowie professionelle Methoden für die Projektarbeit in der öffentlichen Verwaltung verstärkt zu nutzen.

Eingeflossen sind langjährige Erfahrungen des IPMI, das den Gedanken des Projektmanagements durch Pilotanwendungen, Organisations- und Personalentwicklung in die Wirtschafts- und Verwaltungspraxis, auch in der Bremer Region, transferiert. Ferner brachten Mitarbeiterinnen und Mitarbeiter der SKP ihre Erfahrungen aus Reorganisations- und Investitionsvorhaben der Verwaltung und Erkenntnisse über Organisationsentwicklung und Steuerungsprozesse in die gemeinsame Arbeit ein.

Verwaltungsspezifische Besonderheiten wurden bei der Erarbeitung des PMÖD berücksichtigt. Es lagen konstruktive Rückmeldungen aus gemeinsam durchgeführten Seminaren für Beschäftigte des öffentlichen Dienstes vor. In den letzten eineinhalb Jahren wirkten über 250 Teilnehmer/innen (Angestellte und Beamt(e)innen) aus unterschiedlichen Dienststellen und Gehalts- bzw. Besoldungsstufen an dreitägigen Veranstaltungen mit. Für Führungskräfte fanden ergänzend eintägige Workshops statt.

Die Seminare und Workshops machten Motive zur Verwaltungsentwicklung, Defizite im Einsatz professioneller Methoden, verwaltungsspezifische Bedingungen und mögliche Start-up-Hilfen für die praktische Projektarbeit deutlich. Eingeflossen sind auch die konstruktiven Anregungen der Testleser/innen der Entwurfsfassung dieses Handbuchs.

Das PMÖD bietet Definitionen, Methodenbeispiele und Empfehlungen, die den Beschäftigten im öffentlichen Dienst die professionelle Arbeit in Projekten erleichtern können. Es soll aber auch dazu anregen, die reine Linienorganisation durch flexible, projektorientierte Arbeitsformen zu ergänzen. In Projektgruppen können Verwaltungsangehörige fachübergreifend zusammenarbeiten, sich dadurch weiterbilden und zeitlich begrenzt auch - vielleicht sogar zum erstenmal - Führungsaufgaben wahrnehmen. Die Verwaltung selbst profitiert von diesen Erfahrungen und Verbesserungsvorschlägen.

Das PMÖD entstand als Pilotprojekt in der Verwaltungsreformpraxis - exemplarisch sowohl im Ergebnis als auch in der regionalen Kooperation von Praxis und Wissenschaft. Es ist Teil mehrerer Bemühungen um ein "Verwaltungsmanagement by Projects", von Ansätzen wie: Seminare und Workshops, Projektfallstudien und Project-Coaching, Kontraktierung und Änderungsmanagement, Aufgabendezentralisierung und Autonomisierung, temporäre Führungsformen und Ergebnisorientierung.

Das PMÖD trifft heute bereits auf einen hohen Methodenbedarf und erkennbare Motivation bei Mitarbeiter(n)innen und Führungskräften der bremischen öffentlichen Verwaltung.

Prof. Dr. Dr. h. c. Sebastian Dworatschek   Bürgermeister Ulrich Nölle

Institut für Projektmanagement   Senator für Finanzen und Vorsitzender
und Wirtschaftsinformatik - IPMI   der Senatskommission für das Personal-
                                                    wesen der Freien Hansestadt Bremen

4

Vorwort der Autoren

Ein Projektmanagement-Handbuch für öffentliche Dienste - warum eigentlich? Es gibt doch schon viele Bücher zum Projektmanagement. Hinzu kommt, daß es in der öffentlichen Verwaltung die verschiedenartigsten Projekte gibt.

Diese Problematik wurde uns Autoren sehr schnell klar, als wir in den ersten Sitzungen über den möglichen Inhalt diskutierten. Ein Handbuch, das auf alle Projektarten anwendbar ist, würde zu umfangreich werden. Die Einschränkung auf einige wenige Projektarten schien uns nicht gerechtfertigt zu sein. Daher stellte sich die Frage:

Was ist das Besondere an Projekten und am Projektmanagement der öffentlichen Dienste?

Uns waren Sachverhalte, Bedingungen und Regelungen wichtig, die unabhängig von der Art der Projekte immer wieder auftreten - seien es Projekte für Bauvorhaben, Softwareentwicklungen, Organisationsentwicklungen oder andere Aktionen. Sie beeinflussen nicht nur in Bremen Projektmitarbeiter, Betroffene, Auftraggeber und andere Beteiligte, sondern gelten in ähnlicher Weise für öffentliche Organisationen überhaupt.

Dem Projekterfahrenen mögen der Aufbau des Buches und die inhaltliche Gewichtung zunächst als etwas unüblich erscheinen. Die Themenschwerpunkte entstanden jedoch aus den in den Bremer Seminaren immer wieder genannten Problempunkten und den praktischen Erfahrungen der Autoren. Das Autorenteam entwickelte die Gliederungsstruktur gemeinsam. Einzelne Autoren bearbeiteten bestimmte Kapitel jeweils federführend. In gemeinsamen Sitzungen und Workshops des Autorenteams wurden wiederum die Inhalte durchgesprochen. So entstanden Inhalte, in denen die verschiedenen Betrachtungsweisen enthalten sind.

Ein erster Gesamtentwurf wurde von Mitarbeitern der bremischen Verwaltung Korrektur gelesen. Bei der Auswahl wurde darauf geachtet, Personen aus verschiedenen Fachbereichen mit unterschiedlichem Vorwissen einzubeziehen. Für die Arbeit der Testleser und ihre zahlreichen Anregungen bedanken wir uns.

Wir bedanken uns ferner bei Detlef Griesche (Institut für Projektmanagement und Wirtschaftsinformatik, IPMI) und Henning Lühr (Senatskommission für das Personalwesen, SKP), die die Initiative für dieses Projekt ergriffen haben.

Der besondere Dank des Autorenteams gilt Herrn Christian Rolf (SKP) für seine konstruktive Mitwirkung bei der inhaltlichen und strukturellen Ausgestaltung des Themas während der gemeinsamen Workshops und Diskussionen. Außerdem diente seine Diplomarbeit, die Projektmanagement-Methoden zum Thema hatte, als eine wesentliche Grundlage für den Methodenkoffer.

Darüber hinaus sind wir den Mitarbeitern des Senators für Finanzen, Herrn Block und Herrn Meyer, für die von Ihnen zu speziellen Kapiteln eingebrachten Hinweise, Anregungen und Hilfestellungen, gerade in einer Zeit der Neustrukturierung des Haushaltsvollzuges (u. a. dezentrale Ressourcenverantwortung) dankbar.

Dieses Buch wäre allerdings nie in der Ihnen vorliegenden optischen Gestaltung zustande gekommen, wenn nicht Frau Karin Wagener in unermüdlicher Kleinarbeit und mit unendlicher Geduld das Layout vorgenommen hätte. Bei ihr und auch bei Frau Dr. Christine Förster vom SachBuchVerlag Kellner, die das Manuskript lektoriert hat, möchten wir uns an dieser Stelle für die Unterstützung bedanken.

Für die vorliegende Fassung des Projektmanagement-Handbuches und mögliche Fehler oder Mißverständnisse bleiben jedoch die Autoren verantwortlich. Wir sind für Anregungen und Vorschläge stets offen und dankbar.

Wir hoffen, Ihnen mit unserem Handbuch viele Anregungen für Ihre eigene Projektarbeit geben zu können, und wünschen Ihnen viel Mut bei der praktischen Anwendung und viel Freude bei Ihrem nächsten Projekt.

Das Autorenteam

Dörte Kirschnick-Janssen (IPMI),   Wolfgang Ewert (SKP),
Dr. Heike Papenheim-Tockhorn (SKP)   Wiard Janßen (IPMI),
Gisela Schwellach (SKP)

PS: Zur besseren Lesbarkeit wurde auf die sonst im öffentlichen Dienst übliche weibliche und männliche Schreibweise verzichtet. Es sind aber immer beide gemeint.

Inhaltsverzeichnis

Teil I - Projektmanagement ?!

Immer häufiger ist die öffentliche Verwaltung mit Aufgaben oder Problemen[1] konfrontiert,

- für deren Bearbeitung eine interdisziplinäre, dienststellenübergreifende Zusammenarbeit erforderlich ist; ein gemeinsamer Vorgesetzter oder eine vorgesetzte Koordinationsstelle laut Geschäftsverteilungsplan fehlt;
- die neue kreative Lösungen benötigen und daher Gruppenarbeit erfordern;
- für die die bestehende Organisations- und Entscheidungsstruktur zu umständlich ist;
- die auch für Vorhaben innerhalb von Dienststellen - z. B. Referaten - andere Formen der Bearbeitung erfordern, da alle Mitarbeiter/innen davon betroffen sind und damit auch beteiligt werden sollen.

Für all diese Vorhaben gilt, daß alles in einem vertretbaren zeitlichen und finanziellen Rahmen sowie unter einem begrenzten Ressourceneinsatz durchzuführen ist.

1. Projekte und Projektmanagement - was ist das?

Für die oben genannten Aufgaben setzt sich verstärkt das Projektmanagement durch. Was mit Netzplantechnik begann, ist heute eine umfassende Vorgehensweise. Neben den ursprünglichen Methoden, wie u. a. die Entwicklung eines Projektstrukturplans und der Netzplantechnik, werden Methoden aus anderen Disziplinen, wie z. B. Moderation für Gruppenprozesse oder Kosten-Nutzen-Analyse zur Entscheidungsfindung, integriert.

1.1 Was sind Projekte?

Der Einsatz von Projektmanagement ist nur dann sinnvoll, wenn es sich bei dem Vorhaben tatsächlich um ein Projekt handelt. Wie vieles, so lassen sich auch Projekte anhand von DIN-Normen bestimmen. Nach der DIN-Norm 69 901 werden im allgemeinen Vorhaben und Aufgabenstellungen als Projekt bezeichnet, die "im wesentlichen durch die Einmaligkeit der Bedingungen in ihrer Gesamtheit gekennzeichnet sind, z. B.

- Zielvorgabe,
- zeitliche, finanzielle, personelle und andere Begrenzungen,

---

[1] vgl. Heintel/Krainz (1994), S. 9

- Abgrenzung gegenüber anderen Vorhaben und
- projektspezifische Organisation".[2]

Die folgende Definition[3] präzisiert weiter:

Projekte sind Vorhaben mit definiertem Anfang und Abschluß, die durch die Merkmale

- zeitliche Befristung,
- Einmaligkeit,
- Komplexität und
- Neuartigkeit gekennzeichnet sind
- und wegen ihres interdisziplinären Querschnittcharakters eine vorübergehende organisatorische Veränderung und damit verbunden auch eine Neufestlegung der Aufgabenbereiche in der öffentlichen Verwaltung bewirken können;

kurz: **Ein Projekt ist ein außergewöhnliches Vorhaben.**[4]

Aus diesen beiden Definitionen, die Grundlage für die weiteren Ausführungen sind, folgen mehrere Projektmerkmale:

Eindeutige inhaltliche und zeitliche Zielsetzung

Projekte müssen eindeutig formulierte Ziele haben. Sie enthalten konkrete Vorgaben, die erfüllbar sind und deren Erreichen überprüft werden kann. Aus den Zielen müssen sich konkrete Aufgaben ableiten lassen. Nach Abschluß des Projektes entfällt normalerweise die Zielsetzung. Bleibt sie aktuell, ist zu überlegen, ob die mit der Zielsetzung verbundene Aufgabenstellung nicht als reguläre Aufgabe in den Geschäftsverteilungsplan zu übernehmen ist.

Projektanfang und -ende sind eindeutig festzulegen. Sie werden häufig als Meilensteine (Ereignisse mit Ergebniserwartung) bezeichnet. Eindeutig festgelegt heißt nicht, daß in den Köpfen der am Projekt Beteiligten ein Enddatum vorhanden ist, das bei Bedarf nach hinten oder vorne verschoben werden kann. Wenn auch der Beginn eines Projekts nicht immer genau bestimmt werden kann, so kann doch der Endtermin schriftlich eindeutig fixiert werden. Bei Unklarheiten über den Projektbeginn bietet sich z. B. die erste Sitzung des Projektteams[5] als Anfangstermin an.

---

[2]Definition nach DIN 69 901
[3]Diese Definition ist Resultat einer umfassenden Analyse der Projektmanagementliteratur durch Madauss (1994)
[4]Madauss (1994), S. 499f.
[5]siehe Teil II, Kapitel 1

Programme werden oft als Projekt "miß"verstanden. Programme haben jedoch keine eindeutig formulierten Ziele und oft auch keine zeitliche Zielsetzung. Damit ein Programm umgesetzt werden kann, müssen aus dem allgemein formulierten Programm einzelne, durchführbare Aufgabenbereiche (Projekte und/oder Wiederholaufgaben) abgeleitet werden.

Beispiel:

Die Verwaltungsreform Bremens hat zum Ziel, die öffentliche Verwaltung in ein modernes effizientes, bürgernahes und rechtsstaatliches 'Dienstleistungsunternehmen Öffentliche Verwaltung' umzuwandeln.
Bei der Verwaltungsreform handelt es sich nicht um ein Projekt. Es fehlt zum einen die eindeutige zeitliche Zielvorgabe. Zum anderen ist die Zielsetzung sehr allgemein definiert. Es handelt sich hierbei vielmehr um ein Programm, das durch Ableiten verschiedener einzeln durchführbarer Projekte (z. B. "Einführung der Kosten- und Leistungsrechnung in der Stadtbibliothek", "Wirtschaftliche Verselbständigung von Ämtern", ...) und Wiederholaufgaben durchführbar wird.

Gewisse Einmaligkeit und relative Neuartigkeit der Aufgabe und damit ein höheres Risiko als bei sich wiederholenden Aufgaben

Einmaligkeit und Neuartigkeit müssen sich nicht auf das Projekt als Ganzes beziehen. Projekte haben bereits eine gewisse Einmaligkeit und relative Neuartigkeit, wenn:

• ein Projekt unter anderen Rahmenbedingungen als beim vorangegangenen Mal durchführt wird oder

• die Aufgabenstellung für die Mitarbeiter, die das Projekt durchführen sollen, neu ist.

Von abgeschlossenen Projekten (z. B. Pilotprojekten), die sich in modifizierter Form wiederholen, lassen sich Planungserkenntnisse und -daten nutzen (Lernprinzip), um den Neuplanungsaufwand zu reduzieren. Gelegentlich lassen sich sogar "Standardpläne" entwickeln, die später nur variiert werden müssen.

Technische Komplexität

Bei technisch komplexen Projekten gibt es nicht den Experten für alle fachlichen Belange. Die Zusammenarbeit verschiedener Fachleute ist erforderlich. Alle technischen Einzelheiten und Auswirkungen (Zeit, Kosten, Nutzen für die Anwender) sind nicht einfach zu überschauen. Beispiele für technisch hochkomplexe Projekte in der bremischen Verwaltung sind standardisierter elektronischer Dokumentenaustausch zwischen Verwaltungen, Polizeiinformationssystem, Containerterminal im Europahafen oder auch das Kongreßzentrum.

Organisatorische und personelle Komplexität.

Viele Probleme und Aufgaben der öffentlichen Verwaltung betreffen nicht nur eine Dienststelle, sondern sind dienststellenübergreifend. Zusätzlich können Projekte die Zusammenarbeit mit Externen, z. B. Firmen, erfordern. Ferner ist oftmals die Beteiligung von betroffenen Bürgern/Institutionen notwendig, damit ein Problem zur Zufriedenheit aller Beteiligten gelöst werden kann. Organisatorische und personelle Komplexität entsteht aus der notwendigen Beteiligung von Organisationen (Ämter, Unternehmen, Verbände etc.) und Personen (Experten, Bürger, Politiker, ...) an einem Projekt und der sich daraus ergebenden Interessenvielfalt.

Beispiel:

Im Zuge der Verwaltungsreform im Projekt "Einführung der Kosten- und Leistungsrechnung" sollen im Rahmen eines Teilprojektes in einer Dienststelle neue technikunterstützte Bearbeitungsverfahren eingeführt werden. Änderungen in dieser Dienststelle betreffen unmittelbar auch die Bürger. Damit das neue Verfahren auch akzeptiert wird, müssen die betroffenen Mitarbeiter und Bürger beteiligt werden. Hinzu kommen verschiedene andere Dienststellen (z. B. BreHoch für die erforderlichen Umbaumaßnahmen) und Firmen (z. B. Softwareentwicklungsfirmen, Lieferanten von Büromöbeln), die Aufgaben an diesem Projekt übernehmen, wie folgende Darstellung zeigt:

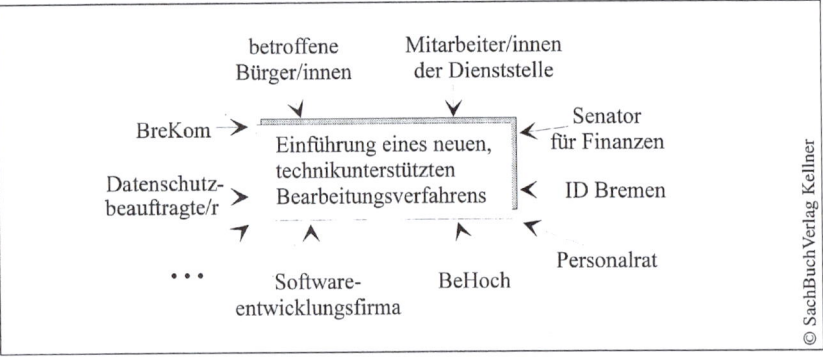

Abb. 1: Mögliche organisatorische Komplexität eines Projektes "Einführung eines neuen, technikunterstützten Bearbeitungsverfahrens"[6]

---

[6]BreHoch, BreKom und ID Bremen sind Eigenbetriebe der Stadtgemeinde Bremen (nach § 26 LHO, Abs. 2):
BreHoch = Bremer Hochbaumanagement (ehemals Hochbauamt)
BreKom = Bremer Kommunikationstechnik (ehemals Fernmeldetechnisches Amt)
ID Bremen = Informations- und Datentechnik Bremen (ehemals Rechenzentrum der bremischen Verwaltung)

Projektspezifische Organisation

Die zur Lösung von Projektaufgaben notwendige Zusammenarbeit sprengt oft den normalen organisatorischen Ablauf innerhalb der öffentlichen Verwaltung. Projektaufträge erfordern die Bildung einer arbeitsfähigen Form der Projektorganisation, die eine interdisziplinäre, intensive, sachbezogene, und qualifizierte Zusammenarbeit ermöglicht.

Deshalb müssen für die projektbezogenen Aufgaben während der Projektlaufzeit die "normalen" hierarchischen Ämterschranken und Zuständigkeiten überwunden werden. In der Praxis bieten sich unterschiedliche Projektorganisationen an.[7]

© SachBuchVerlag Kellner

Abb. 2: Zusammenarbeit in Projekten

Gewisses Risiko

Die relative Neuartigkeit und die Komplexität von Projektaufgaben bewirken eine deutlich höhere Wahrscheinlichkeit des Scheiterns als bei Routineaufgaben. Das Risiko nimmt bei steigendem Anteil von Projektkomponenten mit absolutem Neuheitsgrad zu. Daß Projekte scheitern können, kann daher nicht ausgeschlossen werden. Projekte, die in nicht behebbarer Krise bewußt abgebrochen und nicht endlos weitergeführt werden, begrenzen erfolgreich ihre Risiken und Defizite. Denn auch hier gilt das Sprichwort: "Lieber ein Ende mit Schrecken als ein Schrecken ohne Ende".

Finanzielle Begrenzung
- Begrenztes und klar zugeordnetes Budget -

Einem Projekt ist ein begrenztes Budget zugeordnet. Das Budget soll die Kosten, die infolge der Projektaufgaben während der Projektlaufzeit anfallen, abdecken.

---

[7]siehe Teil II, Kapitel 1.2

15

Ein Projektbudget kann sich aus den folgenden drei Komponenten zusammensetzen:

- Personalmittel (Kapazitäten der am Projekt beteiligten Mitarbeiter)
- Konsumtive Sachmittel (Miete, Reisekosten, Literatur, Schreibbedarf, u. a.)
- Investive Sachmittel (PC, Baumaßnahmen, u. a.).

Zu bedenken ist, daß das Projektbudget nur die Mittel abdeckt, die im Rahmen des Projektes anfallen, und nicht die Mittel, die der nach Projektablauf in die Nutzung übergehende Gegenstand des Projektes noch benötigt.

Beispiel:

Das Projekt 'Einführung eines neuen TuI-Verfahrens' ist mit Beginn der Nutzung des neuen Verfahrens beendet. Trotzdem fallen während der Nutzung Kosten für u. a. die Wartung der Netze an. Diese sind nicht mehr im Projektbudget enthalten, müssen jedoch bei der Kostenplanung und Wirtschaftlichkeitsrechnung für dieses neue TuI-Verfahren unbedingt beachtet werden.

Eine Aufgabenstellung läßt sich demnach als Projekt anhand der folgenden Merkmale identifizieren:

- Eindeutige inhaltliche und zeitliche Zielsetzung,
- gewisse Einmaligkeit und relative Neuartigkeit der Aufgabe,
- technische Komplexität,
- Organisatorische und personelle Komplexität,
- Projektspezifische Organisation,
- gewisses Risiko und
- finanzielle Begrenzung.

Die Größe des Projekts ergibt sich dabei aus der Ausprägung der einzelnen Merkmale. Ein Projekt mit z. B. einem sehr hohen Projektbudget und einer geringen technischen sowie organisatorischen und personellen Komplexität kann mit weniger Aufwand durchgeführt werden als ein Projekt mit einem geringen Projektbudget und einem z. B. hohen Grad an organisatorischer und personeller Komplexität.

1.2   Was bedeutet es, Projekte zu managen?

Von der Projektidee bis zur Nutzung des zu entwickelnden Projektgegenstandes ist es ein langer Weg.

Dazu muß

* der Projektablauf selbst und

* die Projektorganisation[8] (die Organisation zwischen den Mitarbeitern des Projektes und die Beziehung zu den entsprechenden Fachabteilungen)

zielgerichtet geplant und entlang des Weges immer wieder gesteuert werden. Folgende Aktivitäten fallen dabei immer in einer Art Kreislauf[9] an:

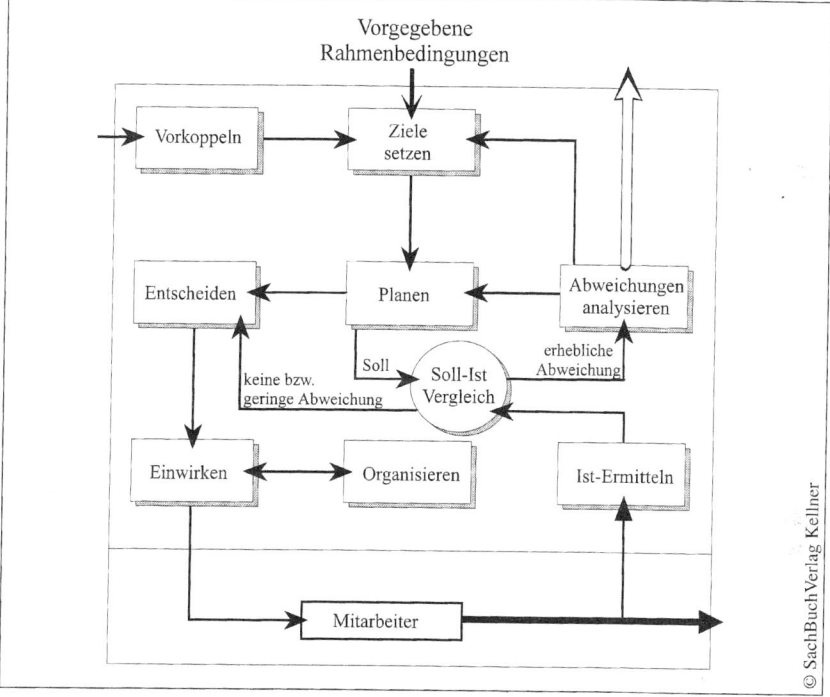

Abb. 3: Regelkreis der Managementfunktionen

---

[8]siehe hierzu Teil I, Kapitel 1.1 Projektmerkmal "Projektspezifische Organisation" und Teil II, Kapitel 2 "Projektorganisation und Qualifikation"

[9]vgl. IPMI-Arbeitsbericht Nr. 7, S. 91ff. Dieser Regelkreis wurde als Denkrahmen für eine Fernsehserie (24 Sendungen zu je 30 Minuten) über das Thema "Management" entwickelt. In der Zwischenzeit arbeiten eine Reihe von Industrie-, Dienstleistungsunternehmen und öffentlichen Betrieben mit diesem Modell.

- **Ziele setzen**: Zielentwicklungsprozeß einleiten und zur Zielentscheidung führen.[10]
- **Planen, Soll-Vorgaben werden entwickelt**: Einerseits Ablaufplanung[11], in der die mögliche Reihenfolge von Arbeitsschritten im Projektablauf durchdacht wird. Andererseits Alternativplanung, in der mögliche Handlungswege und deren potentielle Konsequenzen gedanklich entwickelt werden.
- **Entscheiden**: Entscheidungen können an vielen Stellen im Projekt anfallen. Zwischen verschiedenen Alternativen muß ausgewählt (d. h. zielgerichtet entschieden) werden. Oder aufgrund von Soll-Abweichungen muß über Planrevisionen entschieden werden. Geringfügige Soll-Abweichungen führen zu Routineentscheidungen - "alles läuft so weiter wie geplant".
- **Einwirken**: Projektarbeit bedeutet in besonderem Maße die Zusammenarbeit mit den unterschiedlichsten Personen. Mitarbeiter aus verschiedenen Dienststellen übernehmen Projektaufgaben. Die Leitungspersonen müssen daher direkt kommunikativ - meist aus aktuellem Anlaß - Einfluß nehmen. Sie veranlassen die Bearbeitung von Arbeitspaketen[12]; weisen neue Projektmitarbeiter ein; Arbeitspaketverantwortliche unterweisen die Mitarbeiter, die die Aufgaben bearbeiten; informieren Betroffene und Auftraggeber; koordinieren; motivieren; bestätigen die erfolgreiche Abarbeitung eines Arbeitspaketes; erkennen an, wenn einzelne Projektmitarbeiter Probleme erkennen und selber lösen; korrigieren, kritisieren Falschaussagen von Arbeitspaketverantwortlichen hinsichtlich des Arbeitsfortschritts; fragen an, um den Arbeitsfortschritt zu ermitteln; etc.
- **Organisieren**: Bestimmte Dinge werden für die Dauer des Projekts generell geregelt und damit dauerhaft festgelegt. Hier geht es u. a. um die Regelung der Struktur der Zusammenarbeit (Projektorganisation) und Regelungen, die das Berichts- und Dokumentationswesen betreffen.
- **Ist-Ermitteln**: Anhand von Rückmeldungen durch die Personen, die die Arbeiten im Projekt erledigen, wird der derzeitige Arbeitsstand- bzw. Arbeitsfortschritt ermittelt.[13]
- **Soll-Ist-Vergleich**: Die Ist-Daten werden mit den geplanten Soll-Daten verglichen. Kommt es bei Abweichungen zu einer Überschreitung einer (vorher definierten) Toleranzgrenze, muß eine Abweichungsanalyse durchgeführt werden. Abweichungen innerhalb der Toleranzgrenze führen zu Routineentscheidungen.

---

[10] siehe hierzu Teil II, Kapitel 3 "Zielplanung"
[11] siehe hierzu Teil II, Kapitel 4 "Projektplanung"
[12] Arbeitspakete sind Aufgabenpakete, die einer Person oder einer Gruppe zur eigenverantwortlichen Abarbeitung übergeben werden. Näheres zu "Arbeitspaketen" siehe unter Kapitel 4.1.
[13] siehe hierzu Teil II, Kapitel 5 "Integrierte Projektsteuerung"

- **Abweichungen analysieren**: Häufige und/oder erhebliche Abweichungen führen zu einer Ursachenanalyse. Ergebnis kann eine Planrevision und/oder unter Umständen die Veränderung bzw. eine andere Gewichtung der Projektziele sein.

- **Rückmeldungen**: Es müssen Rückmeldungen an die Auftraggeber des Projekts erfolgen. Dies geschieht regelmäßig in Form von verdichteten Informationen und in Ausnahmefällen bei Problemen, die nicht innerhalb des Projekts selber gelöst und damit entschieden werden können.[14]

- **Vorkoppeln**: Durch das sich ständig verändernde Projektumfeld ist es wichtig, vorausschauende Überlegungen hinsichtlich Erwartungsänderungen der Betroffenen, Richtungsänderungen in der Politik etc. anzustellen. So kann frühzeitig reagiert bzw. besser noch agiert werden.

Selbst ausführen: Selbstverständlich übernehmen im Projekt auch die leitenden oder koordinierenden Projektmitarbeiter inhaltliche Aufgaben (Arbeitspakete).

Erfolgreiche Projektarbeit beruht unter anderem darauf, daß die Projektverantwortlichen erkennen, daß sie nicht Experten für alle Projektfragen sein können. Leitungspersonen müssen die Verantwortung für die Erledigung einzelner Aufgaben (Arbeitspakete) delegieren. Die Inhalte der Aufgaben werden mit den jeweiligen Fachexperten abgestimmt und können dann an die Verantwortlichen für diese Aufgaben (Arbeitspaketverantwortliche) abgegeben werden.

Hier noch einmal die Management- und Führungsfunktionen im Überblick:
Ziele setzen; Entscheiden; Planen; Organisieren; Einwirken; Ist-Ermitteln; Soll-Ist-Vergleich; Abweichungen analysieren; Rückmeldungen; Vorkoppeln und (selbst) Ausführen.

Die Ausgestaltung der einzelnen Funktionen ist vor allem von der Größe des Projekts, dem Umfeld und der daraus resultierenden spezifischen Projektorganisation mit dem entsprechenden Grad der Übertragung von Verantwortung und Entscheidungsbefugnis an die Projektleitung abhängig.

1.3   Chancen und Risiken

Das Arbeiten in Projekten mit professionellen Methoden des Projektmanagements zeigt viele positive Wirkungen[15]:

- Die systematische Planung reduziert das Entwicklungsrisiko und damit das Risiko des Scheiterns.

- Nicht realisierbare Entwicklungsschritte werden frühzeitig erkannt und vermieden.

---

[14] vgl. hierzu Teil II, Kapitel 4.7 "Informationen und Dokumentation"
[15] vgl. Mees/Oefner-Py/Sünnemann (1995)

19

- Auswirkungen von Schwierigkeiten im Projektablauf auf Termine und Kosten können frühzeitig erkannt werden, die Projektleitung bzw. Projektgruppe kann "gegensteuern".

- Entscheidungen werden dezentral, problem- und zeitnah getroffen.

- Durch eigenverantwortliche Übernahme von Teilaufgaben wachsen Verantwortungsbewußtsein, Engagement und betriebswirtschaftliches Denken bei den Projektmitarbeitern.

- (Technikunterstützte) Informationssysteme informieren den Auftraggeber über den Stand des Projektes.

- Vernetztes, bereichsübergreifendes Denken und Synergien entstehen.

- Die Mitarbeiter werden mobiler, die Organisation dadurch flexibler.

- Verschiedene Interessenlagen und mögliche Konflikte können frühzeitig erkannt werden.

- Aktiv eingebundene Betroffene akzeptieren "ihre" Lösung eher.

- Neue Vorgehensweisen können im Projekt ausprobiert und dann als erprobte Standards übernommen werden.

Wie vieles, so hat auch das Projektmanagement **zwei Seiten**. Es birgt auch Risiken, die aber ausgeschaltet oder minimiert werden können. Risiken können in folgenden Fällen auftreten:

- Projekte sind nicht hinreichend klar genug an die Linie angebunden. Es entstehen Reibungen zwischen Linie und Projekt.

- Unklare Aufgabenverteilung im Projektteam erhöht den Koordinationsaufwand.

- Die Neuordnung der Weisungsstrukturen erzeugt Machtkonflikte und Unruhe in der betroffenen Linienorganisation.

- Die (befristete) Mitarbeit in mittleren oder großen Projekten belastet die Projektmitarbeiter über ihre Linienfunktionen hinaus.

- Projekte verselbständigen sich.

- Um Risiken von Kosten- und Terminüberschreitung zu minimieren, neigen Projektleiter und Arbeitspaketverantwortliche dazu, vorab großzügige Kosten- und Zeitpuffer einzuplanen.

- Projektteammitarbeiter werden verunsichert, wenn ihnen gegen Ende des Projektes nicht rechtzeitig mitgeteilt wird, welche Aufgaben sie anschließend übertragen bekommen werden.

Man sollte sich von dieser Aufzählung nicht abschrecken lassen. Es gilt, Risiken zu kennen und zu Vorteilen umzugestalten. **Sich der Risiken bewußt zu sein, bedeutet vorbeugend aktiv zu werden**, wie das folgende Beispiel zeigt:

Beispiel:

"Projekte sind nicht hinreichend klar genug an die Linie angebunden." Aufgaben, die nicht von dem Projektteam selbst erledigt werden können, sind an die Linie abzugeben. Unklarheiten führen zu demotivierenden Reibungsverlusten durch Abstimmungsprozesse zwischen der Projektgruppe und der Linienorganisation. Zeitverzug ist die Folge. Das Problem würde jedoch nicht auftreten, wenn bereits im frühen Projektstadium die Beiträge (Arbeitspakete) vom Projektteam und Linie gemeinsam erarbeitet und zugeteilt worden wären. (Siehe Teil II, Kapitel 2)

Viele Aufgaben der öffentlichen Verwaltung können durch die Anwendung von Projektarbeit sinnvoll gestaltet und durchgeführt werden. Dies zeigen u. a. auch die jüngsten Berichte der Kommunalen Gemeinschaftsstelle (KGST). Durch den vermehrten Einsatz von Projektmanagement kann es zu positiven und negativen Veränderungen kommen. Beides sollte als Chance aufgefaßt und genutzt werden. Die Risiken können durch eine professionelle Anwendung der Methoden und Instrumente des Projektmanagements minimiert werden.

2. Grundgedanken zum Projektmanagement

In den nun folgenden Kapiteln finden Sie wichtige Gedanken und Anregungen für die Projektarbeit, die sich nicht unmittelbar einzelnen Abschnitten des Projektmanagements und damit auch nicht Teil II "Wie werden Projekte zum Erfolg geführt?" zuordnen lassen.

2.1 Bildung von sinnvollen Zusammenhängen oder ganzheitliche Betrachtungsweise

Viele der heutigen Probleme und Vorhaben der öffentlichen Verwaltung stellen immer höhere Anforderungen an die beteiligten Organisationen und Personen. Dies insbesondere deswegen, weil sowohl der Verflechtungsgrad als auch Einflußfaktoren politischer, gesellschaftlicher und wirtschaftlicher Art ständig zunehmen.

Der Projektgegenstand (die Projektaufgabe) darf daher nicht isoliert betrachtet werden, da er Teil eines umfassenden Systems ist:

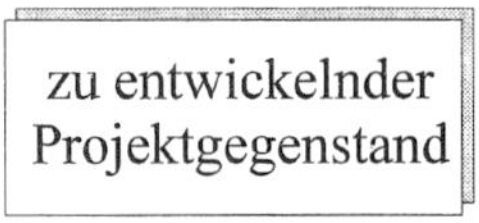

zu entwickelnder
Projektgegenstand

Abb. 4: **Der Projektgegenstand als Black-Box**

Der Projektgegenstand ist von einem Projektumfeld umgeben, das maßgeblichen Einfluß auf seine Ausgestaltung hat.

Das Projektumfeld kann je nach Projekt bestimmt sein durch

- politische Leitlinien,
- Bedürfnisse der Mitarbeiter der betroffenen Bereiche oder der Bürger,
- wirtschaftliche und technologische Entwicklungen und
- Schnittstellen zu anderen Vorhaben etc.

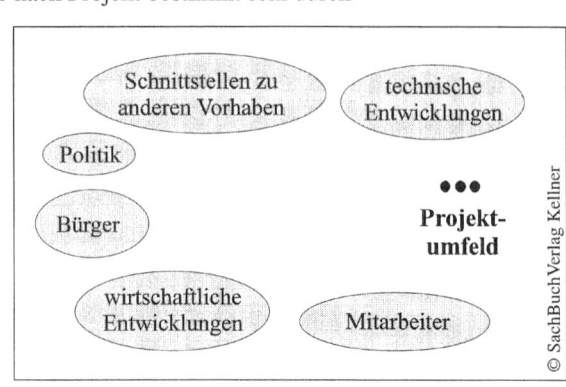

Abb. 5: **Das Projektumfeld**

Wird dieses Umfeld nicht berücksichtigt, besteht die Gefahr, daß

- das Ergebnis später nicht allgemein akzeptiert wird oder
- Verzögerungen und damit erhöhte Kosten durch notwendige Nacharbeiten entstehen.

Das Umfeld unterliegt häufig jedoch Veränderungen, die dazu führen können, daß der geplante Projektgegenstand angepaßt werden muß. Ebenfalls kann die Entwicklung des Projektgegenstandes selbst Ursache dafür sein, daß sich Änderungen im Projektumfeld ergeben.

Der Projektgegenstand muß daher unter Berücksichtigung seiner wechselseitigen Beziehungen zum Projektumfeld gestaltet werden.

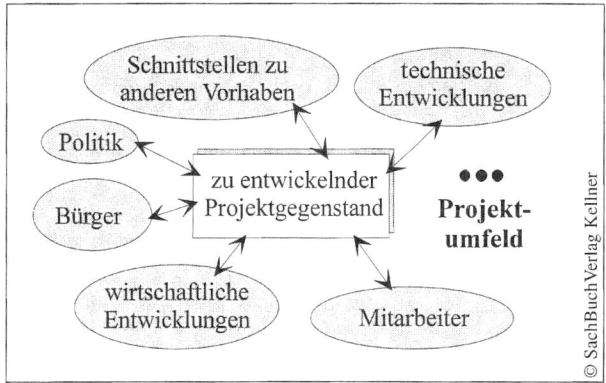

Abb. 6: Beziehungen zwischen Projektgegenstand und Projektumfeld

Organisatorisch, technisch und/oder personell komplexe Aufgaben erfordern daher eine Herangehensweise, die es ermöglicht,

- das gesamte Vorhaben mit seinen vielfältigen Beziehungen zu überblicken,
- die notwendige Arbeit im Detail durchzuführen, ohne die Übersicht zu verlieren,
- eine Gesamtplanung und -steuerung sicherzustellen und
- dabei eine Lösung zu erarbeiten, die eine große Akzeptanz erreicht.

Das Projektmanagement bedient sich hier des Systemsdenkens bzw. der ganzheitlichen Betrachtungsweise. Das Projekt wird als ein zu erstellendes System aufgefaßt, das in ein bereits **vorhandenes umfassendes System** - das Projektumfeld - integriert werden muß. Jede einzelne Aufgabe, die im Laufe des Projekts erledigt wird, jede Gestaltungskomponente ist wiederum **Teil des zu erstellenden Systems**. Das Projekt wird in verschiedenen Stufen betrachtet und bearbeitet. Dabei bleibt die Beziehung zum Ganzen erhalten, und trotzdem ist effektives Arbeiten möglich.

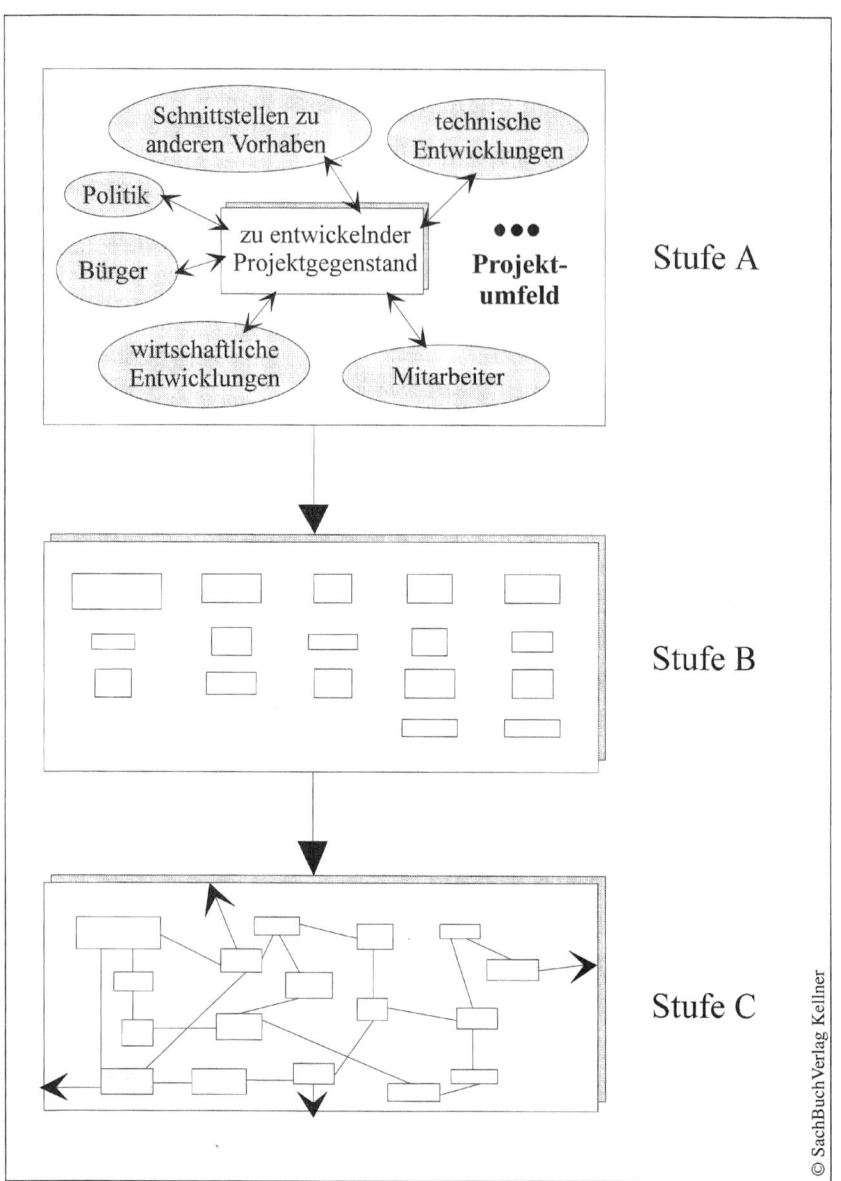

Abb. 7: Bildung von sinnvollen Zusammenhängen

Stufe A:

Um durch die Komplexität nicht handlungsunfähig zu werden, wird der Projekt-gegenstand auf der obersten Stufe als **Black-Box** betrachtet. Die inhaltliche Ausge-staltung und die damit verbundenen Tätigkeiten werden erst einmal außer acht ge-lassen. Hier geht es um die **Erfassung der wechselseitigen Beziehungen mit dem Projektumfeld**.

Beispiel:

In einer Dienststelle mit Publikumsverkehr soll ein neues, technikunterstütztes Bearbeitungsverfahren eingeführt werden. Dazu wird eine Veränderung der bis-herigen Arbeitsweise notwendig. Auf der obersten Betrachtungsebene geht es um die Anforderungen der betroffenen Mitarbeiter, Bürger und der Politik (poli-tische Rahmenbedingungen wie z. B. Einsparungen) an das neue Bearbeitungs-verfahren, um Schnittstellen zu anderen Dienststellen und um die Auswirkun-gen des neuen Bearbeitungsverfahren auf die Mitarbeiter, Bürger und andere Dienststellen. Ziele werden gemeinsam mit den Betroffenen entwickelt. Die in-haltliche Ausgestaltung und damit die Auswirkungen des Projektgegenstands werden kontinuierlich in gemeinsamen Sitzungen abgestimmt.

Stufe B:

Auf der nächsten Stufe wird die **Black-Box** geöffnet. Der Aufbau des Projekt-gegenstands wird betrachtet. Dabei geht es um zwei Aspekte:

1. die inhaltliche Ausgestaltung und
2. die Tätigkeiten und Arbeitsschritte, die notwendig sind, um die inhaltliche Aus-gestaltung zu verwirklichen.

Die einzelnen Elemente und Arbeiten, die erforderlich sind, um die inhaltlichen Komponenten des Projektgegenstands zu realisieren, werden gesammelt und struk-turiert. So entsteht eine Übersicht über das gesamte Vorhaben.

Beispiel:

Das Projektteam [16] entwickelt die Aufgaben durch ein Brainstorming. Die ge-nannten Aufgaben werden aus verschiedenen Perspektiven diskutiert und ge-ordnet. Eine strukturierte Übersicht über das gesamte Vorhaben ist entstanden. Diese Übersicht ist Ausgangspunkt für die detaillierte Planung und Steuerung des gesamten Vorhabens.

---

[16] Näheres zum Projektteam siehe Teil II, Kapitel 2

Stufe C:

Nun werden die gegenseitigen Abhängigkeiten der einzelnen Aufgaben und inhaltlichen Komponenten erfaßt. Es entstehen "Arbeitspakete", die unabhängig voneinander arbeitsteilig bearbeitet werden können. Jedes Paket kann - losgelöst von den anderen - detaillierter geplant und gesteuert werden. Die Beziehung zu den anderen bleibt trotzdem erhalten. Die Pakete, die eine Auswirkung auf das Projektumfeld haben, müssen besonders beachtet werden. Sie beeinflussen die Akzeptanz des Projekts erheblich.

Beispiel:

Das Projektteam überprüft die einzelnen Aufgaben auf ihre wechselseitigen Abhängigkeiten hin. Es entstehen Pakete, die unabhängig voneinander von verschiedenen Mitarbeitern, Ämtern (z. B. der BreKom für die Kabelverlegung) oder auch Fremdfirmen (z. B. für die Zusammenstellung der benötigten Hardware) bearbeitet werden können. Die Verantwortlichen haben die Möglichkeit, ihre eigenen Pakete noch feiner zu planen. Die Pakete können dann bei der Bearbeitung einzeln gesteuert werden.

Das Vorgehen in mehreren Stufen beim Herangehen an ein Projekt ermöglicht sowohl die Verbindung einzelner Arbeitsteile und -pakete als auch deren Betrachtung im einzelnen, um Aufgaben detailliert zu planen und arbeitsteilig zu bearbeiten.

2.2   Wie wichtig ist Planung?

Planung [17] ist ein **systematisches** Durchleuchten und Durchdringen einer Aufgabe. Im Planungsprozeß werden Informationen gesammelt, alternative Wege zum Ziel gesucht und bewertet sowie geeignete Maßnahmen, das Ziel zu erreichen, ausgewählt. Planung **prognostiziert zukünftige** Entwicklungen, setzt Prämissen, macht Annahmen über die Abhängigkeiten und Wirkungszusammenhänge zwischen verschiedenen Teilproblemen, -aufgaben bzw. -komponenten, legt zu berücksichtigende Faktoren, Ungereimtheiten, Problemfelder, inhaltliche und zeitliche Abhängigkeiten zwischen Maßnahmen offen. Im Rahmen der Planung sollen Risiken und Chancen, mögliche Konfliktfelder sowie kritische Erfolgsfaktoren frühzeitig erkannt werden.

Planungstechniken und -instrumente (vgl. Methodenkoffer in Teil IV) üben einen gewollten Zwang zum **Analysieren, Systematisieren** und zur **Auseinandersetzung mit der Zukunft** aus. Die enorme, nicht zu unterschätzende Leistung der Planung liegt darin, Komplexität überschaubar und handhabbar zu machen. Die vielfältigen

---

[17] zu den folgenden Ausführungen vgl. Steinmann/Schreyögg (1990), S. 123ff.

Gedanken im Kopf (vor lauter Bäumen den Wald nicht sehen!) müssen geordnet und strukturiert, auf ihre Machbarkeit und Umsetzbarkeit hin untersucht werden. Der Weg zum Erreichen der Projektziele wird in Projektstruktur-, Maßnahmen-, Termin-, Kostenplänen usw. konkretisiert [18].

Durch Planung ergibt sich der "rote Faden", an dem dann entlanggearbeitet werden kann.

Planung unterstützt den optimalen Einsatz knapper Ressourcen und die qualitäts- und sachgerechte Erstellung des Projektgegenstandes. Planung ist unverzichtbar zur Steuerung der Projektabwicklung und zur Kontrolle des Projektfortschritts. **Welche** Planungstechniken und -methoden in welcher Detailliertheit einzusetzen sind, ist **abhängig** von

- der Größe und Komplexität des Projektes sowie
- der jeweiligen Projektphase (Verhältnismäßigkeit der Mittel beachten!).

Planung bietet wichtige Vorteile:

- Sie gibt dem ganzen Entwicklungsgeschehen Richtung und Form.
- Chaotische oder widersprüchliche Einzelschritte, aber auch Doppelarbeiten, reiner Aktivismus oder eilige Notlösungen werden verhindert.
- Die Informationsgewinnung und die Entscheidungsfindung werden rationalisiert.
- Auswahlkriterien werden offengelegt.
- Das Risiko von Fehlentscheidungen wird vermindert.
- Risiken können frühzeitig erkannt und reduziert werden.

Planung ermöglicht "Know-How-Aufbau" (Lernprozesse). Abweichungen vom Plan können auf ihre Ursache hin untersucht werden; die gewonnenen Erkenntnisse können auf neue (Projekt-) Situationen übertragen werden.

---

[18] vgl. Teil II, Kapitel 4 "Projektplanung"

Wer plant, muß aber auch wissen:

- Planung ist immer **zukunftsorientiert**. **Jeder** Plan ist daher mit **Unsicherheiten** und auch unvollständigen Informationen behaftet. (Morgen tritt ein unerwartetes Ereignis ein, und alles muß dann ganz anders ablaufen, als heute geplant.) Je länger der Planungshorizont ist, um so mehr nimmt die Unsicherheit der Erwartungen zu. Langfristige Vorhersagen können nur noch grobe Konturen angeben.

- Projekte sind komplex und (relativ) neuartig. Deshalb können bei der Planung nicht alle zukünftig auftretenden Probleme, Wechselwirkungen, Zusammenhänge und Veränderungen vorab bedacht werden.

- Das Projekt ist **keine Insel**: Es gibt zahlreiche **Außenbezüge** zum Projektumfeld wie zum politischen System, zu Bürgern und Bürgerinnen, zu Interessensvereinigungen, Unternehmen usw. Diese Außenbezüge und Rahmenbedingungen des Projektes sind dadurch gekennzeichnet, daß sie nicht statisch sind. Sie **verändern** sich - je nach Art und Größe des Projektes natürlich unterschiedlich - häufig und stark im Zeitablauf, z. B. durch politischen Richtungswechsel, neue Gesetzgebung, veränderte Dienstleistungsangebote/neue Produkte am "Markt", veränderte Erwartungen und Einstellungen der Bürger und Bürgerinnen usw. Die Projektumwelt ist niemals völlig transparent und verstehbar und damit auch in ihren Anforderungen niemals völlig erwartbar; sie ist immer eine Quelle potentieller Überraschungen und Diskontinuitäten.

Veränderungen gehören dazu.
Projektmanagement darf
Veränderungen nicht ignorieren.

Warum soll dann überhaupt geplant werden?

Die obigen Ausführungen dürfen auf keinen Fall in dem Sinne **mißverstanden** werden, daß - wenn ohnehin alles anders kommen kann - auf eine gewissenhafte Planung kein Wert zu legen sei bzw. auf jegliche Planung verzichtet werden könne. Denn Planung bietet die bereits angeführten Vorteile.

Planung muß gewissenhaft und so gut wie möglich erfolgen; die zugrundeliegenden Annahmen müssen realistisch sein. Planung muß **dokumentiert** werden (vgl. hierzu Teil II, Kapitel 4.6 "Informationen und Dokumentation"). Hierfür trägt die **Projektleitung** die Verantwortung. Eine reine Phantasieplanung oder schöngefärbte Planung hat mit dem Steuerungsinstrument Planung nichts zu tun; eine solche Planung wäre wirkungslos bis schädlich.

Der Planende muß mit den **planungsimmanenten** Problemen wie Unsicherheit, Komplexität, Dynamik des Umfeldes umgehen. Bei der Planung sind daher wichtige **Grundsätze** zu beachten:

• Planung darf nicht als etwas Starres und Einmaliges begriffen werden. Eine zu Projektbeginn einmalig durchgeführte **Durchplanung bis ins letzte Detail unter Berücksichtigung aller Risiken und Eventualitäten** ist weder möglich noch wünschenswert. Sie wäre sogar gefährlich, da sie Veränderungen und Weiterentwicklungen ignorieren und folglich inflexibel werden würde. Es bestünde die Gefahr, das falsche Problem zu lösen, was im Extremfall zum Scheitern des Projektes führen kann. Abgesehen hiervon erstickt eine komplette Durchplanung die Kreativität und Innovationsfreude des Projektteams.

• Planung darf sich nicht auf die Optimierung der (projekt-)internen Leistungsprozesse und Abläufe beschränken. Ein sensibles Antennensystem (**Frühwarnsystem**) zum Erkennen projektrelevanter Entwicklungen und Veränderungen der **Außenbezüge** sowie Rahmenbedingungen und deren Auswirkungen auf die Projektarbeit (Was tut sich um das Projekt herum, wie wirkt sich dies auf die Projektarbeit aus?) wird zusätzlich benötigt. Nicht alles kann vorausbedacht, vieles muß **spontan** gelöst werden.

Damit Projektpläne ihre **Orientierungsfunktion** erfüllen können, sind sie natürlich für einen bestimmten Zeitraum (z. B. 3 - 4 Monate) **bindend**. Unabhängig davon gilt aber, daß eine mögliche **Revision der planerischen Orientierung** bedacht werden muß: spezielle Situationen oder außergewöhnliche Ereignisse können eine sofortige Reaktion und ggf. Plananpassung erfordern. Veränderungen dürfen nicht als unerwünschte Störungen des doch so gut geordneten und geplanten Projektablaufs bedauert werden. **Projektleitung und Projektteam müssen wissen, daß Veränderungen systemimmanent sind.** Durch Planung, Organisation und Führung eines Projektes sowie die Qualifikation der Projektmitarbeiter ist dafür gesorgt, daß Veränderungen **frühzeitig** erkannt und aufgegriffen werden, damit noch reagiert oder besser noch aktiv mitgestaltet werden kann. Dies gilt auch für Entwicklungen und Veränderungen, die die Projektziele selbst in Frage stellen oder im Extremfall sogar überflüssig bzw. überholt machen. Sonst kann es passieren, daß alle inhaltlichen, zeitlichen, finanziellen Projektziele zur vollsten Zufriedenheit erreicht wurden, nur das Projektergebnis selbst ist absurd geworden, am Ergebnis ist niemand mehr interessiert.

***Änderungen sind der Normalfall, nicht der Störfall.
Einen Stillstand der Außenbezüge und
Rahmenbedingungen gibt es nicht.
Das einzig Beständige ist die Veränderung.***

Der Planungsprozeß beinhaltet deshalb:

(1) Dynamische Planung

(2) Grob- und Feinplanung

(3) Kontrolle

(4) Ergänzt um die Steuerungsinstrumente:
Organisation, Führung und Qualifikation.

(1) Dynamische Planung

Planung ist keine einmalige, zu Beginn eines Projektes durchzuführende Aufgabe, sondern ein **permanenter** und die ganze Projektabwicklung **begleitender Prozeß**. Pläne müssen deshalb **fortentwickelt** werden.

Gänzlich ausschalten kann man Planabweichungen nicht, da Schätzungen immer ungenau sind. Der zunehmende Projektfortschritt führt jedoch zu einem Kenntniszuwachs und damit zu immer genaueren Planwerten.

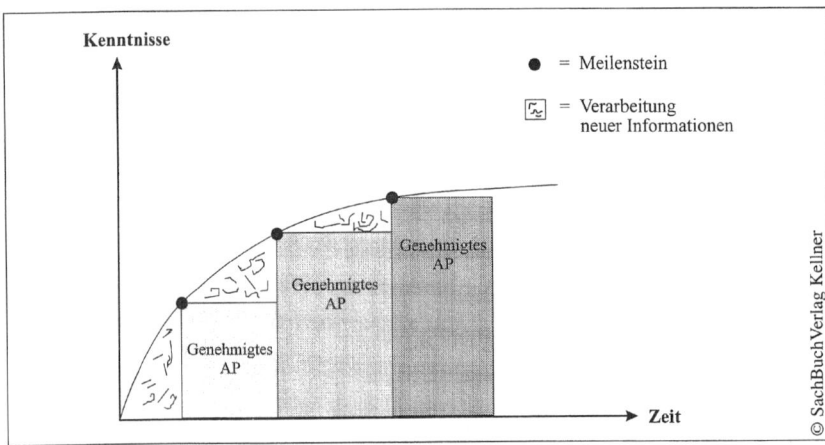

Abb. 8: **Kenntniszuwachs mit zunehmendem Projektfortschritt**

(2) Grob- und Feinplanung

Bei der Projektplanung werden die jeweils unmittelbar folgenden Schritte detailliert geplant. Die weiter in der Zukunft liegenden Schritte werden grob festgelegt (z. B. Meilensteine). Nachfolgende Abbildung verdeutlicht diesen Sachverhalt.

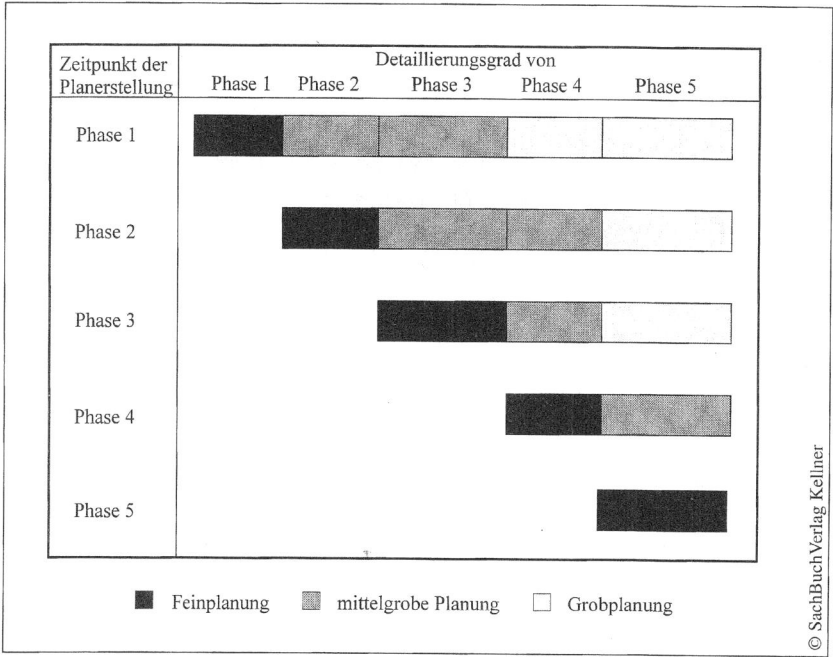

Abb. 9: Grob- und Feinplanung

Die Genauigkeit der Schätzung und der Strukturierungsgrad der Sachlage nehmen mit zunehmendem Zeitabstand ab. Was weiter in der Zukunft liegt, wird also zunächst grob und mit zunehmendem Kenntnisstand immer detaillierter geplant.

Eine Planung, die eine unrealistische Genauigkeit vorspiegelt, ist unzweckmäßig und sogar gefährlich. Das Zusammenspiel von kurz- bis ggf. mittelfristiger Detailplanung und längerfristiger Grobplanung ist wichtig: Planung darf sich auch nicht nur in der relativ überschaubaren Detailplanung verlieren, da dann schnell die Gesamtsicht und der Gesamtzusammenhang verloren gehen können.

Bei vielen Projekten gibt es oftmals keinen Königsweg im Sinne einer zwingend festgelegten logischen Abfolge der Teilschritte. Bei der konkreten Planung der Teilschritte sind die jeweils vorzufindenden Gegebenheiten[19] zu beachten: Wie hoch ist die Akzeptanz?

Welche Erfahrungen mit Veränderungen liegen in der Organisation vor?[20] Wie stark sind die Widerstände gegen Veränderungen? Usw.

Ist die Ablauffolge der Arbeitspakete und Teilschritte nicht zwingend logisch vorgegeben, sollten bei der Planung folgende Punkte beachtet werden:

- *Keine zu großen Schritte wagen, lieber auf kleinen Schritten aufbauen.*
- *Mit Schritten anfangen, die kurzfristig sehr erfolgswahrscheinlich sind.*
- *Jeden Veränderungsschritt zügig ausführen.*
- *Die konkrete Schrittfolge mit einer guten Zeitplanung versehen.*

Speziell bei Projekten, die **Veränderungen in der Verwaltung** selbst zum Gegenstand haben (z. B. TuI-Projekte, Re-Organisationsvorhaben u. ä.), ist vor der Realisation des nächsten Schrittes zu fragen: Haben sich die bisherigen Veränderungen in der Organisation stabilisiert? Ist die Organisation bereit für den nächsten Schritt? Wie liegen die Chancen für den Erfolg bzw. Mißerfolg der nächsten Schritte?

Anfängliche Mißerfolge gefährden das gesamte Projekt.

---

[19] siehe hierzu "Situationsanalyse" in Teil I, Kapitel 2.5 und Teil II, Kapitel 1.
[20] vgl. hierzu auch die Ausführungen in Teil II, Kapitel 2.5

(3) Kontrolle

Zur Planung von Soll-Werten gehört die anschließende Kontrolle der tatsächlichen Werte, der Ist-Werte. Planung und Kontrolle sind **Zwillingsfunktionen**: Planung gibt die Soll-Werte vor und setzt damit die Maßstäbe, an denen bei der Kontrolle das **Ist-Ergebnis** gemessen werden kann.

*Ohne Kontrolle verlieren
Planvorgaben ihren Wert.*

Die erreichten qualitativen und quantitativen Ist-Ergebnisse werden **systematisch** registriert und mit den Plan-Daten verglichen. Der **Soll-Ist-Vergleich** zeigt, ob es gelungen ist, die Pläne in die Tat umzusetzen. Abweichungen sind daraufhin zu prüfen, ob sie die Einleitung von steuernden Korrekturmaßnahmen oder eine grundsätzliche Planrevision erfordern.

Die Informationen über die Zielerreichung bzw. über Zielabweichungen und deren Ursachen (Abweichungsanalyse) sind enorm wichtig für die Fortschreibung und die mögliche Korrektur des Planes, ebenso zum Erkennen evtl. sofort erforderlicher Gegensteuerungsmaßnahmen oder sogar der Aufgabe des Projektes.

Anmerkung:

Aufgabe des sog. **Projektcontrollings** wäre es,

- dafür zu sorgen und festzulegen, wie geplant und kontrolliert wird,
- ein entsprechendes Berichtswesen zur aktuellen, zeitnahen, bedarfs- und empfängerorientierten Versorgung mit steuerungsrelevanten Informationen aufzubauen und
- frühzeitig auf Fehlentwicklungen und das Erfordernis von Gegensteuerungsmaßnahmen bzw. Plankorrekturen aufmerksam zu machen.[21]

---

[21] zum Controllingbegriff vgl. Horvath (1990), S. 110ff.

Beim Aufbau der Meßinstrumente sind festzulegen:

- die Kontrollarten (Soll-Ist-Vergleich, Zeitvergleiche u. a.),
- die Kontrollzeiträume,
- Abweichungstoleranzen, dann Ursachen- und Schwachstellenanalyse,
- der Kontrolltyp:
  - **nachträgliche** Kontrolle (Realisationskontrolle, Erfolgskontrolle)
  - **mitlaufende** Kontrolle (Planfortschrittskontrolle, Kontrolle von Teil- und Zwischenergebnissen)
  - **vorausschauende** (antizipierende) Kontrolle (Hochrechnung von Veränderungen und Abweichungen auf Folgeperioden; Planfortschreibung)

Der Kontrolle kommt aber eine noch viel **umfassendere** Aufgabe zu. Kontrolle bezieht sich nämlich nicht nur auf das Erreichen der durch Maßnahmen-, Termin- und Kostenpläne formulierten und fixierten Soll-Vorgaben. Die **Prämissen** der Planung, z. B. zu den Rahmenbedingungen und den Außenbezügen, sowie die **Projektzielsetzung** selbst müssen kritisch daraufhin hinterfragt werden, ob sie überhaupt weiterhin Gültigkeit beanspruchen können[22].

Projektrelevante Rahmenbedingungen (z. B. Gesetzgebung, technologische Neuerungen usw.) müssen daraufhin beobachtet werden, ob **projektgefährdende** oder **riskante** Entwicklungen eingetreten oder zu erwarten sind, oder ob sich neue Chancen und Möglichkeiten für die Projektarbeit eröffnen. Dies kann praktisch dadurch erfolgen, daß z. B. besonders kritische Faktoren oder auch bekannte potentielle Problembereiche des Projektumfeldes **definiert** und systematisch **beobachtet** werden.

Eine Vorstrukturierung kritischer Beobachtungsfelder erfordert einen **Abwägungsprozeß** zwischen Aufwand und Nutzen (z. B. nach Höhe und Qualität des Risikos. Verhältnismäßigkeit der Mittel beachten!). Auch muß klar sein, daß eine Vorabdefinition **aller** möglicherweise einmal auftretenden Problemfelder nicht möglich ist; es können eben nicht alle potentiellen projektgefährdenden Krisen vorab definiert werden. Hier ist dann nur ein Auffangen über die Steuerungsinstrumente **Organisation und Führung** sowie die **Qualifikation** der Mitarbeiter[23] möglich.

---

[22] in Anlehnung an Steinmann/Schreyögg (1990), S. 200ff.
[23] vgl. hierzu auch die Ausführungen in Teil II, Kapitel 2

(4) Organisation, Führung und Qualifikation

Wachsamkeit und Eigeninitiative der an der Projektabwicklung beteiligten Mitarbeiter sind die vorrangig gefragten Fähigkeiten, um ein **Flexibilitätspotential** für erforderliche Kursänderungen bereitzuhalten. Die Team-Mitarbeiter/innen sind so zu motivieren und zu befähigen, daß sie eigeninitiativ agieren. Hierzu brauchen sie einen Überblick über die Zusammenhänge im Projekt. Wichtig sind autonomes Denken und auch der Mut, abweichende Sichtweisen zum Ausdruck zu bringen. Eine Einengung durch starke formale Verfahrens- und sonstige organisatorische Regelungen (Überorganisation) behindert die Fähigkeit zur Selbstorganisation sowie die Kreativität, die für die Entwicklung neuer Problemlösungsansätze nötig ist.

Autonomie ist erforderlich, um von vorherrschenden Denk- und Handlungsmustern Distanz nehmen zu können. Team-Mitarbeiter/innen müssen bereit sein, einmal getroffene Setzungen und Begründungen auch wieder zur Disposition zu stellen. Hinzu sollte der Mut treten, differente Wahrnehmungen und für richtig erkannte Revisionen auch gegen Widerstand zur Geltung zu bringen. Allerdings handelt es sich hierbei um einen Balanceakt: Sturheit bzw. permanente Besserwisserei u. ä. sind nicht gemeint.

Gebraucht werden Querdenker, nicht Querulanten.

Ein gutes Projektteam fängt projektrelevante **Krisensignale** im frühen Stadium auf, bevor sie sich auf die Projektarbeit ausgewirkt haben. Es ist besser, Entwicklungen zu erkennen und damit umzugehen, als sie im nachhinein erst festzustellen und zu beklagen. Projektrelevante Entwicklungen müssen nicht immer formal meßbar bzw. offiziell sein. Es kann sich auch um latente Veränderungen handeln, wenn z. B. der Eindruck entsteht, daß der Auftraggeber die Projektziele nicht mehr ernsthaft unterstützt.

Je dynamischer und komplexer das Projektumfeld ist und je weniger auf altbewährte Lösungsmechanismen zurückgegriffen werden kann, um so bedeutender sind organisatorische Flexibilität und qualifizierte Projektmitarbeiter für den Projekterfolg.

2.3   Was heißt "phasenorientiertes Vorgehen"?

Projektphasen zu bilden bedeutet, die gesamte Wegstrecke in sinnvolle Etappen aufzuteilen. "Phase" kommt aus dem Griechischen und bedeutet "Abschnitt einer Entwicklung."[24] Eine Projektphase ist demnach ein "zeitlicher Abschnitt eines Projektablaufs, der sachlich gegenüber anderen Abschnitten getrennt ist."[25] Ein Phasenmodell ist die Darstellung eines gesamten Projektablaufes, gegliedert in zeitliche Abschnitte, die einzelnen Projektphasen. Es stellt -wenngleich abstrakt - die ablaufstrategische Vorgehensweise im Projekt dar. Der Projektablauf wird planbarer, überschaubarer und dadurch besser zu steuern. In einem Projekt phasenorientiert vorzugehen, hat u. a. folgende Vorteile:

- Komplexität wird verringert, weil jede Projektphase nur ein Teil des komplexen Ganzen ist. Das Ganze wird überschaubarer.

- Phasen sind Orientierungshilfe für Projektstrukturierung und Terminplanung.

- Sie erhöhen die Transparenz und Steuerbarkeit.

- Genehmigte Zwischenergebnisse (Meilensteine) als Zäsuren am Ende einer Phase fördern die (Planungs-) Qualität und vermitteln Erfolgserlebnisse.

- Der Projektstatus kann schneller erfaßt werden.

Das phasenweise Vorgehen bei der Projektarbeit sollte grundsätzlich eingehalten werden, auch um sicherzustellen, daß erst nach Abschluß der verhältnismäßig kostengünstigen Frühphasen die personal- und sachmittelintensiven Spätphasen in Angriff genommen werden[26]. Durch die ordnungsgemäße Abwicklung der Frühphasen lassen sich die gesamten, d. h. alle Projektphasen umfassenden Kosten besser beeinflussen. Nachfolgende Abbildung stellt diesen Zusammenhang anschaulich dar.

---

[24] vgl. Gabler (1984), Spalte 716
[25] DIN 69900 (1987), Teil 1 S. 3
[26] vgl. Madauss (1994), S. 66

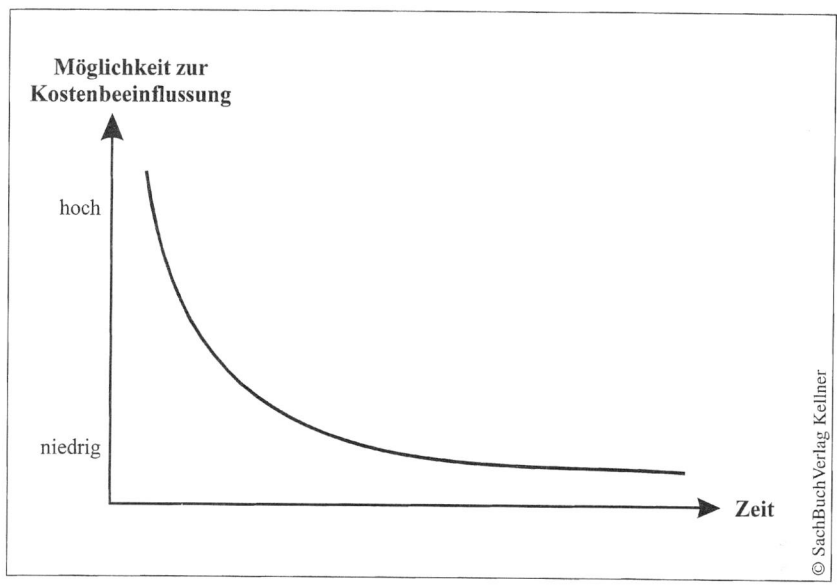

Abb. 10: Möglichkeit zur Kostenbeeinflussung in Abhängigkeit von der Zeit

Phasenorientiertes Vorgehen ist somit eine Voraussetzung für eine effiziente Durchführung von Projekten.[27]

Projektgegenstandsphasen und Projektmanagementphasen

Bezogen auf den Projektgegenstand unterscheiden sich Phasen und die damit verbundenen Phasenmodelle je nach Branche und Projekttypus. Im Laufe der jahrzehntelangen Anwendung von Projektmanagement haben sich verschiedene idealtypische Projektabläufe[28] herausgebildet. Sie geben der Projektleitung eine **Orientierungshilfe**, "ihr" Projekt spezifisch auszugestalten. Auf die einzelnen Phasenmodelle kann in diesem Buch nicht eingegangen werden, da es in der öffentlichen Verwaltung Projekte unterschiedlichster Art gibt. Anhand eines TuI-Projekts soll jedoch der Zusammenhang zwischen Projektgegenstandsphasen und den Projektmanagementphasen verdeutlicht werden. Die Abbildung zeigt schematisiert Phasen eines TuI-Projektes und den relativen Aufwand:

---

[27] vgl. Litke (1991), S. 20
[28] die verschiedenen idealtypischen Phasenmodelle siehe u. a. bei Kaestner (1991), S. 71f.

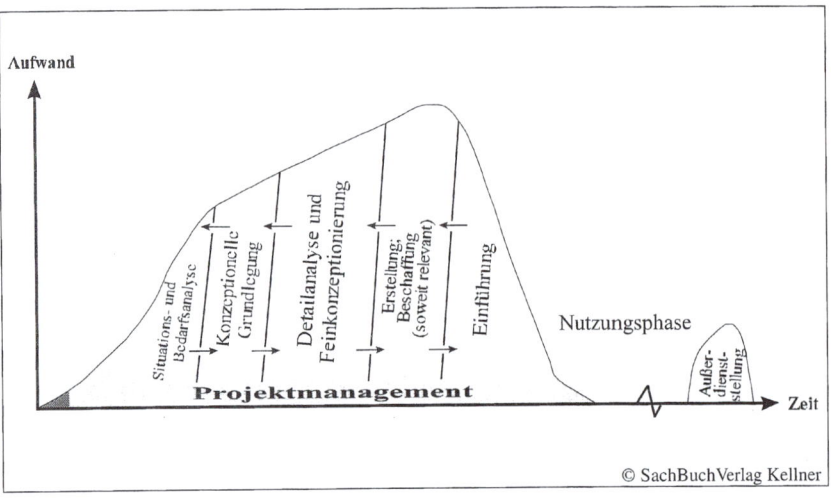

Abb. 11: Projektgegenstandsphasen und Projektmanagementabschnitte

Unabhängig von dem zu entwickelnden Projektgegenstand fallen bei jedem Projekt **die gleichen Aufgaben im Projektmanagement** an. Auch hier ist die Unterteilung in verschiedene **Phasen** sinnvoll. Diese Phasen werden im folgenden **Projektmanagementabschnitte** genannt, um eine Verwechslung mit den Projektgegenstandsphasen zu vermeiden. Sie werden in **Projektanstoß, Projektorganisation, Zielplanung, Integrierte Projektsteuerung** und **Projektabschluß** unterteilt. Auf die inhaltliche Ausgestaltung der einzelnen Abschnitte wird an dieser Stelle nicht näher eingegangen, da sie Bestandteil des Teil II "Wie werden Projekte zum Erfolg geführt?" sind.

Zäsuren im Projektverlauf

In Phasenmodellen werden Zäsuren, sog. **Meilensteine**, ganz bewußt nach zeitlichen Gesichtspunkten (Ereignisse) und/oder inhaltlichen Gesichtspunkten (Ergebnisse) in den Projektablauf eingebaut, um

1. die bisher gültigen Projektziele zu überdenken[29] (Status),
2. über die weitere Vorgehensweise im Projekt zu entscheiden, und um

---

[29] "Damit erreicht man, daß auch noch während des Projektablaufes als notwendig erachtete Anpassungen der Ziele durchgeführt werden können (...)", Reschke/Svoboda (1984), S. 34

3. damit die nachfolgenden Arbeitsschritte auf bereinigten und genehmigten Zwischenergebnissen aufbauen zu können.[30]

Nach DIN-Norm versteht man unter einem Meilenstein ein "Ereignis besonderer Bedeutung."[31] Hier soll unter einem **Meilenstein** ein **termingebundenes Schlüssel-ereignis** verstanden werden, das immer anhand eines konkreten **Ergebnisses** fest-stellbar und kontrollierbar ist.[32] Innerhalb einzelner Projektphasen kann es Meilen-steine geben, die Schlüsselereignisse darstellen. Die wichtigsten Meilensteine in den Phasenmodellen sind jedoch die Übergänge von einer Projektphase in die näch-ste. An diesen Abschluß-Meilensteinen entscheidet sich der weitere Fortgang des Projektes. Phasen sind also durch Entscheidungssituationen miteinander verbun-den.[33]

Es gibt vier grundsätzliche Entscheidungsalternativen am Ende einer jeden Phase:

1. Das Phasenergebnis wird genehmigt und dadurch die nächste Phase freigegeben.

2. Die Phase muß vollständig oder teilweise wiederholt werden bzw. es sind Korrekturen und/oder Ergänzungen vorzunehmen.

3. Der Rücksprung zu einer der vorhergehenden Phasen ist erforderlich.

4. Das Projekt muß abgebrochen oder ausgesetzt werden.

Das Projekt wird somit **gezielt** zu definierten Zeitpunkten in Frage gestellt.[34] Da-durch werden für den Projektauftraggeber oder den Projektlenkungsausschuß Kon-trollpunkte und Entscheidungseinschnitte geschaffen.

Projektphasen werden durch Abschluß-Meilensteine exakt begrenzt.

---

[30] vgl. Litke (1991), S. 20
[31] DIN 69900 (1987), Teil 1
[32] in Anlehnung an Kaestner (1991), S. 81
[33] vgl. Litke (1991), S. 20 sowie Kaestner (1991), S. 82
[34] vgl. Kaestner (1991), S. 86

Beispiele für mögliche Meilensteine im Rahmen eines TuI-Projektes können sein: "Datenverarbeitungs-Konzept liegt vor" oder "Zuschlag an Auftragnehmer ist erteilt".

Erst wenn ein Abschluß-Meilenstein durch den Auftraggeber/Lenkungsausschuß genehmigt ist, ist die Phase beendet.

Problematik von Phasenmodellen

Das Hauptproblem von Phasenmodellen besteht in der exakten, phasenbezogenen Abgrenzung von Tätigkeiten:

* Nicht alle Tätigkeiten einer Projektphase sind zu einem bestimmten Zeitpunkt abgeschlossen.

* Mit einzelnen Tätigkeiten muß bereits **vor** Freigabe der entsprechenden Phase begonnen werden.[35]

* Einzelne Tätigkeiten müssen zu einem späteren Zeitpunkt wiederholt werden.

* Bestimmte Tätigkeiten können über **mehrere** Projektphasen hinweg anfallen.[36]

In der Realität ist es deshalb eher so, daß einzelne Phasen nicht trennscharf sind, sondern sich teilweise überlappen. Es kann also notwendig sein, daß

* **mit genau definierten, in bezug auf Termine und Risiko besonders kritischen Tätigkeiten bereits in einer vorgelagerten Projektphase begonnen wird.** Solche Tätigkeitsfreigaben müssen bereits mitten in einer Projektphase entschieden werden. Nach dem Phasenmodell wäre dies eigentlich erst zum Schluß einer Phase möglich;[37]

* aus Termingründen die Freigabe der nächsten Projektphase zu beschließen ist und so (vorläufig) auf den Abschluß von nicht-projektentscheidenden Tätigkeiten verzichtet werden muß.

Die Problematik des eindeutigen Überganges von einer Phase in die nächste zeigt sich besonders bei dem Projektmanagement. Gerade hier ist es notwendig, daß bestimmte Aktivitäten einer nächsten Phase begonnen werden, damit die vorherige Phase abgeschlossen werden kann. Z. B. kann die spezifische Projektorganisation erst dann endgültig festgelegt und der Abschnitt 'Projektorganisation' beendet werden, wenn erste grobe Projektplanungen bereits begonnen haben und der erwartete Umfang des Projekts bekannt ist.

---

[35] Es wird dabei eine gewisses Risiko in Kauf genommen, da die weiteren Teilschritte nicht auf vollständigen Zwischenergebnissen basieren. Das Risiko einer Fehlentwicklung wird jedoch geringer eingestuft als die negativen Auswirkungen eines Nichthandelns.

[36] vgl. Kaestner (1991), S. 82f.

[37] vgl. Kaestner (1991), S. 83

2.4 Wie wichtig ist es, zu informieren?

Der Wert der Information

Die Aussage "Mir hat ja keiner was gesagt" ist bekannt. Mit dieser Aussage soll meist entschuldigt werden, daß irgend etwas nicht geklappt hat oder jemand nicht rechtzeitig aktiv geworden ist, oder es ist ein bitterer Vorwurf der Benachteiligung einzelner in der Informationskette.

In der Verwaltung werden Information und Informationsweitergabe in der Tat sehr unterschiedlich gehandhabt. Die Bandbreite reicht von "Informationen bunkern" (im Sinne von "Wissen ist Macht") über gezielte Informationsweitergabe innerhalb von "Seilschaften" bis hin zu einer transparenten Informationsweitergabe. Im Zusammenhang mit Projektarbeit sind Informationsbeschaffung und -weitergabe aber von besonderer Bedeutung, weil der Projekterfolg nicht unwesentlich davon abhängig ist. Bei der Informationsweitergabe innerhalb des Projektes und vor allem an die späteren Nutzer des Projektgegenstandes sollten folgende Aspekte beachtet werden:

Informationen sind eine schnell
verderbliche Ware.
Sie sind nur genießbar bei schneller
und vollständiger Weitergabe.

Alle am Projekt Beteiligten müssen sich um die für die eigene Arbeit wichtigen Informationen kümmern und sie sich beschaffen. Jeder ist selbst dafür verantwortlich, sich ausreichend mit Informationen zu versorgen. Sätze wie "Das hat mir niemand gesagt" dürfen nicht durchgehen.

Es ist auch Aufgabe der Projektleitung, darauf zu achten, daß alle die für sie wichtigen Informationen erhalten. Informationen zurückzuhalten, das darf es im Projektteam nicht geben. Es sollte von der Projektleitung als schädlich für die Projektarbeit erkannt, offen angesprochen und auch so dargestellt werden. Die Projektleitung sollte darüber hinaus im Auge behalten, wie die einzelnen Projektmitglieder in das Informationsnetz einbezogen sind.

Wer bestimmt den Wert der Information?

Bei der Informationspolitik in der Projektarbeit sollten folgende Situationen nicht auftreten:

* Die Entscheidungsträger werden mit Detailinformationen überhäuft und gewinnen dadurch den Eindruck, daß der Informationsgeber sich wichtig machen will oder daß es im Projekt Probleme gibt.

* Das Projektteam kommt nicht mehr zur Arbeit, weil ihm für die eigene Arbeit zwar alle relevanten Informationen zur Verfügung stehen, sich jedoch darüber hinaus so viel Wissenswertes angesammelt hat, daß der Überblick fehlt bzw. die Prioritäten nicht mehr eindeutig sind.

Es ist immer zu bedenken, für wen die Informationen bestimmt sind und welche Informationen an welcher Stelle wichtig sind. Die Projektbeteiligten, angefangen vom Projektlenkungsausschuß über die Projektleitung und das Projektteam einschließlich temporärer Teammitarbeiter bis hin zu den Nutzern / Betroffenen des späteren Projektgegenstandes benötigen unterschiedliche Informationen.[38]

Die richtige Information
in der richtigen Form
zur rechten Zeit
am richtigen Ort
an die richtige Person

Bei Überlegungen zur Informationsarbeit im Projekt wird stets vom **Empfänger der Information** ausgegangen. Von diesem Standpunkt aus wird bestimmt, wer welche Information durch wen und wann erhält und - nicht zu vergessen - wozu die Information benötigt wird.

Die Informationsstrukturen und den Informationsfluß vorzubereiten, ist eine wichtige Aufgabe für die Projektleitung. Auch wenn wenig Zeit zur Verfügung steht, darf das nicht vernachlässigt werden.

Je besser man sich von vornherein in die Lage des Gegenübers, des Informationsempfängers, versetzt, desto besser kann man entscheiden, welche Informationen wichtig sind und desto besser kann die Informationsarbeit vorbereitet werden.

---

[38] siehe hierzu die Tabelle II, Kapitel 4.7

Selbst wenn dies am Anfang nicht so gut gelingt, im Laufe des Projektes wird sich mit etwas Sensibilität für den Informationsempfänger der Informationfluß immer weiter verbessern.

Der Informationsbedarf wird nicht vom Absender, sondern vom Empfänger bestimmt.

Wie wichtig sind informelle und formelle Informationen?

Man unterscheidet zwischen informellen und formellen Informationen.

Informelle Informationen sind keinen Regeln unterworfen. Sie werden meist mündlich weitergegeben, aber auch kleine Zettel (z. B. als Erinnerungen) sind u. a. beliebte Medien für informelle Informationen. Auch im Rahmen von Vorträgen und Besprechungen werden zahlreiche informelle Informationen - "zwischen den Zeilen" - weitergegeben. Obwohl es für informelle Informationen keinen Regeln gibt, lohnt sich eine kurze Betrachtung zu diesem Thema.

Informelle Informationen dürfen nicht unbeachtet bleiben. Sie sind grundsätzlich wichtig für das Projektimage (bei den Entscheidungsträgern und bei den späteren Nutzern) und für die Identifikation des Projektteams, der Projektleitung und auch der späteren Nutzer mit dem Projekt. Es ist deshalb sinnvoll, sich zu Projektbeginn gemeinsam über ein paar Grundwerte bei informellen Informationen zu verständigen. Hierzu gehören z. B. Ehrlichkeit und nicht Schönreden oder Vertuschen; Solidarität und nicht Kampf gegeneinander; niemanden schlecht machen und nicht hinter dem Rücken anderer reden; bei Konflikten alle Betroffenen an einen Tisch und die Probleme offen bereden; u. a. m.

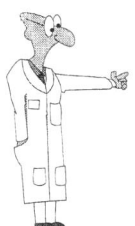

Informelle Informationen sind wichtig für die Identifikation des Teams mit dem Projekt und für das Projektimage.

Bei der Einrichtung eines Projekts ist es hilfreich, einen ansprechenden **Namen** für das Projekt auszuwählen. Die Auswahl kann als breiter Beteiligungsprozeß angelegt sein, der gleichzeitig dazu beiträgt, daß das Projekt bekannt wird und eine Identifikation mit dem Projekt stattfindet.

Im Gegensatz zu den informellen Informationen gibt es für **formelle Informationen** Regeln über die Art, den Inhalt und den Rhythmus der Weitergabe. Diese Regeln müssen für die Projektarbeit festgelegt und bekanntgegeben werden.

Man unterscheidet zwischen mündlichen und schriftlichen formellen Informationen. Mündliche Informationen werden in Gesprächen, Vorträgen und/oder Besprechungen vermittelt. Für schriftliche Informationen kommen Mitteilungen, Protokolle, Berichte, Veröffentlichungen und/oder eine Projektzeitung in Betracht. Je nach Ziel(-gruppe), Kenntnisstand des Empfängers und/oder Lesekapazität muß die richtige Auswahl getroffen werden. Darüber hinaus sollte für alle Projektmitglieder klar sein, welche Informationen im Projekt verbleiben und welche nach draußen gegeben werden müssen.

Im Projekt muß festgelegt werden,

- **wer** welche Informationen weitergibt (und wer nicht dazu berechtigt ist);
- **welche** Informationen weitergegeben werden (und welche projektintern bleiben);
- **wann** Informationen weitergegeben werden;
- **wem** Informationen weitergegeben werden;
- **wozu** Informationen weitergeben werden;
- **wie** und **mit welchen Instrumenten** bestimmte Informationen weitergegeben werden.

Der Aufwand, die Informationsstrukturen und jeden Informationsfluß frühzeitig festzulegen, wird sich im Laufe des Projektes mehrfach rentieren. Denn im idealen Projekt gibt es offene, klare, regelmäßige und für alle verständliche formelle Informationen, positive informelle Informationen, ein gutes Projektimage, und das Team hat sich mit dem Projekt identifiziert. Bei solch stabilen Voraussetzungen können selbst unvorhergesehene Situationen gemeistert werden. Außerdem wird während der Projektarbeit keine Zeit mit Mißverständnissen, Unklarheiten und Gerüchten vergeudet.

2.5 Wie wichtig sind "weiche" Einflußfaktoren für ein erfolgreiches Projektmanagement?

Neben rein außen-orientierten Projekten (z. B. Musikfest, technische Projekte wie Bau-Vorhaben) haben komplexe, neuartige Projekte häufig Veränderungen der Verwaltung selbst zum Ziel und führen oft zu **organisatorischen und/oder personellen Veränderungen in der Verwaltung.** Zu denken ist hier z. B. an die Einführung von TuI, an Re-Organisations-Vorhaben, an die Einführung betriebswirtschaftlicher Steuerungsinstrumentarien in der öffentlichen Verwaltung u. v. m.

Organisatorische **Veränderungsprozesse**[39] haben ihre eigene Logik. Dies ergibt sich daraus, daß das organisatorische Gebilde 'Verwaltung' kein wohlgeordneter Apparat ist, der sich mit linearen Kausalketten steuern läßt. Vielmehr ist zum einen immer der System-/Umfeldbezug zu beachten[40]. Zum anderen - und hierauf soll an dieser Stelle näher eingegangen werden - gleicht die Verwaltung als **soziale** Organisation eher einem **lebendigen Organismus** und nicht einer präzise durchsteuerbaren mechanischen Konstruktion.

Um **Veränderungen** in Organisationen zum **Erfolg** zu führen, darf nicht allein auf der Basis sachlich-inhaltlicher Kenntnisse - rein rational - das optimale Problemlösungskonzept geplant und anschließend durch ein - möglichst alle Eventualitäten berücksichtigendes - Umstellungsprogramm durchgesetzt werden. Eine solche mechanistische Vorgehensweise ("Maschinen"-Modell) ignoriert die Verwaltung als soziale Organisation, in der **Menschen** handeln und agieren.

Veränderungsprozesse in sozialen Organisationen sind Prozesse von Menschen
     mit Menschen
     durch Menschen
     für Menschen.

Veränderungsprozesse in Organisationen zeichnen sich dadurch aus, daß ein relativ stabiler Zustand verlassen wird und "Neuland" betreten werden soll. Veränderungs

---

[39] Veränderungsprozesse in Organisationen werden in der Fachliteratur als **organisatorischer Wandel** bezeichnet und diskutiert.
[40] Außenbezüge als Quelle potentieller Überraschungen; vgl. hierzu die Ausführungen in Teil I, Kapitel 2.1 und 2.2.

prozesse beginnen daher oftmals mit einer Phase der **Leugnung** (Warum denn überhaupt?), führen dann (hoffentlich) zu einer **Akzeptanz der Veränderungsnotwendigkeit** und zu einer **Bereitschaft zur Veränderung**, immer aber verbunden mit einer gewissen **Verwirrung** (Was wird kommen? Was bedeutet das für mich?). Nach einer **Erneuerung, die schrittweise erfolgt,** müssen sich die erreichten Veränderungen in einer **Beruhigungsphase** stabilisieren.

Die Verwirrung Akzeptanz für Änderungen	**Die Erneuerung** Schritt für Schritt
Die Leugnung Warum überhaupt?	**Die Zufriedenheit** Stabiler Zustand

Abb. 12: Haus der Veränderungen

Erfolgreiche Veränderungsprozesse in Organisationen erfordern:

- *sachliche Kenntnisse*
- *Kenntnisse über Steuerungsmechanismen in Organisationen*
- *Prozeßkenntnisse.*

Der Erfolg von Veränderungen läßt sich durch die (nicht als mathematisch zu verstehende) Formel ausdrücken:

Erfolg von Veränderungen =

sachliche Qualität bzw. Relevanz der Lösung

x Akzeptanz bei den Betroffenen

x Timing

46

Neben der inhaltlich-fachlichen Relevanz der Lösung sind auch immer die Akzeptanz bei den Betroffenen und das richtige "Timing" entscheidend für den Erfolg.

Wissenswertes über implizite Steuerungsmechanismen in Organisationen

Wer mit Veränderungsprozessen in Organisationen betraut ist, muß wissen: im organisatorischen Alltag gibt es Erscheinungsformen und **implizite Steuerungsmechanismen**, die für das Verhalten der Mitarbeiter und die Funktionstüchtigkeit der gesamten Organisation von großer Bedeutung sind. Diese Mechanismen sind nicht bewußt geschaffen, sie beeinflussen jedoch organisatorische Veränderungsprozesse und das **Verhalten der Mitarbeiter** stark. Der Erfolg oder das Scheitern von Veränderungsprozessen hängt u. U. von solchen Steuerungsmechanismen ab.

- In jeder sozialen Organisation spielen sich **politische Prozesse** ab (sog. **Mikropolitik**). Diese ergeben sich aus verschiedenen Interessen, Zielen und Perspektiven der handelnden Personen. Sie geben Veränderungsprozessen eine spezifische positive oder aber negative Dynamik. Verschiedene Interessen bilden sich heraus, Koalitionen werden gebildet, Veränderungsprozesse werden auf unterschiedliche Art unterstützt, ignoriert oder sogar sabotiert.

- Ein anderer nicht geplanter Steuerungsmechanismus, der sich hemmend oder unterstützend auswirkt, ist die vorzufindende **Verwaltungskultur**. In jeder Organisation bilden sich Selbstverständlichkeiten im täglichen Handeln heraus, die sich im Laufe der Zeit in Form von Orientierungssystemen verfestigen und das Handeln der Mitarbeiter prägen: Sprache, Rituale, Kleidung, Umgangsformen, Normen und Standards, aber auch bevorzugte Wege des Denkens und des Problemlösens, Muster an Reaktionsweisen und Handlungsprogrammen usw.

- Veränderungsprozesse führen zu **Ängsten** bei Mitarbeitern und Kollegen auf allen (hierarchischen) Ebenen. Dieses Thema wird in der Verwaltung gern tabuisiert. Es kann jedoch für den (Miß-)Erfolg von Veränderungsprozessen derart relevant sein, daß es kein Tabu-Thema sein darf. Vielmehr muß akzeptiert werden:

Ängste vor und Widerstände gegen Veränderungen sind etwas ganz Normales.
Organisatorische Veränderungen ohne Ängste und Widerstände gibt es nicht.

47

Ängste vor Veränderungen gibt es auf allen Ebenen der Verwaltung. Ängste und Skepsis sind eine normale menschliche Reaktion, wenn vertraute Wege verlassen, neue Pfade eingeschlagen werden sollen und die Mitarbeiter sich damit einer Situation von Ungewißheit und Undurchschaubarkeit aussetzen müssen.

Menschen bauen eine emotionale Sperre gegen Veränderungen auf, weil sie befürchten, daß sich durch die Veränderung ihre Situation verschlechtern wird. Hier sind nicht Ängste vor objektiven Verschlechterungen (z. B. Entlassung) gemeint, sondern Ängste auch dort, wo ein veränderungsbedingter objektiver Nachteil nicht erkennbar ist.[41] Wie stark die Sperre gegen Veränderungen ist, hängt wiederum u. a. von der Organisationskultur (z. B. Erfahrungen mit Veränderungen) ab.

Bedenken und Ängste können, wenn sie im Veränderungsprozeß nicht beachtet werden, zu ernsten **Widerständen** bis hin zur Sabotage des Veränderungsprozesses führen. Im Rahmen politischer Prozesse können sie von Skeptikern und Gegnern der Veränderungen aufgegriffen und verstärkt werden.

Die Existenz impliziter Steuerungsmecha-
nismen darf nicht ignoriert werden.
Sie ist in die gestalterischen Überlegungen
und die Organisation von Veränderungs-
prozessen einzubeziehen.

Einige Tips für Veränderungsprozesse

(1) Einbeziehung der Betroffenen

Die aktive **Einbeziehung** der Betroffenen am Veränderungsgeschehen, die frühzeitige Information über die anstehenden Veränderungen sowie die regelmäßige **Information** und **Kommunikation** über das Veränderungsgeschehen in Ehrlichkeit und Offenheit sind wichtige Voraussetzungen für erfolgreiche Veränderungsprozesse. Eine Planung am "grünen" Tisch rächt sich in der Umsetzung. Das Mitarbeiterpotential - ihr Wissen und ihr Ideenreichtum - ist aktiv einzubeziehen.

---

[41] vgl. Watson (1975)

Um hier jedoch kein Mißverständnis aufkommen zu lassen:

Es kann nicht darum gehen, auch noch den allerletzten Blockierer oder Skeptiker zu überzeugen.

Es geht darum, das Widerstandpotential zu senken und positive Energie für das Projekt zu aktivieren. Dazu muß sowohl bei den Skeptikern und Blockierern (wenn sie gefährlich für das Projekt werden können!) als auch bei den Befürwortern und Innovationsfreudigen (z. B. wenn sie als Multiplikatoren wirken können) mit gezielten Maßnahmen angesetzt werden. Die noch unschlüssigen, eher indifferenten Mitarbeiter dürfen ebenfalls nicht vergessen werden.

(2) Ausgangssituation untersuchen

Wichtig ist zunächst die Erkenntnis: Es gibt keinen Königsweg für die Organisation von Veränderungsprozessen. Die Vorgehensweise ist abhängig von der jeweils gegebenen **spezifischen Ausgangssituation der Organisation.** Es ist daher erforderlich, die Ausgangssituation, die Grundlage für den Veränderungsprozeß ist, in einer **Situationsanalyse** zu untersuchen:

- *An welchem Punkt der Veränderung befindet sich die Organisation?*
- *Welche Erfahrungen mit Veränderungen liegen vor?*
- *Warum sollen überhaupt alte Pfade verlassen werden?*
- *Gibt es eine Notwendigkeit für Veränderungen?*
- *Ist diese Notwendigkeit allgemein anerkannt?*
- *Wie groß ist der Druck für Veränderungen?*
- *Welche Ziele wurden verfolgt?*
- *Wer unterstützt den Prozeß (Promotoren)? Wer ist dagegen (Antimotoren)?*
- *Welche formale oder aber informale Macht haben Promotoren und Antimotoren?*
- *Wie sind die formellen und wie die informellen Machtstrukturen?*

Die **konkreten Veränderungsschritte** können nur unter Kenntnis der jeweiligen Ausgangssituation geplant werden. Folgende Fragen sind demnach unterschiedlich zu beantworten: Wie hoch sind die Informationserfordernisse? Wieviel Überzeugungsarbeit muß geleistet werden? Wie kann positive "Energie" freigesetzt werden? Welche Schulungsmaßnahmen sind zu Beginn erforderlich? Welche fachlich-sachlichen Veränderungsschritte können zu Beginn angegangen werden?

(3) Veränderungsprozesse brauchen Promotoren

Veränderungsprozesse brauchen drei Typen von Promotoren:

- *Machtpromotoren*
- *Fach- und Sachpromotoren*
- *Sozialpromotoren*

Machtpromotoren: Die **vorbehaltlose Unterstützung** durch relevante Vorgesetzte ist eine zwingende Voraussetzung für erfolgreiche Veränderungsprozesse. Machtpromotoren können auch "informale Machtpersonen" sein, soweit sie ihren Einfluß in der Organisation entsprechend geltend machen können.

Fach- und Sachpromotoren bringen das erforderliche **inhaltliche Know-how** für erfolgreiche Veränderungen ein.

Sozialpromotoren sind **Vertrauenspersonen** und können als Multiplikatoren wirken. Sie sind sehr wichtig für die Akzeptanz von Veränderungen sowie für den Abbau von Widerständen.

(4) Organisatorische Veränderungsprozesse als Projekt organisieren

Bei Veränderungen in Organisationen handelt es sich um Projekte im hier definierten Sinne. Veränderungsprozesse sollten daher als Projekte organisiert und gesteuert werden.

Das Projektmanagement stellt sicher, daß

- kein reines bottom-up-Verfahren gewählt wird mit langwierigen Diskussionen an der Basis über den strategischen Kurs sowie (womöglich ideologischen) Richtungskämpfen,
- konkrete Veränderungsziele formuliert werden,
- ein konkreter Plan für Veränderungen erarbeitet wird,
- nicht der Beginn des Prozesses wichtiger genommen wird als sein Ergebnis (so daß mit vielem begonnen, aber nichts vollendet wird),
- es klare Entscheidungsverfahren gibt und Verzögerungen bei Entscheidungen vermieden werden,
- nicht Lösungen um der Harmonie willen angestrebt werden (Einigung auf dem kleinsten gemeinsamen Nenner).

Projektmanagement ist das ideale Instrument zur planvollen Steuerung von Veränderungsprozessen in sozialen Organisationen.

3. Projektarbeit und Beteiligungsrechte

Bei der Betrachtung dieses Themenbereiches ist zwischen den rein formell rechtlichen Gegebenheiten (z. B. Mitbestimmung) sowie der Notwendigkeit einer klugen Informationsarbeit und der allgemeinen Informationspolitik zu unterscheiden. Gleichzeitig bestehen jedoch wiederum Abhängigkeiten untereinander, und zum Teil bedingen sie sich gegenseitig.

Beteiligungsrechte bilden einen eigenständigen Regelungskreis

In diesem Handbuch können und sollen nicht Regelungen zur Mitbestimmung und zur Beteiligung von Gremien vorgeschlagen, wiederholt bzw. die einschlägigen Bestimmungen kommentiert werden. Die Mitbestimmung von Personalvertretungen sowie die Beteiligung der Frauenbeauftragten und der Schwerbehindertenvertretung unterliegen eigenständigen Regelungen, die auch bei den im Rahmen einer beteiligungsorientierten Projektorganisation Anwendung finden.

Da diese Regelungen also unmittelbar in jede Projektplanung hineinwirken, ist es zwingend erforderlich, die vorgesehenen Beteiligungsprozesse zu erfassen sowie zeitlich und verfahrensmäßig einzuordnen. Dadurch kann unnötiger Entscheidungsdruck vermieden werden[42].

Die für das Land und die Stadtgemeinde Bremen geltenden Regelungen sehen nicht nur eine Mitbestimmung bzw. Beteiligung nach Beendigung von Arbeitspaketen bzw. beim Erreichen von Meilensteinen vor, sondern bieten auch die konstruktive Mitgestaltung in der Projektarbeit an. An dieser Option sollten sich das Projektteam und die zu beteiligenden Gremien orientieren. Beachtet man diesen Grundsatz, vermindert sich die Angst einer Projektleitung bzw. des Projektteams, für die Durchführung ihres Projektes auf den vorgenannten Gebieten ein fundiertes Rechtswissen zu benötigen. Frühzeitige Einbindung erhöht zudem die Akzeptanz.

---

[42] Grundlagen über die Beteiligung von Mitarbeiter(innen)vertretungen im Land und in der Stadtgemeinde Bremen finden sich insbesondere in den nachfolgend aufgeführten Vorschriften:
- Bremisches Personalvertretungsgesetz vom 5. März 1974 (BremPVG)
- Gesetz zur Gleichstellung von Frau und Mann im öffentlichen Dienst des Landes Bremen (Landesgleichstellungsgesetz) vom 20. November 1990
- Schwerbehindertengesetz
- Dienstvereinbarungen im Zusammenhang mit der Einführung neuer Technologien vom 9. September 1986

Frühzeitige Einbindung

Wichtig für den gesamten Projektablauf ist, unabhängig von Rechtsgrundlagen oder Vereinbarungen, zu einem frühen Zeitpunkt mit den zuständigen Personalvertretungen, der Frauenbeauftragten und der Schwerbehindertenvertretung das Gespräch zu suchen. Es sollte schon bei der groben Erfassung von Ideen zu möglichen Organisationsprojekten und/oder Investitionsvorhaben in einer Dienststelle ein Gedankenaustausch erfolgen. Es ist erforderlich, weniger Gedankenkraft darauf zu verwenden, was der andere wohl denken mag, als alle konstruktiven Kräfte und innovativen Möglichkeiten zu nutzen. Das im Rahmen der Verwaltungsreform stärker ausgeprägte planungs- und prozeßorientierte Verwaltungshandeln bietet hierfür eine hervorragende Grundlage.

Mit der rechtzeitigen Beteiligung anderer wird die Grundlage für eine spätere konstruktive Mitwirkung in der konkreten Projektumsetzung geschaffen. Unterschiedliche Interessenlagen können bereits in diesem Stadium deutlich gemacht werden. Dabei kann die Konfliktbereinigung zum Abbruch, zu einem Kompromiß und/oder zu punktuellen formellen Entscheidungsprozessen führen. Vermieden wird so ein unterschwellig durch das Projekt getragenes Problem, das sich hemmend auswirken kann.

Kontrakte

Mit Beginn eines Projektes sollte eine Regelung über die konkrete Ausgestaltung der Beteiligung getroffen werden. Grundlage solcher Regelungen können Gesprächsvermerke, ein einvernehmlicher Schriftwechsel und/oder eine schriftliche Vereinbarung (Kontrakt) sein. Wie diese Regelungen aussehen können, richtet sich im wesentlichen nach Größe, Zeitdauer und Wichtigkeit des Projektes. Zu regeln sind zumindest

- die Zeitpunkte der rechtlichen Beteiligungen (z. B. in Form von Meilensteinen) einschließlich der Zeitvorgaben für eine rechtzeitige Einbindung;
- die Projektauswirkung der Beteiligung (z. B. Fortführung nur bei Zustimmung, Verzögerung bis zur Kompromißfindung, Entscheidungszwang);
- Form und Inhalte der Informationen und Berichte;
- die Einbindung in das Projekt (Mitarbeit, beratendes Mitglied etc.). Zu beachten ist dabei, daß durch diese Einbindung einzelner oder auch beauftragter Personen (z. B. Sachverständige) die rechtliche Beteiligung nicht außer Kraft gesetzt wird.

Die Regelungen sollten dabei nicht dem "Charme" einer Bürokratisierung erliegen und sich damit gleich selbst ersticken. Trotzdem ist es unerläßlich, für bestimmte

Bereiche, wie z. B. für die hier beschriebenen Beteiligungsprozesse, nachvollziehbare Regelungen zu treffen. Dies liegt im Interesse der Projektbeteiligten. Generell gilt: jede Beteiligung reduziert das Risiko, nach langer Vorarbeit eine Ablehnung des Projektergebnisses zu erfahren.

Beispiele einer Beteiligung:

Personalrat A möchte nur zu bestimmten Phasen, z. B. zu den Meilensteinen eines Projektes, informativ eingebunden werden. Ansonsten besteht er auf der Mitbestimmung nach Fertigstellung und vor Einführung des Projektgegenstandes. Personalrat B macht zu bestimmten Entwicklungsstufen eines Projektes sein Recht auf Mitbestimmung geltend und stimmt dann der Freigabe weiterer Schritte zu. Darüber hinaus möchte er über den Lenkungsausschuß als beratendes Mitglied an der Entwicklung des Projektes teilnehmen.

Die Erfahrung zeigt, daß der durch die Beteiligung anderer Gremien anfänglich erforderliche zeitliche Mehraufwand später mindestens wieder eingeholt wird.

Vor- und Nachteile der Beteiligung

Die beteiligungsorientierte Projektdurchführung läßt bei Gegenüberstellung der Vor- und Nachteile erkennen, daß die Vorteile überwiegen. Zusammengefaßt können beispielhaft genannt werden:

Vorteile

• Vermeidung von Reibungsverlusten,
• durch Einbindung verstärkte Identifikation mit dem Projekt,
• weniger Risiko im weiteren Projektverlauf (u. a. Reduzierung negativer Entscheidungen),
• Partner bei Bedarfsforderungen an Dritte,
• Konflikte werden zum Zeitpunkt der Entstehung bereinigt,
• Entscheidungs- und Mitbestimmungsabläufe werden verkürzt.

Nachteile

• Risiko nicht gewünschter Entscheidungen.

Teil II - Wie werden Projekte zum Erfolg geführt?

Von der Projektidee bis zum Ende eines Projektes, wenn der Projektgegenstand der Nutzung übergeben wird, ist es ein langer Weg. Aufgabe des Projektmanagements ist es, diesen Prozeß in seinen verschiedenen Abschnitten zu planen und zu steuern. In den folgenden Kapiteln werden die für den Erfolg eines Projektes entscheidenden Tätigkeiten dargestellt.

In jedem Projektablauf, ganz gleich ob es sich z. B. um ein Bauprojekt oder ein Reorganisationsprojekt handelt, gibt es die folgenden Abschnitte:

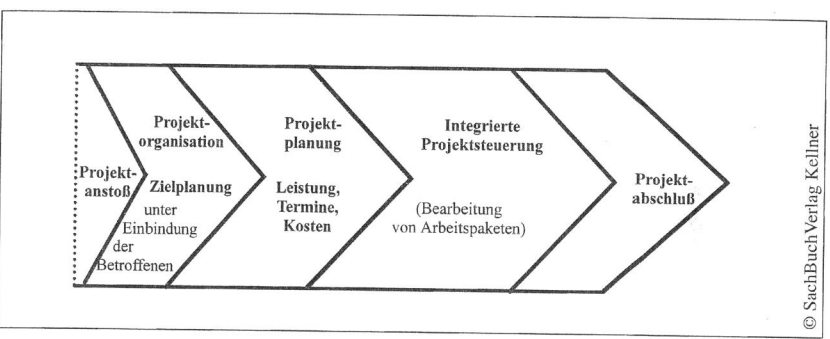

Abb.13: Projektmanagement-Abschnitte

Die Aktivitäten in den ersten Abschnitten des Projekts können die Weichen für den Erfolg stellen. Sie setzen (oft auch unbewußt) Zeichen und können den gesamten Ablauf nachhaltig prägen:

- Vorgesetzte zeigen durch ihr Verhalten, wie sie das Projekt einschätzen und was sie von Projektarbeit überhaupt halten;

- die Betroffenen äußern Erwartungen und beziehen Position und

- die Projektleitung demonstriert, was sie unter Führung und Zusammenarbeit versteht, und welche Ziele sie hat.

Der erste Eindruck ist oft entscheidend für die Positionen, Erwartungen und Verhaltensmuster der unterschiedlichen Gruppen (Auftraggeber und Projektlenkungsausschuß, Projektleitung und Projektteam, Betroffene und Beteiligte). Viele Probleme, die im späteren Projektverlauf auftreten, lassen sich auf Nachlässigkeiten zu Beginn des Projektes zurückführen, so z. B.:

- es existiert kein Auftraggeber,

- die Projektleitung ist nicht ausreichend qualifiziert,

- die Wünsche der späteren Anwender (= Betroffenen) sind bei der Zielfindung nicht genügend berücksichtigt worden. Das Projekt wird nicht akzeptiert,
- das Projektteam ist für die Projektarbeit nicht genügend von der Linienarbeit freigestellt worden. Die Arbeiten gehen nicht wie geplant voran,
- die Beziehung der Projektorganisation zur normalen Linienorganisation ist nicht ausreichend geklärt worden. Es gibt Reibungsverluste durch Konflikte zwischen der Projektleitung und den Dienststellenvorgesetzten.

Im folgenden wird auf die o. a. Projektmanagementabschnitte im einzelnen eingegangen.

1. Projektanstoß

Der exakte Zeitpunkt des Beginns des Abschnitts 'Projektanstoß' kann nicht immer genau bestimmt werden, da z. B. Voruntersuchungen bereits durchgeführt worden sind. Wichtig ist aber, daß es am Ende dieses Abschnitts

- einen Auftraggeber gibt, der sich seiner Projektziele und seiner Aufgabe im Projekt bewußt ist,
- eine Projektleitung gibt, die sich mit der Ausgangssituation auseinandergesetzt hat und damit eine bewußte Entscheidung für die Leitungsaufgabe getroffen hat und
- einen Projektauftrag (siehe Teil IV, "Methodenkoffer") zwischen Auftraggeber und Projektleitung gibt, der beinhaltet, daß dieses Vorhaben als Projekt durchgeführt werden soll.

Die Projektinitiierung

Es gibt viele Gründe, ein Projekt zu initiieren. Für den Bereich der öffentlichen Verwaltung kann dies z. B. sein:

- interne Innovation und Kreativität,
- Auftrag durch politische Gremien,
- Bürgerinteressen,
- Politikeranfrage,
- Aktivitäten der Kommunalen Gemeinschaftsstelle für Verwaltungsvereinfachung (KGSt) oder anderer Bundesländer,
- Bundes- bzw. EU-Gesetzgebung,
- Folgeprojekte aus beendeten Projekten,
- Umsetzung eines Verbesserungsvorschlags als Projekt,

- Erledigung von Querschnittsaufgaben,
- aus Programmen abgeleitete Projekte,
- Koalitionsvereinbarung,
- Gebot zum wirtschaftlichen Handeln,
- Bedarfsfeststellung / -formulierung,
- ...

Oftmals erfolgt der Anstoß zu einem Projekt nicht durch eine detaillierte Aufgabenstellung, sondern in Form eines etwas nebulösen "Mach-mal-Auftrags". Grundsätzlich gilt:

Keine Angst vor "Mach-mal-Aufträgen".
Sie fordern und fördern die
eigenverantwortliche Gestaltung.

Derartige Aufträge können aber auch Zeichen für die mangelnde Bereitschaft zur Übernahme von Konsequenz und Verantwortung sein.

Ein "Mach-mal-Auftrag" sollte möglichst schnell konkretisiert werden, um anschließend vom Auftraggeber freigegeben werden zu können. Erfolgt die Konkretisierung nicht durch die künftige Projektleitung oder das Projektteam, so muß ganz besonders auf eine genaue und rechtzeitige Dokumentation geachtet werden, auf die die später im Projekt arbeitenden Beschäftigten bei Unklarheiten zurückgreifen können.

Die Analyse der Ausgangssituation

Um sich als (zukünftige) Projektleitung bewußt für ein Projekt zu entscheiden und eventuelle Probleme schon frühzeitig zu erkennen, ist es wichtig, zu Beginn die Ausgangssituation zu analysieren. Folgende Fragen sollte die zukünftige Projektleitung für sich beantworten (Erläuterungen zu den einzelnen Fragen, siehe Teil IV, "Methodenkoffer"):

1. Wer ist der Auftraggeber?
2. Wer trägt die Projektidee, ist Promotor?
3. Gibt es Initiatoren, die im Hintergrund bleiben wollen?

4. Welche Bereiche sind betroffen?

4.a Wie können die betroffenen Bereiche charakterisiert werden?

4.b Wie stehen diese Bereiche dem Projekt gegenüber?

4.c Welche Bedeutung hat das Vorhaben für die Bereiche und die Mitarbeiter?

4.d Welche Erfahrungen gibt es mit früheren Projekten bzw. mit zu beteiligenden Bereichen und Personengruppen (z. B. Querschnittsämtern, Eigenbetrieben, Zentralbehörden, dem Datenschutzbeauftragen, dem Personalrat ...)?

5. Wer ist in welcher Form durch das Vorhaben betroffen, und welche Beteiligungswünsche bestehen bei den Betroffenen?

Erst wenn man sich über diese Fragen im klaren ist, sollte eine Entscheidung für ein Projekt getroffen werden.

Die Bedeutung des Auftraggebers in der Projektarbeit

Ein Auftraggeber ist für viele Projekte eine Selbstverständlichkeit. Die Sanierung eines öffentlichen Gebäudes oder eines Abwassersystems wird niemand vornehmen, wenn es dafür nicht einen Aufttraggeber gibt. Wie ist es aber z. B. bei Organisationsentwicklungs- und TuI-Projekten? Existiert in der öffentlichen Verwaltung jedesmal die Person des Auftraggebers bzw. woraus ergibt sich überhaupt die Notwendigkeit dafür?

Der Auftraggeber hat bei Projekten zahlreiche wichtige Aufgaben, die für den Erfolg eines Projektes mit entscheidend sein können. Zu seinen Aufgaben gehört:

- Er hat die Stellung des Projektes im Rahmen der Behördenorganisation sicherzustellen.

- Er setzt Prioritäten, gibt Rahmenbedingungen und trifft die Entscheidungen, die über die Kompetenz der Projektleitung hinausgehen.

- Er wählt eine geeignete Projektleitung und stattet sie mit den nötigen Kompetenzen aus.

- Er unterstützt die Projektleitung bei der Auswahl des Projektteams sowie bei der Freistellung der Projektleitung und ggf. der Mitglieder des Projektteams.

- Er unterstützt bei Projektende die Projektleitung beim Abbau der Projektorganisation und bei der Personalrückgliederung in die Linie.

- Er hat zu beurteilen, ob die durch das Projektteam festgelegten Projektziele und Aufgabenschritte für das Projekt relevant sind. Durch seine Freigabe der jeweils nächsten Arbeitsschritte gibt er der Projektgruppe (Projektleitung und -team) die für ihr Tun nötige Sicherheit.

Ein geeigneter Auftraggeber ist demnach ein wichtiger Erfolgsfaktor für ein Projekt. Bei Risiko-Projekten sollte der Auftraggeber hierarchisch sehr hoch angesiedelt sein.

2. Projektorganisation und Qualifikation

2.1 Organisatorische und personelle Voraussetzungen als kritische Erfolgsfaktoren

Zu Beginn eines Projektes wird die Frage nach der Projektorganisation häufig in ihrer Bedeutung unterschätzt. Eine geeignete Projektorganisation ist aber als ein kritischer Erfolgsfaktor anzusehen. Es wird daher empfohlen, sich mit diesem Thema **zu Beginn der Projektarbeit intensiv auseinanderzusetzen**. Die Gedanken und die Zeit, die in die Organisation des Projektes investiert werden, amortisieren sich sehr schnell. Die effiziente und effektive Projektabwicklung wird unterstützt, Konflikte und Reibungsverluste werden reduziert, eine Identifikation der beteiligten Mitarbeiter mit dem Projekt sowie die Motivation der Mitarbeiter werden positiv beeinflußt.

Eine geeignete Projektorganisation ist schon der halbe Projekterfolg.

Ebenso wichtig für den Projekterfolg ist die sorgfältige Auswahl der mit der Projektabwicklung betrauten Personen. Je komplexer die Aufgabenstellung, je weniger auf bekannte Lösungen und Regelungen zurückgegriffen werden kann und/oder je dynamischer das Projektumfeld, um so bedeutender werden Know-how, Kreativität und Innovationsfähigkeiten der Projektleitung und der Projektmitarbeiter für den Projekterfolg.

Projekte stehen und fallen mit den eingebundenen Personen.

59

Bei der Auswahl der Mitarbeiter für die Projektarbeit sollte grundsätzlich wie folgt verfahren werden:

*Projektrelevante
Qualifikationen vor
Hierarchie.*

Die Bedeutung organisatorischer und personeller Vorkehrungen soll anhand einiger Fragen, die für Projekte typisch sind, verdeutlicht werden:

- Wie kann eine **kontinuierliche** Arbeit am Thema sichergestellt werden und wie werden die Akteure in einen arbeitsfähigen Zustand versetzt?

- Wer kann wann und wie in die Projektabwicklung eingreifen und der Projektleitung bei der Projektabwicklung hineinreden? Können und ggf. von wem können Ziele, Beschlüsse und Entscheidungen (je nach Opportunität des Tagesgeschäftes beliebig) umgeworfen werden?

- Wie können aufreibende Konflikte und Reibungsverluste zwischen Projekt und Linie vermieden werden?

- Sitzen Projektmitarbeiter zwischen zwei Stühlen: Projekt und Linie? Was hat für sie Priorität: Projektarbeit oder Linienarbeit? Müssen die Projektmitarbeiter hier einen Balanceakt vollführen, dadurch Energie verschwenden und sich aufreiben lassen?

- Wie können lange Entscheidungswege und Verzögerungen durch mangelnde Bereitschaft zu verbindlichen Entscheidungen ("Hintertürchen" offen lassen) vermieden werden?

- Welche Stellung und welche Entscheidungs- und Weisungskompetenzen hat die Projektleitung? Wofür ist sie verantwortlich? Wie ist ihre Position gegenüber den Linienvorgesetzten geregelt?

- Wie sieht das Anforderungsprofil für eine Projektleitung aus?

- Wie können Machtspiele und Bereichsegoismen innerhalb des Projektes sowie zwischen Projekt- und Linienorganisation vermieden und statt dessen die inhaltlich-sachliche Arbeit an dem jeweiligen Problem in den Vordergrund gestellt werden?

Hier soll nicht die Illusion geweckt werden, Projekte könnten völlig konfliktfrei ablaufen. Gelegentliche Konflikte sind kaum vermeidbar, können jedoch positiv gewendet und produktiv genutzt werden. Unnötige Konflikte, Querelen und Reibungsverluste können in starkem Maße durch Vorkehrungen im organisatorischen und personellen Bereich verringert und kanalisiert werden.

Zum Zusammenspiel der Projektorganisation und der Linienorganisation sind mehrere Fragen zu klären:

* **Wer** trägt bei einem Projekt **wofür** die **Verantwortung?**
* **Wer** ist bei der Projektabwicklung **wofür zuständig?**
* **Wer** hat bei der Projektabwicklung **welche** Entscheidungs- und Weisungs**befugnisse?**
* **Wo** "stehen" die **Projektmitarbeiter** zwischen Projekt- und Linienorganisation

Erforderlich sind Festlegungen hinsichtlich

* der Aufgaben,
* der Entscheidungs- und Weisungsbefugnisse sowie
* der Verantwortlichkeiten der an der Projektarbeit involvierten Akteure.

Für die Projektziele zeichnet der Auftraggeber bzw. der Projektlenkungsausschuß verantwortlich. Schwieriger zu beantworten ist die Frage, wer für die sach-, termin- und kostengerechte Projektabwicklung verantwortlich ist. Dies hängt von der gewählten Form der organisatorischen Einbindung des Projektes ab.

Es wird empfohlen, für **klare Entscheidungs- und Verantwortungsstrukturen** zu sorgen, um ein Verzögern von Arbeiten und Entscheidungen, ein Kompetenzgerangel sowie reine Harmonielösungen auf dem kleinsten Nenner zu vermeiden.

In der Verwaltungspraxis wird die organisatorische Lösung stark von den **örtlichen Gegebenheiten** und damit vom Ergebnis der Analyse der Ausgangssituation abhängen[43]. Wer sind die Machtpromotoren - wer sind die Antipromotoren des Projektes? Wie sind die informellen (Macht-)Strukturen und die impliziten Steuerungsmechanismen ausgeprägt? Welche Veränderungserfahrungen liegen vor? Wie ist die Akzeptanz? Wer ist aus Akzeptanzgründen zu berücksichtigen und einzubeziehen? Gibt es für die Aufgabenstellung hinreichend qualifiziertes Personal?

Die **Situationsanalyse** vor Ort kann beispielsweise durchaus zu dem Ergebnis führen, zunächst mit einer "kleinen" organisatorischen Lösung anzufangen und nur relativ wenig formal zu regeln und dann im Fortlauf des Projektes klare Ent-

---

[43] vgl. die Ausführungen zur Situationsanalyse in Teil I, Kapitel 2.5 und Teil II, Kapitel 1.

scheidungs- und Verantwortungsstrukturen herbeizuführen. Die Situationsanalyse kann aber auch zu dem Ergebnis führen, daß die für wünschenswert und zwingend erforderlich gehaltene Projektorganisation bei den vorliegenden Gegebenheiten zumindest zur Zeit nicht realisier- und durchsetzbar ist. In einem solchen Fall wäre zu überprüfen, ob das Projekt nicht schon hier **abgebrochen** werden sollte, da die Risiken für einen Projekterfolg enorm hoch sind und ein Mißerfolg vorprogrammiert ist. Zumindest muß eine intensive Auseinandersetzung und ein Offenlegen der zugrundeliegenden Problematik erfolgen.

An dieser Stelle sei noch einmal der Hinweis wiederholt: Es gibt kein Patentrezept. Machbar ist nur das, was die Gegebenheiten vor Ort erlauben. Hier darf man sich keiner Illusion hingeben. Wenn eine Organisation für die anstehenden Veränderungen - aus welchen Gründen auch immer - (noch) nicht reif ist, müssen erst durch entsprechende (Vor-)Arbeiten bessere Bedingungen geschaffen werden. Im Extremfall muß das Projekt abgebrochen oder verschoben werden (richtiges Timing!).

2.2 Personalressourcen für die Projektarbeit

Gerade bei der Umstrukturierung des öffentlichen Dienstes zu einem Dienstleistungsunternehmen sind zahlreiche Aufgaben im Rahmen dieser Verwaltungsreform vorzugsweise durch Projektgruppen realisierbar. Leider bekommt man für diese Form der Arbeitserledigung oft keine entsprechende Unterstützung und keine personellen Freistellungen. Verschärft wird dieser Verteilkampf durch die allgemeine Haushaltslage und die Personaleinsparungsvorgaben.

Die notwendigen Personalressourcen zu erhalten bzw. zu beschaffen, ist jedoch unabdingbarer Bestandteil (k.o.-Kriterium) für die Durchführung von Projekten. Oft ist es allerdings ein nicht zu unterschätzender Aufwand, das für das Projekt notwendige Personal zu bekommen.

Bei vielen größeren Projekten wird der Personalbedarf entweder aufgrund der notwendigen Qualifikationen oder aufgrund der Ablauf- und Terminplanung über die intern zur Verfügung stehenden Kapazitäten hinausgehen. Die Ressourcenplanung im Rahmen eines definierten Projektauftrages und der konkreten Projektziele führt oft zur Anforderung von personellen Kapazitäten, die von den zuständigen Entscheidungsträgern aus der Linie bereitgestellt werden müssen.

Gegenüber dem Auftraggeber sollte deshalb die Ressourcenfrage mit der Auftragsformulierung und der Annahme des Auftrages durch die Projektleitung verknüpft werden. Dem Auftraggeber muß bereits bei Projektbeginn bewußt sein, daß er an der Bereitstellung von Personal aktiv mitwirken muß. Dies sollte Bestandteil des Projektkontraktes sein.

Bei der Projektplanung sind dann die erforderlichen zeitlichen Vorläufe zu berücksichtigen, da

* solche Personalentscheidungen in der Regel nicht spontan getroffen werden, und
* das erforderliche Personal in Regelaufgaben eingebunden ist und somit nicht sofort zur Verfügung steht.

Es ist deshalb sinnvoll, Personalbedarfe rechtzeitig zu planen und anzumelden unter Berücksichtigung des zeitlichen Vorlaufes.

Die personellen Bedingungen für das Projekt sollten so früh wie möglich klar sein.

In der öffentlichen Verwaltung gibt es verschiedene Möglichkeiten, das notwendige Projektpersonal zu beschaffen. Wichtig ist, daß Projekte nicht als Vorwand für die Erhöhung der Personalkapazität in einer Organisationseinheit dienen.

Ist Projektarbeit bereits Teil des normalen Geschäftsverteilungsplanes, so ist die Zuordnung von Arbeitskräften zu einzelnen Projekten eine Frage der Prioritätensetzung bei den anfallenden Aufgaben.

Liegt die Zuständigkeit für die Projektinhalte allein in einer Organisationseinheit, kann vorrangig versucht werden, durch Streckung und/oder Umschichtung der Regelaufgaben oder durch Anordnung von Überstunden die Realisierung des geplanten Projektes intern sicherzustellen. Hierbei ist zu beachten, daß die erforderliche Qualifikation vorhanden ist. Es nützt nichts, Personal zur Verfügung zu stellen, das die Aufgaben im Rahmen des Projektes nicht lösen kann. Ist der Personalbedarf intern nicht zu decken oder geht die Zuständigkeit für die Projektinhalte über die Organisationseinheit hinaus, stellt sich die Frage einer projektbezogenen, befristeten Teil- oder Vollfreistellung der Projektmitarbeiter.

Freistellung von Mitarbeitern

Projektfreistellungen bedeuten eine zeitlich befristete, vollständige oder anteilige Ausgliederung aus dem bisherigen Aufgabenbereich. Um die Regelaufgaben weiterhin vollständig abdecken zu können, ist ggf. eine Zuteilung von "Entlaster"-Kräften möglich.[44] Sind (Teil-) Freistellungen für ein Projekt ohne gleichzeitige Zuteilung von Entlasterkräften vorgesehen, setzt dies in der betroffenen Dienststelle bei den Mitarbeitern und der Leitung eine hohe Akzeptanz des geplanten Projektes voraus. Also muß auch hier durch entsprechende Information und Transparenz eine Anerkennung des Projektes und der Projektarbeit erreicht werden.

Je besser die Vorbereitung, um so wahrscheinlicher ist eine Unterstützung.

Die (Teil-)Freistellungen der benötigten Mitarbeiter erfolgen entsprechend der Projektplanung und dem zum jeweiligen Zeitpunkt erforderlichen Personalbedarf nach inhaltlichen, qualifikatorischen und kapazitätsmäßigen Gesichtspunkten. D. h. es werden **immer nur** die Mitarbeiter freigestellt, die **zum jeweiligen Zeitpunkt** (für die einzelnen Arbeitspakete) benötigt werden. Die benötigten Kapazitäten können also nicht einfach addiert werden, vielmehr müssen die unterschiedlichen Zeitpunkte, der jeweilige Umfang und die Qualitäten der Bedarfe beachtet werden.

Für die Freistellung gelten folgende Grundsätze:

- Freistellungen sollten jeweils nur einen Teil der normalen Arbeitzeit in Anspruch nehmen. Diese Form ist einer vollständigen Freistellung von den Regelaufgaben vorzuziehen.

- Freistellungen für Projekte sind immer befristet.

- Freistellungen können für Arbeitspakete erfolgen, d. h. nicht für die gesamte Projektdauer, sondern nur für bestimmte Phasen oder Aktivitäten.

Teilfreistellungen sind deshalb vorzuziehen, weil die Wiedereingliederung der Mitarbeiter nach der Projektarbeit dadurch erheblich erleichtert wird und darüber hinaus die Mitarbeiter ihr "Zuhause", den sozialen Arbeitszusammenhang nicht verlieren. Aus der Definition eines Projektes ergibt sich bereits, daß die Arbeiten im Rahmen des Projektes befristet sind. Die Projekt-

---

[44] Sind die Kosten für eine Entlasterkraft höher als die Kosten für den Mitarbeiter, der in das Projekt geht, muß der Mehraufwand den Projektkosten angerechnet werden. Nur so lassen sich am Ende des Projektes der Aufwand und der Nutzen tatsächlich bewerten.

zugehörigkeit von Mitarbeitern nur während der Bearbeitung eines Arbeitspaketes ist eine kostensparende Maßnahme sowohl für das Projekt als auch für die Linie, erfordert aber erheblich mehr Koordinationsaufwand zwischen Linie und Projektleitung. Es ist allerdings die ressourcenschonendste Freistellung, die gerade in Anbetracht der Haushaltslage an Bedeutung gewinnt.

Jede Ausgliederung aus einer Linientätigkeit erfordert eine einvernehmliche Regelung zwischen Linienvorgesetztem und Projektleitung. Dabei sollten Umfang und Zeitraum sowie weitere erforderliche Absprachen offengelegt und festgehalten werden. Sollte ein Einvernehmen nicht hergestellt werden können, ist eine Entscheidung des gemeinsamen Dienstvorgesetzten (z. B. der Auftraggeber des Projektes) herbeizuführen.

Um die Erledigung der von freigestellten Projektmitgliedern vorübergehend nicht wahrgenommen Aufgaben (d. h. die Erledigung der Regelaufgaben und ggf. die Beschaffung und Einweisung der Entlasterkräfte) in der Linie kümmert sich der Linienvorgesetzte. Vor dem teilweise üblichen Verfahren, diese Problematik in den Aufgabenbereich der Projektleitung einzubinden, wird eindringlich gewarnt. Der Linienvorgesetzte ist für die Funktionsfähigkeit der Linie zuständig und die Projektleitung für das Projekt. Eine Verwischung der Verantwortlichkeiten bringt nur Zuständigkeitsgerangel und ist deshalb wenig effektiv.

Zu unnötigen Reibungsverlusten kommt es auch, wenn einzelnen Projektmitarbeitern zugemutet wird, bei einer teilweisen Freistellung die Konflikte zwischen Projekt- und Linienarbeit selbst bereinigen zu müssen.

Möglichkeiten zur Deckung des Personalbedarfs innerhalb einer Dienststelle

Mögliche Regelungen zur Deckung des erforderlichen Personalbedarfs innerhalb einer Dienststelle können sein:

* Vorhandene interne oder externe Personalüberhänge werden direkt im Projekt oder indirekt zur Vertretung freigestellter Projektmitglieder genutzt. Sie können aber nur genutzt werden, wenn die Mitarbeiter entweder die für das Projekt erforderlichen Qualifikationen aufweisen oder die für die Vertretung der Regelaufgaben eines freigestellten Mitarbeiters.

* Für die Dauer von Personalfreistellungen wird durch eine Prioritätensetzung entschieden, welche Aufgaben vorübergehend nicht oder zeitlich verzögert wahrgenommen werden. Unter Umständen kann dies zur Schließung einer ganzen Abteilung oder sogar Dienststelle führen.

- Die Vertretung von freigestellten Projektmitgliedern wird auf viele Schultern verteilt und dadurch zumutbar. Dies setzt jedoch eine hohe Akzeptanz des Projektes voraus.

- Die Erledigung der Aufgaben erfolgt durch die Anordnung von Überstunden, bezahlt oder unbezahlt (Arbeitszeitausgleich). Betroffen kann hiervon das Projektmitglied selbst sein, aber auch andere im Arbeitsgebiet tätige Mitarbeiter. Diese Möglichkeit bietet sich nur für einen überschaubaren Zeitraum an. Tarif- und beamtenrechtliche Regelungen sind dabei zu beachten.

- Die erforderlichen Personalressourcen werden durch eine verzögerte Erbringung von vorgegebenen Personaleinsparungen (in Bremen Personalentwicklungsprogramm - PEP) geschaffen.

Kann der erforderliche Personalbedarf dienststellenintern nicht zur Verfügung gestellt werden, so müssen im Projektbudget Mittel zum "Einkauf" entsprechender Ressourcen veranschlagt werden. Durch die Einführung der dezentralen Ressourcenverantwortung und Budgetierung sind die Steuerungs- und Entscheidungsmöglichkeiten in den Dienststellen flexibler geworden[45].

Nutzung von vorhandenen dienststellenübergreifenden Poolstellen

In einzelnen Fällen kann dienststellenübergreifend Personalunterstützung direkt für das Projekt oder indirekt für Vertretungen zur Verfügung gestellt werden. Bei der Senatskommission für das Personalwesen ist hierfür ein Pool mit unterschiedlichen Stellen eingerichtet, der der Unterstützung und Entlastung von (laufenden) Projekten dient. Die Stellen werden projektbezogen zur Verfügung gestellt. Die Mitarbeiter/innen dieser Pools weisen unterschiedliche Qualifikationen auf und können entsprechend angefordert werden, sofern der erforderliche Personalbedarf dienststellenintern nicht gedeckt werden kann. Voraussetzung für die Unterstützung aus diesen Pools ist neben den Inhalten und einer ausreichenden Begründung, warum der Bedarf nicht dienststellenintern abgedeckt werden kann, eine frühzeitige Anmeldung, da nur eine geringe Anzahl von Stellen zur Verfügung steht. Eine Zuweisung kann nur im Rahmen der begrenzt vorhandenen Kontingente erfolgen.[46]

---

[45] Daneben gibt es in Bremen noch die Möglichkeit, auf die sehr begrenzten Stellen in den Pools der Senatskommission für das Personalwesen zurückzugreifen.

[46] Für TuI-Projekte gibt es einen speziellen Pool, der insbesondere Stellen mit technischen Qualifikationsvoraussetzungen enthält. Darüber hinaus sind bereits in jedem Ressort Unterstützungsfunktionen für diesen Bereich geschaffen worden.

Schaffung oder Erhöhung von Personalressourcen durch Dritte

Sofern für die Projektarbeit Fachpersonal "eingekauft" werden muß, stehen folgende Möglichkeiten zur Verfügung:

* Arbeitspakete werden durch eine externe Auftragsvergabe an Dritte.vergeben,
* befristete Einstellung von Kräften des Arbeitsmarktes und/oder
* Beschäftigung von Diplomanden oder Doktoranden, die ggf. aufgrund ihrer Arbeit Interesse an einer Projektbeteiligung haben.

Die letztgenannte Variante ist zwar die kostengünstigste, aber durch das u. U. nicht genau gleichgelagerte Interesse der Diplomanden bzw. Doktoranden nicht in jedem Fall empfehlenswert. Andererseits können aber gerade die (neuen) wissenschaftlichen Erkenntnisse, die durch die Beschäftigung eines Diplomanden bzw. Doktoranden ins Projekt kommen, zum Erfolg beitragen. In jedem Fall sollten sehr konkrete Absprachen und Vereinbarungen getroffen werden. Bei der befristeten Beschäftigung ist - aufgrund des geltenden Tarifrechtes - insbesondere darauf zu achten, daß aus der befristeten Projektarbeit keine Dauerbeschäftigung abgeleitet werden kann. Deshalb sei an dieser Stelle noch auf folgendes hingewiesen:

Alle Regelungen bezüglich des Personals treffen auf ein umfassendes Regelwerk im Beamten- und Tarifrecht. Nicht immer fördern diese Vorschriften ein gruppenorientiertes Arbeiten. Es ist daher zu empfehlen, ein Konzept für den projektbezogenen Personaleinsatz zu erstellen und die rechtlichen Rahmenbedingungen mit den zuständigen Personalfachleuten abzuklären.

2.3 Formen der organisatorischen Einbindung von Projekten

Für die Projektabwicklung[47] lassen sich verschiedene organisatorische Lösungen unterscheiden:

- institutionalisierte Selbstabstimmung auf Zeit (Arbeitsgruppe),
- Projektkoordinatoren ohne Weisungsbefugnisse, (Stabs-Projektorganisation),
- Matrix-Organisation: Projektleitung mit Befugnissen und Verantwortung,
- reine Projektorganisation[48].

Empfohlen werden:

bei kleinen, wenig komplexen Projekten	*institutionalisierte Selbstabstimmung auf Zeit*
ab einer gewissen Projektgröße	*Matrix-Lösung*

In diesem Handbuch wird die unten detailliert beschriebene **Matrix-Lösung** favorisiert. Bei (sehr) kleinen Projekten mit geringer Bedeutung birgt diese jedoch die Gefahr einer Überorganisation. Für diese kleinen, wenig komplexen Projekte wird empfohlen, die Projektabwicklung über die beteiligten Organisationseinheiten der Linienorganisation durch **institutionalisierte Selbstabstimmung auf Zeit** vorzunehmen.

---

[47] Die Ausführungen zu den verschiedenen organisatorischen Lösungen für Projektarbeit lehnen sich an Kieser/Kubicek (1992), S. 138ff. sowie Frese (1987) an.

[48] Bei der reinen Projektorganisation ist das Projekt gegenüber der Linienorganisation vollkommen autonom. Alle für die komplette Projektdurchführung benötigten Mitarbeiter werden dabei für die Dauer des Projektes voll aus der Linien-Organisation "herausgelöst" und fest der Projektleitung zugeordnet. Die reine Projektorganisation kann jedoch nur bei sehr großen Projekten, die sich zudem von der Art der Aufgabenstellung her voll von der Linie isolieren lassen, eine sinnvolle organisatorische Lösung sein (in der betrieblichen Praxis z. B. große F&E-Projekte). Die reine Projektorganisation birgt das Problem, daß personelle und ggf. auch maschinelle Kapazitäten oft nicht effizient eingesetzt werden können. So werden Projekten beispielsweise oft Spezialisten zugeordnet, die durch die für sie im Projekt anfallenden Aufgaben nur teilweise ausgelastet sind (begrenzte Teilbarkeit von Ressourcen!). Bei der reinen Projektorganisation orientiert sich die Zuordnung von Personal und Sachmitteln zu Projekten oft starr am Spitzenbedarf. In Phasen der Projektarbeit, in denen weniger Ressourcen benötigt werden, erfolgt dann kein entsprechender Abbau, weil die Projektleitung nicht das Risiko eingehen will, bei einem Ansteigen der Anforderungen diese Ressourcen nicht wieder zu erhalten.

Einen gewissen organisatorischen Sonderfall bilden sog. **Organisationsentwick-lungsprojekte**[49]. Ein Organisationsentwicklungsprojekt unterscheidet sich in einigen Punkten von den nachfolgend angeführten Empfehlungen zur Organisation von Projekten. Daher soll an dieser Stelle kurz darauf eingegangen werden.

EXKURS: Organisationsentwicklungsprojekte

*Unter **Organisationsentwicklung** wird ein Veränderungsprozeß in einer Organisation verstanden (sog. **organisatorischer Wandel**), der von den **Mitarbeitern selbst** bewußt gelenkt und aktiv getragen wird und somit zur Verbesserung der Problemlösungen und der Selbsterneuerung der Organisation führt. Basiselement sind **Arbeitsgruppen**. In Gruppensitzungen werden alte Ideen in Frage gestellt und neue Ideen diskutiert, Stärken und Schwächen der Organisation selbst aufgedeckt, analysiert und konkrete Lösungsvorschläge entwickelt. Problembereiche werden diagnostiziert, spezifische Probleme werden erkannt und Problemlösungen erarbeitet. Durch diesen **gemeinsamen Lern- und Arbeitsprozeß** in der Gruppe soll die Notwendigkeit für Veränderungen erkannt, die verständliche Sperre gegen Veränderungen abgebaut und die Bereitschaft und Fähigkeit zur aktiven Neugestaltung entwickelt werden. Der **Veränderungsprozeß** setzt als **Lernprozeß** direkt bei den betroffenen Mitarbeitern** an. Ein erfolgreicher Organistionsentwicklungsprozeß erfordert*

- *eine **externe Prozeßberatung** (Moderation),*
- *die **dauerhafte Unterstützung** durch die jeweilige Führungsspitze (nicht nur Lippenbekenntnisse!) und*
- ***Projektmanagement.** (Projektmanagement verhindert, daß Organisationsentwicklungsprojekte zu endlosen "Kaffeerunden" ohne Ergebnis verkommen, die für alle Beteiligten frustrierend sind).*

***Projektleitung/-team:** Organisationsentwicklungsprozesse zeichnen sich dadurch aus, daß nicht außerhalb des Projektes ein inhaltliches Soll-Konzept entwickelt wird, das dann im Projekt mühevoll umgesetzt wird. Das heißt, die **inhaltlichen** Problemlösungen werden **nicht** von der Projektleitung bzw. einem Kernteam erarbeitet, sondern von **Arbeitsgruppen** (also den betroffenen Mitarbeitern) selbst. Fachwissen und Ideenreichtum der Mitarbeiter sind gefragt.*

Die Projektleitung muß

- *die verschiedenen Arbeitsgruppen koordinieren,*
- *Termine und Kosten (Kapazitäten) planen und kontrollieren,*

---

[49] Einen Überblick über die wichtigsten Ansätze und Methoden der Organisationsentwicklung gibt Sievers (1975).

- *darauf achten, daß in den Arbeitsgruppen tatsächlich auch inhaltliche Ergebnisse erarbeitet werden,*
- *Probleme im Prozeß (z. B. Kommunikationsprobleme) erkennen,*
- *auf die Einhaltung von Zielvorgaben und Rahmenbedingungen achten.*

Des weiteren muß die Projektleitung

- *für eine koordinierte Informationsarbeit sorgen,*
- *erforderliche Entscheidungen durch den Auftraggeber herbeiführen,*
- *sicherstellen, daß eine systematische Rückkopplung der Arbeitsgruppen-Ergebnisse mit der gesamten Organisationseinheit erfolgt,*
- *ggf. methodische Hilfestellungen geben.*

Arbeitsgruppen: Das inhaltliche Konzept wird durch die Arbeitsgruppen selbst erarbeitet (Unterstützung durch externe Prozeßberatung). Die Mitarbeit in den Arbeitsgruppen sollte freiwillig sein. Die Arbeitsgruppen sollten sich heterogen zusammensetzen aus männlichen und weiblichen Vertretern, Vertretern verschiedener Hierarchieebenen bzw. Funktionsebenen u. ä.

Nun zurück zu den Empfehlungen für die Projektorganisation:

Institutionalisierte Selbstabstimmung auf Zeit durch Bildung einer Arbeitsgruppe

Bei dieser Organisationsform gibt der für die Projektziele verantwortlich zeichnende Auftraggeber, z. B. die Dienststellen- oder Abteilungsleitung, das Projekt an die Linienbereiche. Das Projekt wird über die "normale" Linienorganisation abgewickelt.

Die für das Projekt **fachlich zuständigen Mitarbeiter** können verschiedenen Hierarchieebenen angehören. Sie bilden eine **Arbeitsgruppe**. Diese hat die erforderlichen Projektaktivitäten zu entwickeln, zu koordinieren und abzustimmen. Die Mitarbeiter der Arbeitsgruppe sind dann auch für die **sach-und termingerechte** sowie **effiziente Erledigung** ihrer Arbeitspakete im "Tagesgeschäft" verantwortlich. Die selbststeuernde Arbeitsgruppe trägt also die Verantwortung für die Projektabwicklung. Wenn sinnvoll, wählt die Arbeitsgruppe einen Sprecher als Ansprechpartner.

Diese Form der Projektabwicklung ist nur für kleine und wenig komplexe Projekte geeignet, bei der die Zahl der fachlich zuständigen Mitarbeiter auf vier bis sechs begrenzt bleibt.

Vorsicht bei Projektkoordinatoren ohne Entscheidungsbefugnisse

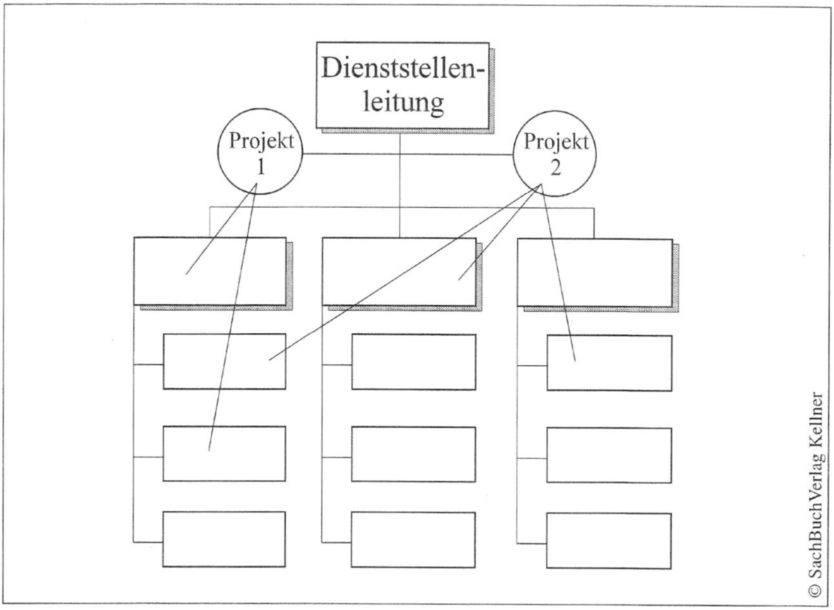

Abb.14: Projektkoordinatoren ohne Entscheidungsbefugnisse
(Stabs-Projektorganisation)

Als alternative organisatorische Lösung bei kleinen, wenig komplexen Projekten ist die Benennung einer "Projektleitung ohne Befugnisse" (im folgenden als "unechte Projektleitung" bezeichnet) beliebt. Die Aufgaben einer solchen "unechten Projektleitung" würden sich darauf erstrecken, Informationen zu sammeln, Pläne für den Projektablauf zu erstellen und die betroffenen Linienvorgesetzten zur Akzeptierung und Umsetzung der Pläne zu bewegen, den Projektfortschritt zu überwachen, auf Verzögerungen aufmerksam zu machen, Abweichungen von den spezifizierten Projektzielen zu ermitteln und dem verantwortlichen Linienvorgesetzten mitzuteilen.

Um diese Aufgaben wahrzunehmen, hätte die (unechte) Projektleitung **umfassende Informations- und Beratungsrechte**. Sie hätte aber **keine** Weisungsrechte - beispielsweise zur Erledigung von Arbeitspaketen - gegenüber den jeweiligen Linienvorgesetzten oder Sachbearbeitern, wenn diese an der Erfüllung ihrer ständigen Aufgaben mehr interessiert sind als an den Projektaufgaben. Die (unechte) Projektleitung wäre also darauf angewiesen, daß die Linienvorgesetzten und -mitarbeiter sich durch ihre Informationen überzeugen ließen, ihre Vorschläge akzeptierten und

71

dann sach-, termin- und kostengerecht erledigten. Bei zu großen Konflikten und Problemen mit der Linienorganisation bliebe dem Projektstab nur die Möglichkeit, über den Auftraggeber verbindliche Entscheidungen und Weisungen zu erreichen.[50]

Für die Lösungsalternative "unechte Projektleitung" gilt: **Der Auftraggeber** trägt die **Verantwortung** für die Projektziele sowie die sach-, termin- und kostengerechte Projektabwicklung. Die "**unechte Projektleitung**" ist per definitionem **weder entscheidungs-** noch **weisungsbefugt**, sondern ausschließlich **unterstützend** und **entscheidungsvorbereitend** tätig. Sie kann daher weder für die sachliche noch terminliche noch kostenmäßige Erreichung bzw. Nichterreichung der Projektziele verantwortlich gemacht werden. Sie ist lediglich dafür verantwortlich, die relevanten Entscheidungsträger rechtzeitig zu informieren.

Und genau hierin liegt begründet, daß sich die Zusammenarbeit zwischen einer "Projektleitung ohne Befugnisse" und der Linie in der Praxis als **sehr zeitraubend** und **konfliktträchtig** erweist. Die "unechte Projektleitung" ist bei der Herausgabe von Informationen sowie der Koordination der Abwicklung der Arbeitspakete mehr oder weniger auf den Goodwill der jeweiligen Mitarbeiter angewiesen. Sie darf keine Entscheidungen treffen und keine Weisungen erteilen und hat somit formal keine Eingriffsmöglichkeiten. Konflikte mit der Linienorganisation sind vorprogrammiert, was ziemlich aufreibend und frustrierend ist. Identifikation mit dem Projekt sowie Motivation für das Erreichen der Projektziele können sich bei der "unechten Projektleitung" und den beteiligten Mitarbeitern nur sehr schwer entwickeln.

Die Lösung "Projektleitung ohne Befugnisse" mag in einzelnen Fällen bei entsprechend günstigen Gegebenheiten gut funktionieren. Wegen der dargelegten Schwachpunkte wird jedoch empfohlen, diese organisatorische Lösung zur Projektabwicklung **nur in Ausnahmefällen** zu wählen. Auf jeden Fall sollte dann aber schriftlich fixiert werden, daß der Projektleitung ein ungehinderter Zugang zu allen, das Projekt betreffenden Informationen eingeräumt wird, ihr zudem alle projektrelevanten Informationen zu geben sind und sie zu unterstützen ist.

Für (sehr) kleine Projekte ist in der Regel statt der Lösung "unechte Projektleitung" die oben beschriebene Team-Lösung der Selbstabstimmung auf Zeit (Arbeitsgruppe) vorteilhafter. Ansonsten sollte die Matrix-Lösung gewählt werden.

---

[50] vgl. Kieser/Kubicek (1992), S. 139

Matrix-Projektorganisation

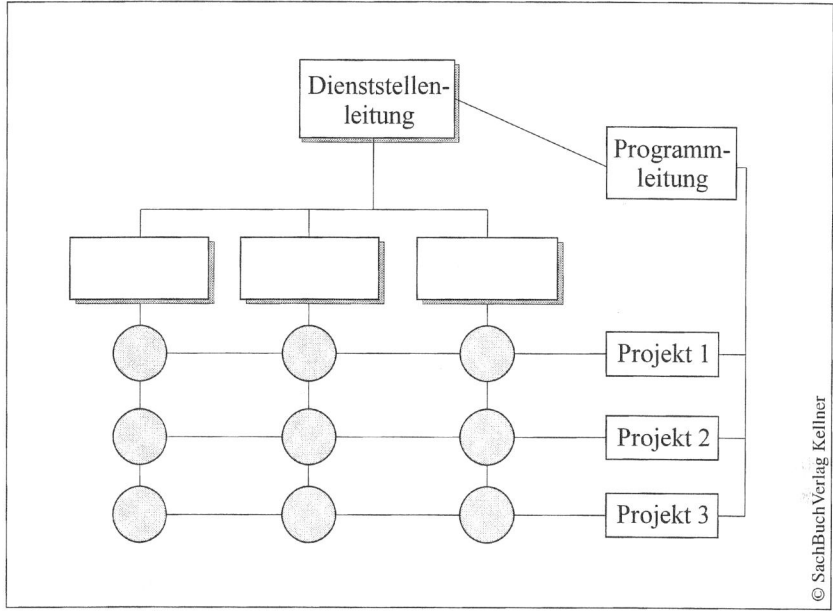

<u>Abb.15</u>: **Matrix-Projektorganisation**

Bei der Matrix-Lösung wird eine "echte" **Projektleitung** voll- oder teilzeitlich eingesetzt, die für die sach-, termin- und kostengerechte Projektabwicklung **verantwortlich** ist. Dieser Verantwortung kann sie jedoch nur gerecht werden, wenn ihr die unten näher beschriebenen Entscheidungs- und Weisungsbefugnisse zugeteilt werden.

Der Projektleitung werden ab einer bestimmten Projektgröße Projektmitarbeiter voll- oder teilzeitlich fest zugeteilt. Projektleitung und Projektmitarbeiter bilden das **Projektteam**. Die Projektleitung hat bei Fragen der Projektarbeit Entscheidungskompetenz und Weisungsbefugnisse gegenüber allen Mitarbeitern im Projektteam. Soweit ihr die Team-Mitarbeiter nicht vollzeitlich zugeordnet sind (die vollzeitliche Zuordnung wird wohl eher die Ausnahme darstellen) ist es erforderlich, Einvernehmen (verbindliche Festlegung z. B. über den Projektlenkungsausschuß) mit den Linienvorgesetzten über die Abgrenzung zwischen Projekt- und Linienarbeit herzustellen.

Die Matrix-Lösung zeichnet sich dadurch aus,

- daß sie stärker auf die speziellen Anforderungen des Projektes ausgerichtet ist,
- daß die Projektziele und der Projektfortschritt nachhaltig verfolgt werden können,
- daß sie gegenüber der Linienorganisation zwar nicht autonom ist, aber eine Zusammenarbeit zwischen Projekt und Linie erfolgt,
- daß sie klar abgrenzbare Zuständigkeiten und Verantwortlichkeiten zuläßt,
- daß durch sie die Identifikation mit der Projektarbeit und die Motivation der Projektmitarbeiter erheblich gestärkt werden können.

Nicht alle Arbeitspakete des Projektes müssen innerhalb der speziellen Projektstrukturen gelöst werden. Arbeitspakete, für die eine Zuständigkeit in der Linienorganisation vorhanden ist, sollten während der Projektabwicklung zur Erledigung in die "normale" Linienorganisation gegeben werden. Die Projektleitung muß sich daher hinsichtlich des Einsatzes der Linien-Mitarbeiter im Projekt mit den jeweils betroffenen **Linienvorgesetzten** die **Kompetenzen teilen** (Projektleitung: was ist zu tun? wann ist es zu tun?; Linienvorgesetzter: wer erledigt es? wie? wo?).

Damit hierbei nicht belastende Konflikte und Reibungsverluste zwischen der Linie und dem Projekt sowie bei den Mitarbeitern aufreibende Abwägungen zwischen Projekt- und normaler Arbeit entstehen, sind **organisatorisch** einige **Vorkehrungen** zu treffen. Hierauf wird bei der detaillierten Beschreibung der Aufgaben und der Bedeutung von Projektleitung, Projektteam und Projektlenkungsausschuß (PLA) näher eingegangen.

An dieser Stelle soll aber schon darauf hingewiesen werden, daß zur Kanalisierung potentieller Konflikte dem Auftraggeber bzw. Projektlenkungsausschuß eine sehr wichtige Funktion zukommt, da diese z. B. der Projektleitung Kapazitäten aus der Linienorganisation für bestimmte Perioden verbindlich zuteilen und/oder auch eine genaue Spezifizierung und Abgrenzung der Kompetenzen zwischen Projektleitung und Linienvorgesetzten vornehmen können.

Im folgenden werden die bei der Matrix-Lösung beteiligten Projektgremien ausführlich beschrieben:

- **Projektleitung**
- **Projektmitarbeiter**
- **Auftraggeber/Projektlenkungsausschuß.**

Wird ein sehr großes Projekt in mehrere **Teilprojekte** unterteilt[51], kann es empfehlenswert sein, unterhalb des für das Gesamtprojekt zuständigen Projektlenkungsausschusses eine Projektleitung bzw. ein Projektteam einzurichten, die bzw. das die Aufgabe hat, die Teilprojekte zum Erreichen der Gesamtprojektziele zu koordinieren und zu steuern. Jedes Teilprojekt hat dann eine für die jeweilige Aufgabenstellung verantwortliche Projektleitung.

2.4 Die Projektleitung

Bestellung der Projektleitung

Die Projektleitung wird für ein definiertes Projekt vom Auftraggeber zeitlich befristet bestellt. Bei Projekten ab einer gewissen Größe kann es angemessen sein, die Projektleitungsfunktion mit dem erwarteten Anforderungs- und Qualifikationsprofil auszuschreiben und die Projektleitung in einem (internen) Bewerbungsverfahren auszuwählen. Sofern ein Projektlenkungsausschuß eingesetzt wird, wird dieser die Projektleitung bestellen bzw. die Auswahl bestätigen. Die Arbeit der Projektleitung beginnt mit der Bestellung und endet mit der Abgabe des Projektabschlußberichtes. Es wird empfohlen, die Projektleitung **hierarchie-unabhängig** festzulegen; ausschlaggebend sollen die projektrelevanten Qualifikationen und nicht die Position der Bewerber in der Hierarchie sein.

Mit der Bestellung sollte der Auftraggeber/Projektlenkungsausschuß festlegen, ob die Projektleitung vollzeitlich oder teilzeitlich für das Projekt tätig ist. Arbeitet die Projektleitung vollzeitlich für das Projekt, ist sie für die Zeit der Projektleitung von der Linienfunktion freigestellt. Ist sie teilzeitlich für das Projekt tätig, werden verbindliche Regelungen durch den Auftraggeber/Projektlenkungsausschuß empfohlen, z. B. **Vorrang** der Projektarbeit vor den Linienaufgaben, tageweise Aufteilung o. ä.

Die Projektleitung ist **fachaufsichtlich** in Angelegenheiten der Projektarbeit unmittelbar dem Auftraggeber/Projektlenkungsausschuß unterstellt. **Dienstaufsichtlich** untersteht sie ihrem Vorgesetzten für die Linienfunktion.

Ab einer gewissen **Projektgröße** oder wenn z. B. negative Erfahrungen aus der Vergangenheit vorliegen (vgl. Situationsanalyse), wird empfohlen, die Aufgaben und Kompetenzen der Projektleitung in einem Kontrakt festzulegen. Die nachfolgend beschriebenen Aufgaben und Zuständigkeiten bilden den Rahmen hierfür:

---

[51] vgl. hierzu die Abgrenzung zwischen Projekt und Programm in Teil I, Kapitel 1

Die Projektleitung ist im Rahmen der ihr übertragenen
Kompetenzen zuständig für die Projektabwicklung.
Sie trägt die Verantwortung dafür, daß die Projektziele
auf effizientem Wege erreicht werden. Beschlüsse
und Entscheidungen des Auftraggebers bzw.
Projektlenkungsausschusses sind für die
Projektleitung bindend.

Die Projektleitung **steuert** die Durchführung des Projektes. Sie koordiniert und steuert insbesondere die fachliche Analyse und Konkretisierung der Projektziele, die Festlegung und Ausführung von Arbeitspaketen, die interne Informationsarbeit sowie die Öffentlichkeitsarbeit, die Beschaffung der benötigten und den Einsatz der zur Verfügung stehenden Ressourcen. Die Projektleitung hat die Beschaffung, Bereitstellung und Abrechnung der Mittel abzustimmen und zu überwachen.

Sie ist verantwortlich für die fachliche Richtigkeit bei der Verwendung der bereitgestellten Finanzmittel. Die Projektleitung hat im Einklang mit den haushaltsrechtlichen Vorschriften nach Gegenzeichnung/Freigabe durch den Haushaltsbeauftragten die Verfügungsgewalt über das **Projektbudget**. Anzustreben ist eine Vereinbarung zwischen dem zuständigen Haushaltsbeauftragten und dem Auftraggeber/Projektlenkungsausschuß über eine eigenständige Bewirtschaftung des Projektbudgets durch die Projektleitung (vgl. Teil II, Kapitel 4.6).

Die Projektleitung hat schriftlich **Projektpläne** zu erstellen, diese dem Auftraggeber bzw. PLA vorzulegen und von ihm beschließen zu lassen. Die Projektleitung ist verpflichtet, die (Teil-)Pläne während der Projektabwicklung zu **pflegen** und zu **aktualisieren**. Die Pläne sind Bestandteil der **Projektdokumentation**, die von der Projektleitung angelegt und geführt wird. Die Projektleitung ist verpflichtet, alle während der Projektabwicklung gefertigten Projektberichte, Projektänderungsanträge und getroffenen Entscheidungen sowie weitere relevante Informationen über die Projektabwicklung in der **Projektdokumentation** festzuhalten.

Die Projektleitung **führt** die Mitarbeiter im Projektteam. Sie **weist** sie direkt ein und an, erteilt ihnen Arbeitsaufträge unter Vorgabe von Kapazitäten und Fertigstellungsterminen. Die Projektleitung soll nur dann selbst fachinhaltliche Arbeitsaufträge übernehmen, wenn es die Größe des Projektes, die sonstigen (Projekt-)Aktivitäten und ihre diesbezügliche Fachqualifikation erlauben.

Zahlreiche Arbeitspakete wird die Projektleitung zur Erledigung in die zuständigen Linienbereiche vergeben. Die Projektleitung hat dann die Aufträge inhaltlich zu definieren, Termine und Kostenrahmen vorzugeben, und sie muß sodann Einvernehmen mit dem jeweiligen Linienvorgesetzten herbeiführen. Die Weisungs- und Entscheidungsbefugnisse können zwischen Projektleitung und Linienvorgesetzten wie folgt aufgeteilt werden:

Was ist zu erledigen? *(welcher Aufgabeninhalt, qualitatives und quantitatives Arbeitspaket)*	*Projektleitung*
Wann ist es zu erledigen? *(Termine, zeitliche Abfolge)*	*Projektleitung*
Wer erledigt es? *(welcher Mitarbeiter?)*	*Linienvorgesetzter*
Wie wird es erledigt? *(welche Verfahren, fachliche Methoden?)*	*Linienvorgesetzter bzw. Mitarbeiter*
Wo wird es erledigt? *(Ort der Durchführung der Facharbeit?)*	*Linienvorgesetzter bzw. Mitarbeiter*

Sind darüber hinaus zur Realisierung des Projektes **externe** Auftragnehmer (z. B. zur Entwicklung bzw. Anpassung einer Software durch ein Softwarehaus) vorgesehen, so hat die Projektleitung entsprechende Aufträge zu formulieren und deren Ausführung zu überwachen.

Planungen oder Aufträge im Rahmen eines Projektes bedürfen gelegentlich einer parlamentarischen Entscheidung. Die Projektleitung erstellt die entsprechenden Vorlagen und bringt sie über den Auftraggeber/Projektlenkungsausschuß ein.

Probleme, die bei der Realisierung der Arbeitsaufträge entstehen, soll die Projektleitung **eigenständig** lösen. Der Auftraggeber/Projektlenkungsausschuß ist nur dann zu informieren - aber dann sofort -, wenn

- die Abwicklung des Projektes insgesamt und/oder die Projektziele gefährdet sind,
- Abweichungen über eine definierte Toleranzgrenze hinausgehen,

- gravierende projektrelevante Veränderungen (z. B. im Umfeld) eingetreten sind und/oder

- die Projektleitung keine Lösung der Probleme mehr für möglich hält, z. B. bei permanenten Konflikten mit der Linie.

Die Projektleitung erstellt regelmäßig Projektstatus-Übersichten, aus denen Soll/ Ist-Abweichungen von Leistung, Terminen und Kosten sowie aufgetretene fachliche Probleme zu erkennen sind. Die Berichterstattung erfolgt monatlich, vierteljährlich oder halbjährlich - jeweils in Abhängigkeit von Art und Größe des Projektes. Überbürokratisierte Berichtssysteme führen zu Schwerfälligkeit und Starrheit bei der Arbeit und hemmen **Motivation** und **Innovationsfreude** der Mitarbeiter.

In gravierenden Situationen bringt die Projektleitung **Projektänderungsanträge** in den Projektlenkungsausschuß zur Beratung und Entscheidung ein. Sind die Projektarbeiten beendet, erstellen die Projektleitung und die Projektmitarbeiter einen **Projektabschlußbericht.**

Neben diesen sog. harten Steuerungsinstrumenten darf die Projektleitung auch die sog. **weichen Einflußfaktoren** für den Projekterfolg nicht vernachlässigen. Sie muß vorhandene Widerstände und Ängste bei betroffenen Mitarbeitern erkennen; sie muß auch Skeptiker, Blockierer, mögliche Saboteure und deren (formelles oder informelles) Machtpotential berücksichtigen und, soweit hieraus Gefahren für das Projekt entstehen können, geeignete Maßnahmen ergreifen. Sie muß sich aber insbesondere auch um Förderer des Projektes, um die reformfreudigen innovativen Mitarbeiter kümmern, diese stärken, um deren positiven Einfluß (z. B. als Multiplikatoren oder Sozialpromotoren) auf die Projektarbeit zu nutzen. Es geht darum, positive Energie für das Projekt freizumachen, damit Widerstände nicht die Toleranzgrenze überschreiten. Steigt das Mißtrauen gegen das Projekt, steigt auch das Risiko für einen Mißerfolg.

Bei diesen Aufgaben der Projektleitung kommt der gezielten Planung von **Information und Kommunikation,** der Einbeziehung der betroffenen Mitarbeiter (vgl. hierzu Teil II, Kapitel 4.7) sowie Schulungsmaßnahmen u. ä. enorme Bedeutung zu.

Eine weitere anspruchsvolle Aufgabe der Projektleitung liegt darin, den **interdisziplinären Charakter eines Projektes** zu beachten. Die Projektleitung ist dafür verantwortlich, daß Aufgaben und Problemlösungen nicht nur aus dem Blickwinkel einer fachlichen Disziplin betrachtet werden (z. B. Dominanz des technischen, ökonomischen, sozialwissenschaftlichen, juristischen oder des finanzwirtschaftlichen Blickwinkels). Die Projektleitung muß erkennen, zu welchem Zeitpunkt welches

Expertenwissen wie einzubeziehen ist. Ein Vorteil der Projektarbeit liegt ja gerade darin, daß Fachleute ihr Wissen und ihre Fähigkeiten direkt in die Projektarbeit einbringen können. In der Praxis handelt es sich hier allerdings um eine hohe Anforderung an die Projektleitung, insbesondere wenn sie selbst im Projektteam eine bestimmte Fachdisziplin vertritt.

An dieser Stelle sei etwas herausgestellt: Die Projektleitung nimmt **Führungsaufgaben** wahr; ihre Rolle liegt nicht etwa darin, die beste Sachbearbeitung zu machen. Dies gilt es bei der Auswahl einer geeigneten Projektleitung zu berücksichtigen.

Führungsaufgabe der Projektleitung

Neben den sachorientierten Aufgaben hat die Projektleitung Führungsaufgaben wahrzunehmen, die sich auf die Verhaltensbeeinflussung und die Motivation der Projektmitarbeiter beziehen. Der Projektleiter benötigt ausgewogene Sachkenntnis, ist vielleicht sogar Experte in einem Spezialgebiet. Er ist aber **nicht** der Experte für **alle** projektrelevanten Fachaufgaben. Hierfür sitzen die Fachexperten im Team. Fachinhaltliche, aber auch zeitliche und kostenmäßige Planung der Arbeitspakete und deren Umsetzung kann nur **gemeinsam (partizipativ) mit** dem Projektteam erfolgen. Die Projektleitung hat nur wenige Möglichkeiten der Verhaltensbeeinflussung und Führung durch **fachliche Autorität**. Sie muß vielmehr in der Lage sein, die Projektmitarbeiter in das Team zu integrieren, ihre Kreativität zu fördern und ihnen Freiräume zu gewähren.

Grundvoraussetzung für die Entfaltung des Leistungspotentials der Mitarbeiter ist die Schaffung einer **kreativitäts- und innovationsfördernden Projektkultur** durch einen **ziel-und ergebnisorientierten partizipativen** Führungsstil (= kooperativer Führungsstil[52]). Beim kooperativen Führungsstil werden Zielvorgaben bzw. Arbeitspakete partizipativ erarbeitet. Bei der Umsetzung bestehen hohe Gestaltungs- und Handlungsspielräume. Die Realisation bzw. der Arbeitsfortschritt wird aber z. B. auf regelmäßigen Teambesprechungen kontrolliert (Ergebniskontrolle). Auftretende Probleme und Anpassungen werden offen diskutiert.

---

[52] Der kooperative Führungsstil darf nicht verwechselt werden mit dem sog. Laissez-faire-Führungsstil.

Kreative Teamarbeit fördern

Eine zentrale und äußerst anspruchsvolle Aufgabe der Projektleitung liegt in der Förderung von **Gruppenarbeit**, also der Organisation, Leitung und Steuerung von **Gruppenprozessen**. Einsame Entscheidungen und Befehle nur aufgrund ihrer Leitungsautorität widersprechen einer guten Projektarbeit. Ein Charakteristikum vieler Projekte ist ja neben der Interdisziplinarität auch die (relative) Neuartigkeit der Aufgabe: Es geht oft gerade darum, überkommene Abläufe und Prozesse in Frage zu stellen, neue Lösungen und Wege zu finden. Dies erfordert **kreative Teamarbeit**. Durch einen entsprechenden Führungsstil kann eine offene Arbeitsatmosphäre geschaffen werden. Die Projektmitarbeiter werden motiviert, bei der Analyse eines Problems und an der Lösungsfindung aktiv mitzuwirken, eigene Ideen einzubringen und zu diskutieren. Die Arbeitsatmosphäre sollte die Projektmitarbeiter ermutigen, nicht nur fertige Rezepte einzubringen, sondern auch einmal ganz neue Lösungswege vorzuschlagen und gedanklich durchzuspielen sowie divergierende Sichtweisen zum Ausdruck zu bringen und zu vertreten. Ziel sollten **Gruppenentscheidungen** sein, die auf einem größeren Wissens- und Erfahrungsstand basieren als Einzelentscheidungen.

Von der Projektleitung werden jedoch auch **Einzelentscheidungen** verlangt (Entscheidungsfreudigkeit als Anforderungskriterium an die Projektleitung). Auf der Basis eines grundsätzlich kooperativen Führungsstils im beschriebenen Sinne kann es **Situationen** geben, die sofortige "autoritäre" Entscheidungen von der Projektleitung erfordern (z. B. extremer Zeitdruck, Gefahr im Verzug).

Teamarbeit erfordert **vereinbarte Normen** und **Regeln** der Kommunikation und Interaktion. Die Spielregeln für den Umgang in der Gruppe sind zu Beginn des Projektes abzustimmen. Einige Vorschläge sind nachfolgend angeführt:

- Die **Einladung** zur Teamsitzung erfolgt
  mit Angabe der Tagesordnung,
  mit den notwendigen Unterlagen,
  rechtzeitig vor der Sitzung.
- Jeder geht **vorbereitet** in die Teamsitzung.
- Sitzungen beginnen (und enden) **pünktlich**. (Verspätetes Erscheinen unterstreicht nicht die eigene Bedeutung, sondern die geringe Wertschätzung der anderen).
- **Störungen** haben Vorrang (rote Karte, Störungskelle o. ä. bereithalten).
- **Vertraulichkeit** (wer was gesagt und vertreten hat, ist öffentlich uninteressant, das Ergebnis der Gruppe zählt).
- **Offenheit und Ehrlichkeit** (taktische Manöver schaden dem Ergebnis).

* Alle Beiträge sind **gleichwertig**.
* **Seitengespräche** sind zu vermeiden oder öffentlich zu machen.
* Nicht über andere, sondern mit ihnen reden.
* Alle sprechen für sich (**Ich-Form**), nicht von "man" oder "wir".
* Zurückhalten mit Verallgemeinerungen.
* Keine (ab-)wertenden Formulierungen benutzen.

Anforderungsprofil an die Projektleitung

Der Erfolg der Projektarbeit hängt stark von der Bestellung einer **geeigneten** Projektleitung ab. Die Anforderungen an die Projektleitung sind vielfältiger Natur. Anspruchsvolle Aufgaben erwarten die Projektleitung **projektintern aus der gemischten Zusammensetzung des Projektteams** mit verschiedenen, z. T. hochspezialisierten Fachleuten aus womöglich unterschiedlichen Hierarchiestufen. Die Projektleitung soll divergierende persönliche und sachbezogene Ziele sowie Hierarchie-Unterschiede in ihrem Team auflösen, die Projektmitarbeiter durch ihr Führungsverhalten motivieren und in der Anfangsphase "zusammenschweißen", die Ergebnisse des Projektteams gegenüber dem Auftraggeber/PLA vertreten; die Zielvorgaben, Ansprüche und Vorstellungen des Auftraggebers/Projektlenkungsausschusses sind in das Projektteam zu tragen.

Die Abstimmung und Auseinandersetzung mit den Fachbereichen der Linie sind konfliktbeladen:

* Mit Kollegen aus den Bereichen kommt es zu Kommunikationsproblemen.
* Es entsteht Termindruck, weil der geplante Endtermin von einer "mächtigeren" Person vorgezogen wird.
* Projektmitarbeiter werden von den Linienvorgesetzten nicht genügend freigestellt.
* Betroffene Mitarbeiter und/oder Linienvorgesetzte sind mit der Vorgehensweise der Projektleitung unzufrieden.

Konflikte - sowohl projektintern als auch mit den Fachbereichen - muß die Projektleitung eigenständig lösen. **Der Hilferuf an den Auftraggeber/Projektlenkungsausschuß muß die Ausnahme bleiben.** Die Projektleitung ist jedoch darauf angewiesen und muß sich darauf verlassen können, daß sie vom Auftraggeber/Projektlenkungsausschuß dauerhaft loyal **unterstützt** wird.

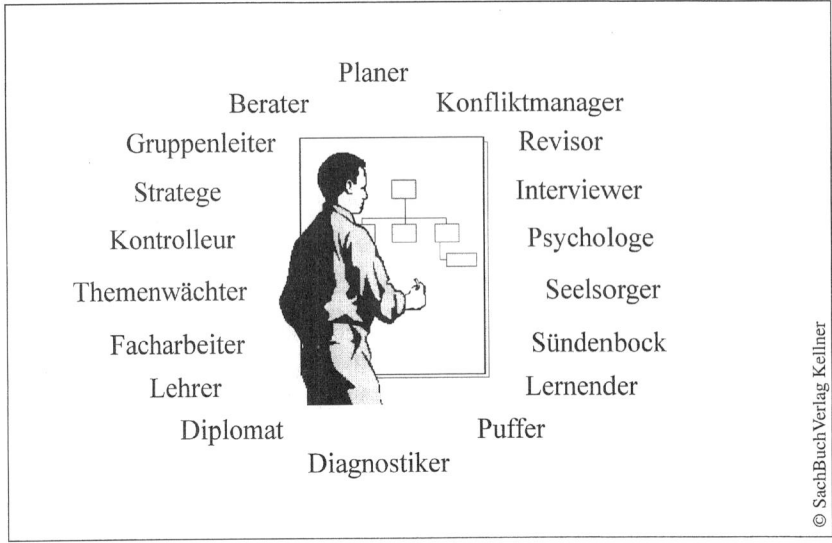

Planer
Berater   Konfliktmanager
Gruppenleiter   Revisor
Stratege   Interviewer
Kontrolleur   Psychologe
Themenwächter   Seelsorger
Facharbeiter   Sündenbock
Lehrer   Lernender
Diplomat   Puffer
Diagnostiker

© SachBuchVerlag Kellner

Abb.16: Rollenelemente einer Projektleitung

*Die Auswahl der Projektleitung kann nicht
zwischen Tür und Angel und nicht nach dem
Motto "Wer hat noch Zeit?" erfolgen.*

Die Projektleitung muß in der Lage sein, in unterschiedlichen Situationen verschiedene Rollenelemente zu übernehmen und zu "ertragen".

Ein Anforderungsprofil zur Qualifikation der Projektleitung befindet sich im "Methodenkoffer" (Teil IV). Das Anforderungsprofil kann eine Auswahlhilfe sein und der Projektleitung zur Selbsteinschätzung dienen.

Externe Unterstützung für die Projektleitung

Die Anforderungen an die Projektleitung sind - wie dargelegt - sehr hoch. Eine qualifizierte Projektleitung wiederum ist ein kritischer Erfolgsfaktor für das Projekt. Je nach Größe und Bedeutung des Projektes und je nach den vorhandenen **Erfahrungen** der konkreten Projektleitung mit einer Projektsteuerung kann es sinnvoll sein, ihr eine **externe Unterstützung** beratend zur Seite zu stellen.

Ein externer Berater kann bestimmte Aufgaben übernehmen, z. B. das Projektcontrolling. Angesichts der herausragenden Bedeutung der Steuerung von **Gruppenprozessen** und **Teamarbeit** kann ein externer Berater als **Moderator** eingesetzt werden.

Der externe Moderator ist **Methodenspezialist**, nicht Fachspezialist. Er soll der Gruppe helfen, eigenverantwortlich zu arbeiten, d. h. die Antworten auf ihre Fragen selbst zu finden und geeignete Maßnahmen zur Lösung ihrer Probleme zu beschließen. Der Moderator ist dafür verantwortlich, daß die Gruppe arbeitsfähig ist und bleibt. Er erkennt und vermeidet Kommunikations- und Interaktionsprobleme im Team, deckt Denkblockaden auf, gibt Denkanstöße in neue Richtungen, konfrontiert mit neuen Perspektiven usw.

2.5   Die Projektmitarbeiter

Nicht bei jedem Projekt gibt es ein Projektteam. Oft ist es ausreichend, wenn es eine verantwortliche Projektleitung gibt und die Arbeitspakete in der Linienorganisation abgewickelt werden. Bei größeren Projekten ist es sinnvoll, der Projektleitung einen oder mehrere Mitarbeiter voll- oder teilzeitlich für die Projektarbeit zuzuteilen. In diesem Fall wird von einem **Projektteam** gesprochen.

Die Zusammenstellung des Projektteams und der Projektstruktur soll aufgaben- und qualifikationsabhängig erfolgen. Welches spezifische Fachwissen wird für das Projekt benötigt? Die Projektmitarbeiter können aus unterschiedlichen hierarchischen Positionen kommen. Sie sollten von der Projektleitung in Abstimmung mit den betroffenen Linienvorgesetzten ausgewählt und durch den Auftraggeber/Projektlenkungsausschuß verbindlich bestätigt werden. Es kann auch empfehlenswert sein, neben **Fachpromotoren** auch sog. **Sozialpromotoren** mit in das Team zu holen. Diese können helfen, die Akzeptanz zu erhöhen und Widerstände oder Ängste abzubauen. ("Wenn der da mitmacht, dann ...")

Bei der Auswahl der Projektmitarbeiter sollte neben ihren fachlichen Qualifikationen ihre **Teamfähigkeit** berücksichtigt werden. Projektmitarbeiter müssen ihre Rolle in der Gruppe finden und in ihr aktiv mitarbeiten. Sie benötigen **Kommunikations- und Integrationsfähigkeit**. Das Team kann eine explosive, aber auch sehr kreative Mischung sein.

Nicht dem einzelnen Mitarbeiter,
sondern dem Zusammenspiel der Gruppe
kommt eine Schlüsselfunktion bei der
Lösung der Aufgaben zu.

Die verschiedenen Phasen des Projektes stellen unterschiedliche Anforderungen an Teamgröße und -zusammensetzung. Das Projektteam sollte daher nicht starr festgelegt, sondern entsprechend den jeweiligen Projekterfordernissen **variiert werden**.

Um ein festes **Kernteam** herum können Mitarbeiter auch nur für bestimmte Phasen hinzugezogen werden (**temporäres** Team). Beispielsweise kann in der Analyse- und Planphase ein kleines Team das Konzept ausarbeiten; beim Bearbeiten der Arbeitsaufträge und der damit verbundenen Steuerung und Kontrolle kann dann ein größeres Team, auch in anderer Zusammensetzung, erforderlich werden.

Für die Dauer des Projekts sind **alle** Projektmitarbeiter in Angelegenheiten des Projektes der Projektleitung **fachaufsichtlich** unterstellt. Die Dienstaufsicht obliegt dem jeweiligen Linienvorgesetzten. Eine Linien-Führungskraft als Teammitglied ist fachinhaltlich der Projektleitung verantwortlich, während sie gleichzeitig ihre Führungsfunktionen in der Linie weiterhin erfüllen kann.

Die Mitarbeiter des Projektteams bearbeiten selbständig und eigenverantwortlich die ihnen zugeordneten Aufgaben und Arbeitspakete.

Der Projektmitarbeiter erfüllt die ihm
übertragenen Arbeitsaufträge und ist
dabei verantwortlich für Qualität und
Quantität seiner Arbeit.

Für temporäre Projektmitarbeiter sollte der Auftraggeber/Projektlenkungsausschuß die Linienaufgaben und die Projektarbeit verbindlich definieren.

Größe des Projektteams

Die Teamgröße hängt von der Komplexität und dem Umfang des Projektes ab. Mit zunehmender Teamgröße wachsen der Kommunikations- und Abstimmungsbedarf sowie die Koordinationsarbeit der Projektleitung. Größe und Effizienz von Teams sind zwei gegenläufige Faktoren. Bei einem zu großen Team besteht die Gefahr, daß es sich vor allem mit sich selbst beschäftigt und die Projektarbeit vernachlässigt.

Empfohlen wird eine Projektteamgröße von sechs bis acht Personen.

Die Projektgröße kann je nach Projektphase variieren. Die Projektleitung veranlaßt die Besetzung des Teams gemäß den zu lösenden Aufgaben.

2.6 Der Auftraggeber bzw. der Projektlenkungsausschuß

Der Auftraggeber/Projektlenkungsausschuß ist das **Entscheidungs- und Kontrollorgan** für das Projekt. Er definiert den Projektauftrag und zeichnet somit für die sachgerechten Ziele und Vorgaben verantwortlich. Er prüft in regelmäßigen Besprechungen mit der Projektleitung, ob der Projektfortschritt den Zielen entspricht.

Der Auftraggeber bzw. Projektlenkungsausschuß ist verantwortlich für die Projektziele.

Ein **kritischer** Erfolgsfaktor für die Projektarbeit ist, daß die für den Projektauftrag verantwortlichen Entscheidungsträger, also Auftraggeber oder Projektlenkungsausschuß, hinter den Projektzielen stehen (Auftraggeber als Machtpromotor des

Projektes). Andernfalls besteht die Gefahr, daß sich die Projektarbeit zu einer reinen "Beschäftigungstherapie" mit entsprechend frustrierenden und demotivierenden Wirkungen für das Projektteam entwickelt.

In der öffentlichen Verwaltung werden Ziele oft von **einem politischen Gremium** vorgegeben. Als Auftraggeber wird hier aber nicht die politische Ebene, sondern die Verwaltungsebene verstanden, also z. B. die zuständige Dienststellenleitung bzw. ein Projektlenkungsausschuß. Dieser Auftraggeber nimmt seine Aufgaben wahr mit Ausnahme der Zielvorgaben, die von dem politischen Gremium zu verantworten sind.

Der Auftraggeber/Projektlenkungsausschuß hat die Aufgaben,

- den Projektauftrag schriftlich zu dokumentieren,
- die Rahmenbedingungen und Vorgaben schriftlich festzulegen,
- über die Sachmittelausstattung des Projektes (Projektbudget) - auf Basis des Entwurfs der Projektleitung - zu beschließen,
- die Projektleitung zu bestellen bzw. zu bestätigen,
- die Projektleitung bei der verbindlichen Zuteilung der Projektmitarbeiter zu unterstützen,
- die Kompetenzen zwischen Projektleitung und betroffenen Linienvorgesetzten verbindlich zu spezifizieren und abzugrenzen,
- die Projektplanung zu genehmigen,
- Projektphasen zu entsprechenden Zeitpunkten (z. B. an Meilensteinen) zu genehmigen und freizugeben bzw. bei politisch vorgegebenen Aufträgen den politischen Gremien zur Genehmigung vorzulegen,
- die von der Projektleitung für notwendig gehaltenen Änderungen zu beschließen,
- bei Konflikten in der Projektabwicklung zwischen der Projektleitung und der Linienorganisation zu entscheiden (solch ein Hilferuf der Projektleitung darf nur die Ausnahme sein),
- bei politisch vorgegebenen Aufträgen die politischen Gremien über den Projektfortschritt zu informieren.

Ein weiterer wichtiger Punkt ist die **Verbindlichkeit** der vom Auftraggeber/PLA getroffenen Entscheidungen und Genehmigungen. Die Projektleitung holt sich für wichtige Teilschritte (z. B. Meilensteine) einen Beschluß bzw. die Freigabe durch den Auftraggeber/PLA. Für die Mitglieder des Projektlenkungsausschusses sind ihre Beschlüsse bindet. Die Projektleitung muß sich im Fortlauf ihrer Arbeit auf diese Verbindlichkeit verlassen und berufen können. Die Beschlüsse des Projektlenkungsausschusses sind **schriftlich** zu fixieren.

Entscheidungen des Projektlenkungs-
ausschusses sind für beide Seiten bindend:
* • *für den Projektlenkungsausschuß und*
* • *für die Projektleitung.*

Erfolgreiche Projektarbeit zeichnet sich aber auch aus durch **Flexibilität** und **Anpassungsfähigkeit** an veränderte Bedingungen, d. h. durch **Lernfähigkeit**. Projektarbeit bedeutet in der Regel hohe **Komplexität** der Aufgabenstellung. Zu Beginn liegen selten wohldefinierte und gut strukturierbare (Routine-)Probleme vor. Ziel der Projektarbeit ist es oft gerade, existierende Strukturen und Abläufe kritisch zu hinterfragen und **kreative neue Lösungen** zu finden.

Erforderlich ist daher eine **kreativitäts-** und **innovationsfördernde** Atmosphäre. Die Projektleitung muß sich auf die Unterstützung durch den Auftraggeber/PLA verlassen können. Statt intensiver Detailkontrollen, technokratischer Regelungen und enger Vorgaben ist auf Vertrauen, Entscheidungsdelegation, das Gewähren von Handlungs- und Gestaltungsspielräumen und auf **Ergebniskontrolle** zu setzen.

Die offene Diskussion über Änderungen, die von der Projektleitung für notwendig gehalten werden (z. B. Zielkorrekturen auf der Basis neuer Erkenntnisse und fortschreitender Planung), muß jederzeit möglich sein. Strategisch relevante Anpassungen erfordern einen entsprechenden Beschluß des Projektlenkungsausschusses. Begründete Änderungsvorschläge und innovative Ansätze der Projektleitung sollten nicht als Versagen, sondern als **verantwortungsvolle, innovative und engagierte Projektarbeit** gewertet werden.

Innovatives Management[53]

* • Protektion und Unterstützung der Projektleitung durch den Projektlenkungsausschuß
* • Unterstützung neuer Ideen
* • Gegenseitiges Vertrauen
* • Wandel als Chance
* • Kontrolliertes Risiko statt Risiko-Aversion
* • Experimente zulassen

---

[53] vgl. Sattelberger (1994), S. 42

- Suche nach neuen Ideen fördern
- Fehler tolerieren
- Regeln und Konventionen in Frage stellen
- Sicherheit durch fähige Mitarbeiter

Die Zusammensetzung des Projektlenkungsausschusses

Der Projektlenkungsausschuß setzt sich aus **Entscheidungsträgern** der von dem Projekt betroffenen Bereiche zusammen[54]. Im Projektlenkungsausschuß sollen daher diejenigen Entscheidungsträger sitzen,

- zu deren Bereich die von dem Projekt **betroffenen** Mitarbeiter und Organisationseinheiten gehören und
- die die Kompetenz haben, Fragen zu entscheiden und projektrelevante **Entscheidungen** für ihre Organisationseinheit durchzusetzen.

Die **Projektleitung** ist kein stimmberechtigtes, sondern ein **berichts- und informationspflichtiges** Mitglied des Projektlenkungsausschusses. Sie hat den Projektlenkungsausschuß über alle wichtigen Vorkommnisse rechtzeitig zu unterrichten.

Benennt ein Entscheidungsträger einen Stellvertreter für den Projektlenkungsausschuß, so muß diesem die Kompetenz übertragen werden, für das Projekt verbindliche Entscheidungen treffen zu dürfen.

Der Projektlenkungsausschuß muß sich aus Entscheidungsträgern zusammensetzen.

Die Mitglieder des Projektlenkungsausschusses können aus verschiedenen Fachbereichen und Hierarchie-Ebenen delegiert sein. Eine sinnvolle Zusammensetzung

---

[54] zur Einbeziehung der Personalvertretung vgl. die Ausführungen in Teil I, Kapitel 3.
Zur möglichen Einbeziehung des Haushaltsbeauftragten bei Projekten mit umfangreichen Mittelbewegungen vgl. Teil II, Kapitel 4.8.

des Projektlenkungsausschusses mit relevanten Entscheidungsträgern bietet folgende **Vorteile:**

- Tragfähige, verbindliche Entscheidungen

- Kurze Informations- und Abstimmungswege (Flexibilität und Reaktionsfähigkeit)

- Vermeiden von Verzögerungen und Reibungsverlusten, die ansonsten durch Rücksprachen und Abstimmungen in den Bereichen entstehen würden

- Kein Verschieben und Verzerren von Verantwortlichkeit

- Durchsetzbarkeit von Prioritätenfestlegung und Konfliktlösung zwischen Projektarbeit und Linienarbeit

- Unterstützung und Stärkung der Projektleitung und des Projektteams

- Projektlenkungsausschuß als Machtpromotor des Projektes

- Interessen des Fachbereichs werden direkt eingebracht

- Akzeptanz in der Linie.

Die Situationsanalyse kann ergeben, daß eine Idealzusammensetzung im o. g. Sinn bei den örtlichen Gegebenheiten nicht realisierbar ist und der Projektlenkungsausschuß z. B. eher als ein Akzeptanz- denn als ein Entscheidungsorgan fungiert. Hier ist dann zu Beginn kritisch zu fragen: Welche Risiken ergeben sich daraus für das Projekt? Oder aber: Ist eine Akzeptanzausrichtung vielleicht sogar förderlich?

Geschäftsordnung

Auch dem Projektlenkungsausschuß wird empfohlen, **Kommunikations- und Interaktionsspielregeln** - wie oben für die Gruppenarbeit dargelegt - zu vereinbaren. Außerdem sollte sich der Projektlenkungsausschuß eine **Geschäftsordnung** geben. Diese regelt u. a.:

- Geschäftsführung

- Personelle Kontinuität

- Entscheidungsfindung, Abstimmungsverfahren, erforderliche Mehrheiten zur Beschlußfassung

- Ggf. besondere Rechte des Auftraggebers/der federführenden Dienststelle

- Vertretungsregelungen

- Zeitliche Abfolge der Sitzungen

- Sondersitzungen/Krisensitzungen, die durch die Projektleitung einberufen werden können

- Art der Protokollierung und Dokumentation von Entscheidungen

- ...

Die Geschäftsordnung muß einvernehmlich gefunden werden. Es sollte festgelegt werden, daß sich alle Mitglieder des Projektlenkungsausschusses an die Beschlüsse binden (gleichgültig, ob sie anwesend waren oder einen Vertreter gesandt haben).

Soweit es die Gegebenheiten erlauben, sollte gewährleistet sein, daß auf jeder Sitzung **entscheidungsfähige Beschlüsse** getroffen werden können. Auf Rückzüge/ Absicherungen (z. B. durch Protokollnotizen wie: ... hat darauf hingewiesen/ hat zu bedenken gegeben, daß ...) ist zu verzichten.

Kontrakt zwischen Projektleitung und Projektlenkungsausschuß

Von einer gewissen Projektgröße an wird empfohlen, zwischen der Projektleitung und dem Projektlenkungsausschuß einen **Kontrakt** abzuschließen. Darin wird die Projektleitung mit den für die Aufgabenerfüllung notwendigen **Rechten** ausgestattet. Korrespondierend wird ihr die **Verantwortung** für die vertraggemäße Erfüllung des Projektauftrages zugewiesen. Der Kontrakt legt fest, daß die Projektleitung in Angelegenheiten des Projektes fachaufsichtlich dem **Projektlenkungsausschuß** und nicht dem Linienvorgesetzten **unterstellt** ist. Der Projektlenkungsausschuß hat somit **Weisungsrecht**. Die Projektmitarbeiter sind fachaufsichtlich der Projektleitung unterstellt.

Für die Angelegenheiten der laufenden (operativen) Projektabwicklung ist die Projektleitung **allein** zuständig. Der Projektlenkungsausschuß verzichtet auf Einzeleingriffe in die laufenden Geschäfte oder Vorbehalte zur Aufgabenerledigung. Die Einzelanweisung durch den Projektlenkungsausschuß ist auf die Fälle beschränkt, in denen die Projektziele **gefährdet** sind.

Inhalt des Kontraktes

* Beschreibung bestehender Vorgaben, Rahmenbedingungen, Restriktionen
* Grobe Zielvorgaben/Aufgabenstellung
* Zusammensetzung des Projektlenkungsausschusses
* Geschäftsordnung des Projektlenkungsausschusses
* Aufgaben der Projektleitung
* Kompetenzen der Projektleitung
* Verantwortlichkeit der Projektleitung
* Organisatorische und weisungsrechtliche Einordnung der Projektleitung
* Organisatorische und weisungsrechtliche Einordnung der Projektmitarbeiter
* Ggf. Grad der Freistellung
* Prioritätensetzung zwischen Projektarbeit und Linienfunktion der Projektleitung
* Abgrenzung zu den Aufgaben und Pflichten des Projektlenkungsausschusses
* Berichts- und Informationspflichten der Projektleitung.

3. Zielplanung

Immer wieder kommt es vor, daß Projekte zwar ihre Ziele erreichen, aber dennoch ein Fehlschlag sind. Die ursprünglichen Ziele sind während des Projektverlaufs überholt, falsch oder unsinnig geworden. Überholt, weil sich z. B. **die Anforderungen oder die Rahmenbedingungen, z. B. technische Erneuerungen, während der Projektdauer grundlegend geändert** haben und **auf diese Veränderungen nicht reagiert** worden ist[55]. Falsch, weil **die Ist-Situation zu Beginn des Projektes nicht richtig analysiert wurde**, dadurch falsche Ziele gesetzt worden sind, und somit die Problemlösung keine Lösung des "wahren" Problems ist. Unsinnig, weil **die Koordination mit anderen Vorhaben fehlte** und daher z. B. eine PC-Insellösung für eine Abteilung geschaffen worden ist, ohne zu bedenken, daß parallel eine Vernetzung mit anderen Abteilungen geplant ist.

3.1 Die Funktion von Zielen

Ziele sind für alle Aktivitäten im Projekt Basis, Richtschnur und Maßstab. Sie haben vier wesentliche Funktionen zu erfüllen[56]:

1. **Orientierungsfunktion**

   Ziele sollen für den gesamten Planungsprozeß und für die noch zu suchenden Lösungen **richtungsweisend** sein.

2. **Selektionsfunktion**

   Beim Entwurf des Projektgegenstandes wie auch bei der Planung des Projektablaufs sind eine Vielzahl von Entscheidungen zu treffen. In Problemlösungsprozessen (siehe Methodenkoffer) sind jeweils Alternativen zu entwickeln, und es ist daraus die jeweils bestgeeignete auszuwählen. Ziele unterstützen diesen Auswahlprozeß[57].

3. **Koordinationsfunktion**

   Durch einzelne konkrete Teilziele ist es möglich, die Aktivitäten und Entscheidungen der einzelnen Fachabteilungen aufeinander abzustimmen - und zwar um so besser, je widerspruchsfreier und unabhängiger (voneinander) die einzelnen Teilziele sind.

---

[55] Erfahrungen, die durch die Mitarbeit im Projekt gemacht werden, tragen dazu bei, daß sich bei den Mitarbeitern die Anforderungen an den Projektgegenstand weiterentwickeln. Ist z. B. bei der Zielformulierung in einem Reorganisationsprojekt auf eigenverantwortliches Handeln kein Wert gelegt worden, so kann sich dieses im Verlauf des Projekts ändern.

[56] vgl. Reschke/Svoboda (1984), S. 31f. sowie Daenzer (1994)
Dieses Teilkapitel wurde einem bislang unveröffentlichten Dissertationsentwurf entnommen (Janßen, 1996) und innerhalb des Autorenteams überarbeitet.

[57] Im Gegensatz zur Orientierungsfunktion dient die Selektionsfunktion der nachträglichen Bewertung der gefundenen Lösungen.

4. Kontrollfunktion

Bei einer abschließenden Beurteilung dienen die Ziele als Meßlatte für den Erfolg.

3.2 Das "Magische Dreieck" der Projektziele

Projektziele bestehen aus drei Komponenten:

* **Leistung**

    Hierunter fallen alle Aussagen über künftige Zustände, Eigenschaften und Wirkungen, die das zu gestaltende System (= der Projektgegenstand) in der Nutzungsphase hervorbringen soll. Dies umfaßt sowohl technische Funktionen als auch wirtschaftliche Effekte, die der Auftraggeber durch die spätere Nutzung des Projektgegenstandes erreichen will.

* **Projekt-Endtermin**

    Hiermit ist der Zeitpunkt gemeint, zu dem der Projektgegenstand fertiggestellt sein soll und in die Nutzung übergeht. Aus dem Endtermin werden Zwischentermine (Meilensteine) als Orientierungspunkte abgeleitet.

* **Projektkosten**

    Für Projekte werden unterschiedliche Ressourcen benötigt. Der in Geld bewertete Verbrauch dieser Ressourcen während des Projektablaufes stellt die Projektkosten dar.

Kosten- und Terminziele werden häufig unter dem Begriff "Ablaufziele" zusammengefaßt. Sie geben an, welche Etappen mit welchen einzusetzenden Ressourcen (auch Kapazitäten genannt) zur Erreichung der Leistungsziele erforderlich sind. Die Projektplanung dient dazu, realistische Vorgehensziele zu erarbeiten.[58]

Die drei Komponenten der Projektziele stehen in **konkurrierenden Beziehungen** zueinander. Steigende Anforderungen an die Zielgröße "Leistung" rufen in der Regel einen späteren "Projektendtermin" und/oder höhere "Kosten" hervor. Verändert man also einen Parameter, so hat dies in aller Regel Auswirkungen auf die anderen. **Alle drei Projektzielgrößen müssen deshalb im Zusammenhang gesehen werden.**[59] Nachfolgende Abbildung verdeutlicht das Spannungsverhältnis zwischen den drei Zielgrößen:

---

[58] vgl. Daenzer (1994)
[59] vgl. Meyer (1991), S. 1034f.

92

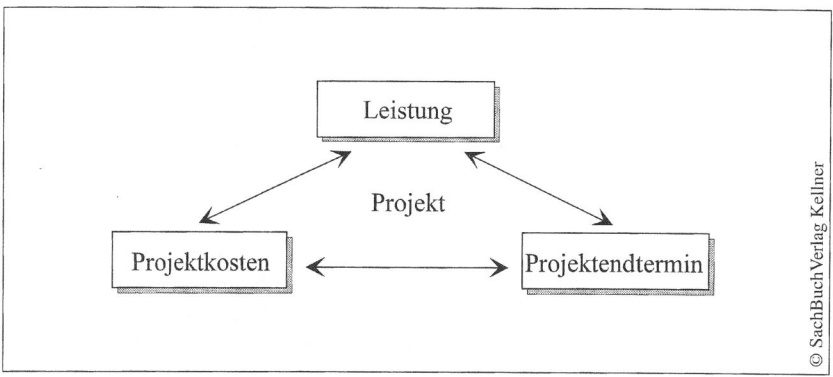

Abb.17: **Das magische Zieldreieck im Projektmanagement**

Ein Projekt ist dann als erfolgreich einzustufen, wenn die gesetzten Leistungsziele erreicht, der geplante Endtermin und die budgetierten Kosten eingehalten worden sind. Wie bereits dargestellt, schließt dies einen Fehlschlag nicht aus.

Wenn z. B. das falsche Problem bearbeitet wurde, nützt eine hundertprozentige Zielerreichung wenig.[60] Deshalb sind die frühzeitige Einbindung der Betroffenen und eine sorgfältige Problemanalyse so wichtig. Neben der Festlegung von realistischen Projektzielen können sich hieraus auch wertvolle Hinweise für die Definition und Abgrenzung der erforderlichen Projektaufgaben ergeben.

Darüber hinaus darf die Meßlatte nicht unangemessen hoch gesetzt werden. Zu Projektbeginn und meist auch noch bei der späteren Projektbearbeitung müssen Zielprioritäten gesetzt werden. Die jeweilige Gewichtung von Kosten-, Leistungs- und Terminzielen ist dabei projektspezifisch. Bei bestimmten Projekten kann es ganz wichtig sein, den Endtermin einzuhalten. Bei anderen Projekten kann die Einhaltung des Leistungszieles eine überragende Bedeutung haben. In der Praxis haben sich Leistungsniveau und möglicher Termin gelegentlich an einem unveränderlichen (Maximal-)Budget auszurichten. Ein Projekt sollte daher als erfolgreich gewertet werden, wenn die wichtigsten (noch aktuellen) Mußziele[61] erfüllt oder übererfüllt worden sind - auch wenn ein untergeordnetes (!) Ziel nicht vollständig erreicht wurde.

---

[60] vgl. Meyer (1991), S. 1034f. sowie Reschke/Svoboda (1984), S. 33
[61] Erläuterungen zu Mußzielen, siehe auf den folgenden Seiten Punkt 3.3 "Der Zielplanungsprozeß", Schritt 3 "Abstimmungsprozeß einleiten"

Während der gesamten Projektdauer erfolgt eine permanente Ausrichtung an den gesetzten Zielen. **Klare, eindeutige, erreichbare und akzeptierte Ziele sind die Basis aller Aktivitäten! Daher dürfen die Ziele nicht erst am Projektende definiert werden.**

Unrealistische Zielvorgaben führen fast immer zu negativen Projektergebnissen.
Realistische Ziele führen zur Leistungs-bestätigung und steigern die Arbeitsmotivation.

3.3 Der Zielplanungsprozeß

Die Zielplanung umfaßt den Weg von der Projektidee bis zur Genehmigung der Projektziele. Es gilt,

- Rahmenbedingungen festzustellen;

- das Projekt mit der Strategie der öffentlichen Verwaltung, den bestehenden Gegebenheiten und Möglichkeiten im direkten Umfeld und den Wünschen der zu berücksichtigenden Personen/-gruppen abzustimmen;

- Berührungspunkte mit anderen Vorhaben zu erkennen und bei der eigenen Planung entsprechend zu berücksichtigen.

Dabei muß während des gesamten Zielplanungsprozesses

- auf eine genaue Erfassung der jeweiligen Ist-Situation geachtet werden. Dies ist die wesentliche Grundlage, um Aussagen für die Zukunft zu machen. Mit einer fehlerhaften Einschätzung der Ist-Situation ist das Risiko groß, dadurch die Zukunft und damit die Ziele falsch zu definieren und den Projektgegenstand falsch zu gestalten. (Methoden und Instrumente, siehe Methodenkoffer.) **Erst bei Klarheit über die Ist-Situation können die Projektziele entwickelt und festgelegt werden.**

- zwischen Symptomen und Ursachen unterschieden werden. **Symptome werden erkannt, aber an den Ursachen muß gearbeitet werden.**

- Die Ziele müssen aus den **Anforderungen des Umfelds** an den Projektgegenstand und unter Beachtung der **Auswirkungen des Projektgegenstands auf das Umfeld** abgeleitet werden.

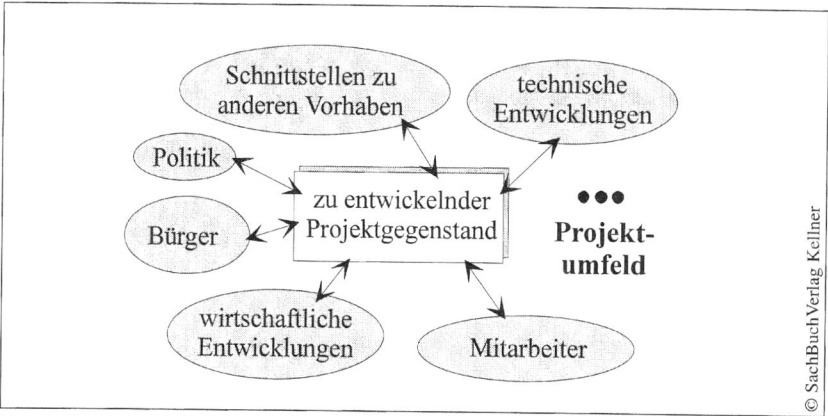

Abb.18: Beziehungen zwischen Projektgegenstand und Projektumfeld

Da sich Anforderungen und Auswirkungen während der Projektlaufzeit verändern können, müssen die Ziele jeweils beim Erreichen von Meilensteinen auf ihre Richtigkeit hin überprüft werden.

Prinzipiell bieten sich bei der Zielplanung folgende Vorgehensschritte an:

1. Auswahl der Personen und Personengruppen, die beim Zusammentragen der Ziele zu berücksichtigen sind
2. Ziele zusammentragen (lassen)
3. Abstimmungsprozeß unter den Beteiligten einleiten
   Ergebnis: verschiedene Zielbündel mit unterschiedlichen Schwerpunkten
4. Ziele durch den Auftraggeber/Projektlenkungsausschuß (PLA) genehmigen lassen
5. Gesetzlich vorgeschriebene Gremien beteiligen (z. B. Schwerbehindertenvertretung, Frauenbeauftragte, Personalrat)

(1) Auswahl der Personen und Personengruppen, die beim Zusammentragen der Ziele zu berücksichtigen sind[62]

Für die Auswahl der Personen/-gruppen, die bei der Nennung von Zielen mitwirken sollen, gibt es kein Patentrezept. Grundsätzlich gilt jedoch: **Um eine möglichst große Akzeptanz für die spätere Problemlösung zu erreichen, ist es notwendig, die späteren Nutzer des Projektgegenstandes zu beteiligen.** Ferner muß die Einbindung der verschiedenen Gremien bedacht werden. Es besteht die Möglichkeit, sie entweder bereits bei der Zielfindung oder im nachhinein auf dem gesetzlich vorgeschriebenen Weg einzubinden.

Je nach Projekt können folgende Personen/-gruppen zusätzlich an der Zielfindung beteiligt werden:

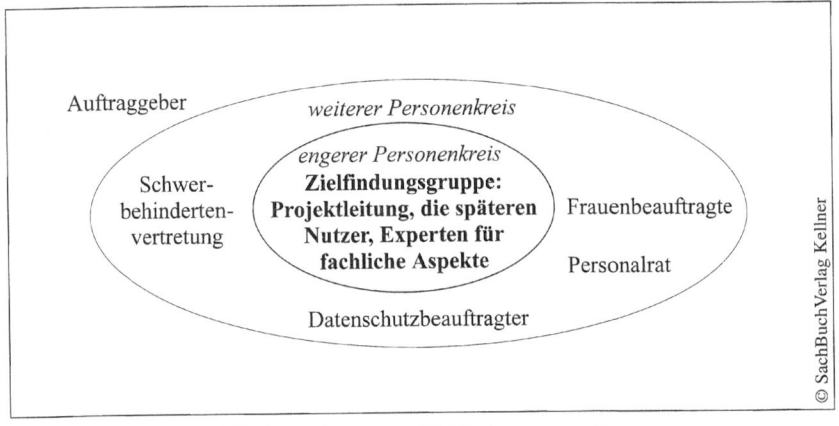

Abb.19: Potentielle Teilnehmer/innen am Zielfindungsprozeß

Ob die Einbindung der verschiedenen Gremien bereits zu Beginn erfolgen soll, z. B. als Mitglied in dem Projektteam, muß von Projekt zu Projekt entschieden werden. Spätestens werden sie jedoch am Ende des Zielplanungsprozesses auf die gesetzlich vorgeschriebene Art beteiligt.

Eine besondere Rolle spielt der Auftraggeber. Nicht immer äußert er konkrete Zielvorstellungen und/oder kann am Zielfindungsprozeß teilnehmen. Er muß jedoch spätestens bei der Genehmigung der Projektziele eingebunden werden und diese ausdrücklich genehmigen.

---

[62] vgl. hierzu auch die Analyse der Ausgangssituation Teil II, Kapitel 1

Die Projektleitung sollte herauszufinden versuchen, **wer tatsächlich mitarbeiten möchte,** und welche Personen/-gruppen sich **lieber repräsentieren lassen wollen.** Die Gruppe der späteren Nutzer des Projektgegenstandes sollte aus Personen unterschiedlicher Hierarchiestufen und unterschiedlicher Erfahrungen zusammengesetzt werden.

(2) Ziele zusammentragen lassen

Die Möglichkeiten zum Zusammentragen von Zielen sind vielfältig. Je nach Projektgröße, der zur Verfügung stehenden Zeit und dem Budget bieten sich u. a. Fragebogenaktion, Interview, Workshop und persönliche Gespräche an.

Sollte es aufgrund von Erfahrungen problematisch sein, eine Gruppe mit Personen unterschiedlicher Hierarchieebenen in einem Workshop zusammenzusetzen, empfiehlt es sich,

* entweder eine (evtl. externe) **Person, die von allen akzeptiert wird,** als Moderator einzusetzen oder
* Sachbearbeiter und Führungskräfte **getrennt** ihre Ziele nennen zu lassen.

Ziele können auf mindestens zwei verschiedenen Arten[63] entwickelt werden. Es wird zwischen intuitiven und diskursiven Verfahren unterschieden[64]. Intuitive Verfahren beruhen auf Eingebung. Sie können zu einem breiten Spektrum von Zielen führen, von denen jedoch einige außerhalb des Möglichen liegen können. Diskursive Verfahren beruhen auf rationalen Schlußfolgerungen. Die gesammelten Ziele liegen hier meistens im Bereich des Möglichen.

Nur selten können **alle** zusammengetragenen Ziele für ein Projekt übernommen werden. Es müssen Prioritäten gesetzt und Ziele gestrichen werden[65]. Diese Auswahl sollte der Zielfindungsgruppe deutlich mitgeteilt werden, damit im nachhinein keine Enttäuschung über den Wegfall der "eigenen" Ziele entsteht.

Ist zum Zeitpunkt der Zielfindung noch keine Projektleitung bzw. kein Projektteam bestimmt worden, sollte eine der zielsuchenden Personen den Prozeß dokumentieren. So hat die spätere Projektleitung bzw. das Projektteam eine zuverlässige Grundlage für die weiteren Schritte der Zielplanung.

---

[63] vgl. Kaestner (1991), S. 99ff.
[64] Im Teil IV "Methodenkoffer" werden verschiedene Methoden für diese Verfahren beschrieben.
[65] siehe auf der folgenden Seite Schritt (3) "Abstimmungsprozeß einleiten"

(3) Abstimmungsprozeß einleiten
Ergebnis: verschiedene Zielbündel mit unterschiedlichen Schwerpunkten

Aufgrund von

• Rahmenbedingungen,

• Kapazitäts-, Termin-, Kostenengpässen und

• Zielkonflikten (bei Unvereinbarkeit von verschiedenen Zielen)

kann nicht jedes formulierte Ziel in ein Zielbündel aufgenommen werden. Aufgabe des Projektteams[66] ist es deshalb, die Ziele kritisch zu hinterfragen und zu selektieren. Prioritäten müssen gesetzt werden, und es kann zu Streichungen von Zielen kommen.

Die gesammelten Ziele enthalten häufig Zielkonflikte, die nicht immer auf Anhieb sichtbar sind. Das Zielbündel muß daher **bewußt auf Konflikte hin untersucht** werden. Zielkonflikte können eine sachliche Grundlage (z. B. Teilziel 1: billiges Transportmittel, Teilziel 2: möglichst hohe Transportleistung) haben oder auf Interessenskonflikten (z. B. Teilziel 1: Senkung der Personalkosten, Teilziel 2: Sicherung des Arbeitsplatzbestandes) beruhen. Findet man Zielkonflikte, gibt es zwei Möglichkeiten:

• Ein Zielkompromiß ist möglich:
  Einzelne Teilziele können prinzipiell beibehalten werden.

• Ein Zielkompromiß ist nicht möglich:
  Ein Teilziel muß gravierend verändert werden oder verschwinden.

Manche Zielkonflikte bemerkt man erst im Verlauf des Projektes, z. B. wenn das Projekt nicht mehr so recht vorwärts kommt.

Oft beruhen Zielkonflikte auf unausgesprochenen Zielen. Ziele werden nicht ausgesprochen, weil der Zielkonflikt vorauszusehen ist. So führen diese unausgesprochenen Ziele zu unbewältigten Zielkonflikten, wie folgendes Beispiel zeigt.

Offizielles Ziel eines Projekts ist: "Unsere Dienststelle soll effektiver, effizienter und bürgernäher werden". Für die betroffenen Mitarbeiter gilt jedoch folgendes Ziel, das sie aber nicht ausgesprochen haben: "Unsere bisherige Arbeitsweise darf nicht verändert werden". Dieses Ziel beeinflußt die Mitarbeiter im Projekt. Eines der beiden Teilziele muß verschwinden. Andernfalls befindet man sich in der typischen "Wasch mir den Pelz, aber mach mich nicht naß"-Situation, für die es keine Lösung gibt. Das Projekt wird daher nie richtig laufen, wahrscheinlich nie beendet werden, hat aber viele Ressourcen und Nerven gekostet.

---

[66] Existiert zum Zeitpunkt des Abstimmungsprozesses noch kein Projektteam, muß diese Aufgabe von der Zielfindungsgruppe übernommen werden. Um Zielkonflikte eher aufzudecken, sollte eine externe Moderation den Prozeß unterstützen.

Es ist grundsätzlich eine Unterteilung in **Muß- und Wunschziele** sinnvoll. Mußziele sind solche, "deren Erreichung als unerläßlich angesehen werden"[67]. Sie sind k.o.-Kriterien und müssen auf jeden Fall am Projektende erfüllt sein. Wunschziele sind Ziele, "deren Erreichung zwar positiv beurteilt wird, die aber nicht unumstößliche Voraussetzung für die Annahme einer Lösung sind"[68] ("nice to have").

Mußziele können anhand von

- Gesetzen

- finanziellen und gesetzlichen Rahmenbedingungen, strategischen Leitlinien für die gesamte eigene Verwaltung,

- eventuellen Schnittstellen mit Ergebnissen anderer Vorhaben,

- Informationen/Erfahrungen von ähnlichen Projekten in der eigenen Verwaltung oder aus anderen Bundesländern/Gemeinden etc.

entwickelt werden.

Oft werden mehrere Zielrichtungen verfolgt. Die unterschiedlichen Richtungen schlagen sich in verschiedenen Zielbündeln nieder, die sich hinsichtlich der Ziele selbst und/oder ihrer Prioritäten unterscheiden. Diese verschiedenen Zielbündel bieten dem Auftraggeber bzw. PLA gleichzeitig eine Auswahlmöglichkeit.

Anforderungen an die Zielformulierung

Häufig werden Ziele so formuliert, daß sie nicht Basis, Richtschnur und Meßlatte des Projektes sein können:

1. Es gibt z. B. Projekte, für die die Ziele dokumentiert sind, aber die Begründung fehlt. Im Laufe des Projektes weiß niemand mehr, warum die Ziele genannt worden sind. Bei einer Veränderung im Projektumfeld kann dann nicht zügig darüber entschieden werden, ob ein Ziel überhaupt noch relevant ist und weiter verfolgt werden soll oder muß.

2. Es gibt auch Projekte, bei denen die Ziele nur im Kopf einzelner Personen existieren. Die Projektaktivitäten lassen sich daran nicht ausrichten. Auch kann der Projekterfolg nicht "objektiv" bewertet werden.

Folgende Punkte sollten daher bei der Formulierung von Zielen beachtet werden:

- Die Ziele sollten **begründet** und **dokumentiert** sein.

- Die Ziele sollten **transparent strukturiert** sein, so daß Lücken, Überschneidungen, Mehrfachnennungen und Unverträglichkeiten erkennbar sind und somit vermieden werden können.

---

[67] vgl. Daenzer (1994)
[68] vgl. Daenzer (1994)

- Die Zielformulierung sollte möglichst **lösungsneutral** erfolgen. Sie darf die Lösungsalternativen nicht vorweg bestimmen. Relevante Lösungsmöglichkeiten dürfen nicht durch zu eng gefaßte Formulierungen ausgeschlossen werden.
- Nur die Ziele sollten in das Zielsystem aufgenommen werden, die für
  - eine **eindeutige Zielformulierung,**
  - **stichhaltige Projektbearbeitung** und
  - **Überprüfung der Zielerfüllung** erforderlich sind.
- Die Ziele sollten möglichst **operationalisierbar** sein. Das Ziel 'Mehr Bürgernähe' ist in dieser Formulierung nicht handhabbar. Durch die Detaillierung 'Wartezeit kürzer als 15 Minuten pro Verwaltungsgang für den Bürger' wird das Ziel 'Mehr Bürgernähe' eindeutig formuliert. Daraus können konkrete Projektarbeiten abgeleitet und die Zielerfüllung überprüft werden.

Ziele beziehen sich auf den Projektgegenstand und den Projektablauf.[69]

- **Projektgegenstandsziele**
  Die Projektgegenstandsziele beziehen sich auf das im Rahmen des Projektes zu erstellende bzw. zu verändernde System, sie beschreiben sein Merkmalsprofil. Es sind Aussagen über künftige Zustände, Eigenschaften, Funktionen und Wirkungen des fertigen Projektgegenstandes nach Beendigung des Projektes. Sie umfassen die sachlichen und betriebswirtschaftlichen Anforderungen, die der Auftraggeber, die Verwaltung, Anwender/Nutzer des zukünftigen Projektgegenstandes und andere zu beteiligende Gruppen an das zukünftige System haben.

Abb.20: Projektgegenstandsziele

- **Projektablaufziele**
  Projektablaufziele beinhalten Aussagen über Arbeitsschritte, Termine, Kosten, Ergebniserwartung und die Abfolge der Tätigkeiten, die erforderlich sind, um den Projektgegenstand zu erstellen. Es sind demnach Ziele auf dem Weg zur Erreichung der Projektgegenstandsziele.

Abb.21: Projektablaufziele

---

[69] Beispiel für ein Zielsystem/einen Zielkatalog, siehe Teil IV "Methodenkoffer"

Die Zielbündel werden in einem Zielkatalog festgehalten (siehe "Methodenkoffer").

Die Zielbündel können nicht immer schon zu Beginn des Projektes detailliert benannt werden. Erst im Projektverlauf, wenn bereits Ergebnisse vorliegen, können und müssen die Projektziele detailliert werden.

(4)   Ziele durch den Auftraggeber/Projektlenkungsausschuß (PLA) genehmigen lassen

Das Projektteam **empfiehlt** ein Zielbündel. Der Auftraggeber/PLA hat dennoch eine Auswahlmöglichkeit, da neben dem empfohlenen Zielbündel Alternativen zur Verfügung stehen. Sollte kein Zielbündel genehmigt werden, müssen die Ziele von dem Projektteam überarbeitet werden. Hierzu ist es aber notwendig, daß Auftraggeber/PLA konkret seine anderweitigen Vorstellungen äußert. Die Überarbeitung muß mit der Zielfindungsgruppe besprochen werden, damit eine Rückkopplung gewährleistet ist und dadurch sichergestellt wird, daß die Ziele nicht an den Anforderungen des Projektumfelds vorbeigehen.

Stehen die Vorstellungen des Auftraggebers/PLA im krassen Gegensatz zu den bereits erarbeiteten Zielen, muß überlegt werden, ob das Projekt überhaupt durchgeführt werden kann.

(5)   Gesetzlich vorgeschriebene Gremien beteiligen

Die Beteiligung der verschiedenen Gremien erfolgt je nach gesetzlicher Vorschrift (Recht auf Information, Zustimmung oder Mitwirkung).

Die durch den Zielplanungsprozeß gewonnenen Ziele sind nun Richtschnur und Meßlatte für die Aktivitäten im Projekt. Es muß daher im folgenden darauf geachtet werden, daß diese Ziele aktuell bleiben. Kommt es während der Projektdauer zu Veränderungen im Umfeld, so kann dies unter Umständen eine Anpassung der Ziele erfordern.

4. Projektplanung

Im Rahmen der Projektplanung wird definiert,

* welche Tätigkeiten
* durch wen (Person, Gruppe, Dienststelle, Abteilung, Amt, Unterauftragnehmer),
* zu welcher Zeit (Beginn, Ende),
* mit welchen Ressourcen (Personal, Sachmittel) und
* zu welchen Kosten (Budget)

erforderlich sind, um eine fachinhaltliche Lösung der Projektaufgaben effizient zu entwickeln und umzusetzen.

Es ist somit **nicht** Aufgabe der Projektplanung, fachinhaltliche Lösungen zu erarbeiten. Das folgende Kapitel zeigt die wichtigsten Schritte der Projektplanung.[70]

Aufgrund ihrer Zukunfsbezogenheit basiert die Projektplanung oft auf geschätzten Werten. Sie beruhen auf bestimmten Annahmen, weil nicht alle Informationen bereits zu Anfang in dem benötigten Detaillierungsgrad zur Verfügung stehen. Trotzdem sind möglichst realistisch geschätzte Werte **als Näherungsgrößen** für die Planung unentbehrlich. Im weiteren Projektverlauf werden sie aufgrund der kontinuierlichen Informationsgewinnung fortgeschrieben und präzisiert.

Die Projektplanung ist Aufgabe der Projektleitung, die sie gemeinsam mit dem Projektteam vornimmt. Wird dabei versucht, alle oben genannten Teile der Planung gleichzeitig zu entwickeln, geht innerhalb kürzester Zeit der Überblick verloren, und es wird kaum möglich sein, die zuerst anstehenden Aufgaben zu formulieren. Denn ein Projekt ist z. B. aufgrund seiner Komplexität und Neuartigkeit meist nicht in allen Belangen durchschaubar. Spätestens an dieser Stelle der Erkenntnis wird die Bildung von sinnvollen Zusammenhängen und die ganzheitliche Betrachtungsweise notwendig.

---

[70] Detaillierte Erläuterungen zur Projektplanung siehe auch Teil IV "Methodenkoffer".

Projektplanung sollte daher in verschiedenen Stufen erfolgen, wie die folgende Abbildung zeigt:

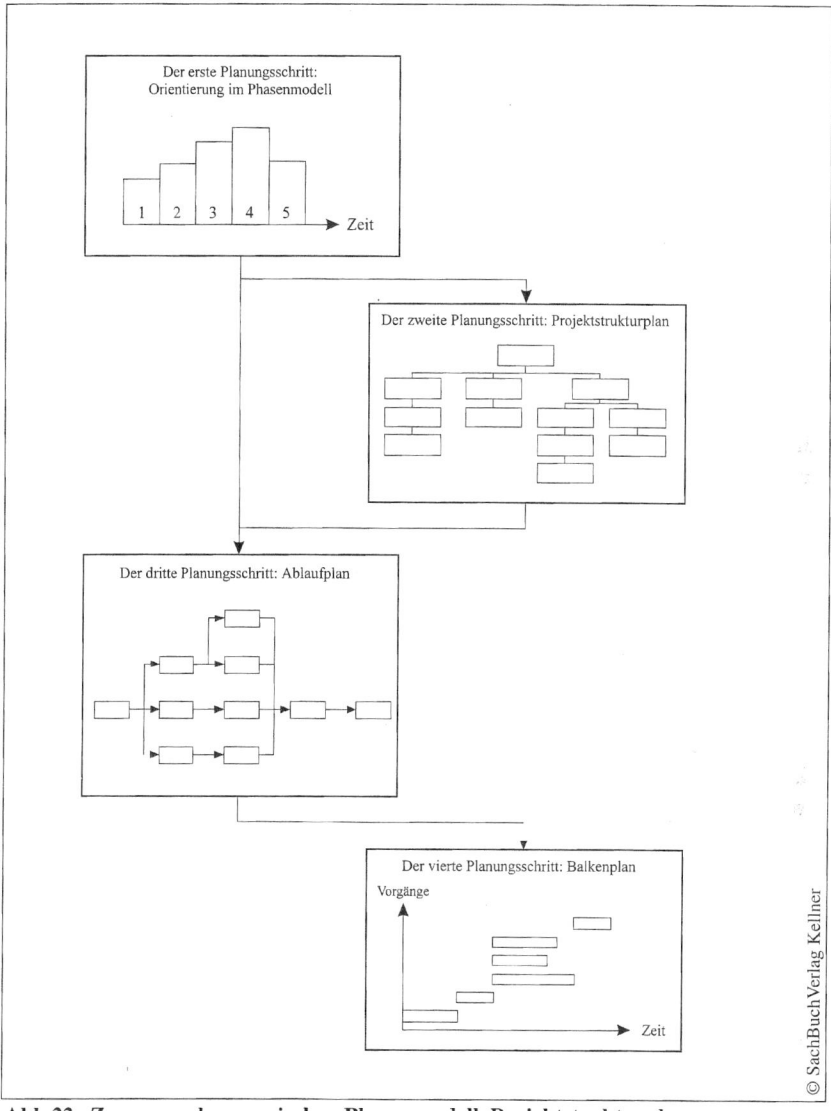

Abb.22: **Zusammenhang zwischen Phasenmodell, Projektstrukturplan sowie Ablauf- und Terminplanung**

4.1   Phasenmodelle[71]

Eine erste Orientierungshilfe bieten Phasenmodelle[72], die die Entwicklung des Projektgegenstandes betreffen. Das Projektteam verschafft sich zunächst eine Übersicht über anstehende Aufgaben, wichtige Zwischentermine usw. Dies bedeutet, daß die vielen unstrukturierten Gedanken und Vorstellungen des Projektteams geordnet werden. Die Übergänge von einer Phase in die nächste liefern die wichtigsten Meilensteine. Diese sind Grundlage für den späteren Meilensteinplan und für das wichtige Steuerungsinstrument, die Meilensteintrendanalyse[73]. Die einzelnen Phasen können als Strukturierungshilfe für die Entwicklung des Projektstrukturplans nützlich sein und erste Hinweise für die Ablaufplanung liefern. Phasenmodelle können jedoch einen Projektstrukturplan und eine detaillierte Ablauf- und Meilensteinplanung nicht ersetzen. Die in der Projektmanagementliteratur dargestellten Modelle[74] können das Projektteam bei der konkreten Ausgestaltung ihres spezifischen Phasenmodells unterstützen. Bei wenig komplexen und risikoreichen Projekten kann jedoch auf eine Phasenplanung verzichtet werden.

4.2   Projektstrukturierung

Ziel der Projektstrukturierung ist es, alle zu leistenden Arbeiten zu erfassen und zu strukturieren. Ergebnis der Projektstrukturierung ist der **Projektstrukturplan**, im folgenden durch **PSP** abgekürzt. **In diesem vollständigen, im späteren Projektverlauf nach und nach zu detaillierenden Projektstrukturplan werden sämtliche für das Erreichen des Projektzieles erforderlichen Arbeiten übersichtlich dargestellt.**

Der Projektstrukturplan

- ist Basis für die nachfolgenden Teilplanungen wie Ablauf- und Terminpläne, Ressourcen- und Kostenpläne,
- erleichtert die erste Budgetierung,
- dient als Grundlage für Risikoanalysen,
- ist ein zentrales Dokument zur Projektsteuerung,
- dient als Grundlage für die Beurteilung, ob evtl. die personelle Zusammensetzung der Projektorganisation verändert werden sollte.

Damit alle notwendigen Aufgaben und fachlichen Aspekte erfaßt werden, ist es nützlich, den Projektstrukturplan in Gruppenarbeit zu entwickeln. Dabei kann nach zwei Methoden vorgegangen werden:

---

[71] vgl. im folgenden Kaestner (1991), S. 84-86
Die Ausführungen der Teilkapitel 4.1 bis 4.3 sind einem bislang unveröffentlichten Dissertationsentwurf entnommen (Janßen, 1996) und innerhalb des Autorenteams überarbeitet worden.
[72] siehe hierzu auch Teil I, Kapitel 2.2
[73] Meilensteintrendanalyse, siehe in Teil III "Fallstudie" und Teil IV "Methodenkoffer"
[74] siehe z. B. Kaestner (1991), S. 67 ff.

1. Das Projekt wird **Top-Down** vom Ganzen zum Detail in mehreren Ebenen erarbeitet. Dazu werden zuerst einzelne Oberpunkte bestimmt, die sich z. B. anhand des Phasenmodells ergeben. Dann werden die Aufgaben formuliert, die notwendig sind, um die Oberpunkte mit Inhalt auszufüllen.

2. Mit der **Bottom-Up**-Methode werden zunächst alle anfallenden Arbeiten, z. B. per Brainstorming, gesammelt. Anschließend werden sie selektiert, geordnet und unter Oberpunkten zusammengefaßt.

In der praktischen Umsetzung dieser beiden Vorgehensweisen hat sich gezeigt, daß häufig die Bottom-Up-Methode angewandt wird, da die Mitarbeiter spontan zuerst die notwendigen Arbeiten nennen können. Die Top-Down-Methode wird dann von einem Mitarbeiter, der nicht an der Entwicklung des PSP beteiligt war, zur Überpüfung des PSP auf Vollständigkeit, überflüssige Aufgaben u. a. angewendet.

Der PSP sollte so gegliedert werden, daß die letzte Detaillierungsebene Aufgaben enthält, die nicht weiter aufgegliedert werden müssen, da sie in einen Verantwortungsbereich übergeben werden können. Man spricht von Arbeitspaketen. Diese werden einem Arbeitspaketverantwortlichen zur eigenverantwortlichen Bearbeitung übergeben. Dabei kann es sich um andere Dienststellen, einen Mitarbeiter aus dem Projektteam, Fremdfirmen u. a. handeln.

Die folgende Abbildung zeigt den Aufbau und die Begrifflichkeiten eines Projektstrukturplanes.

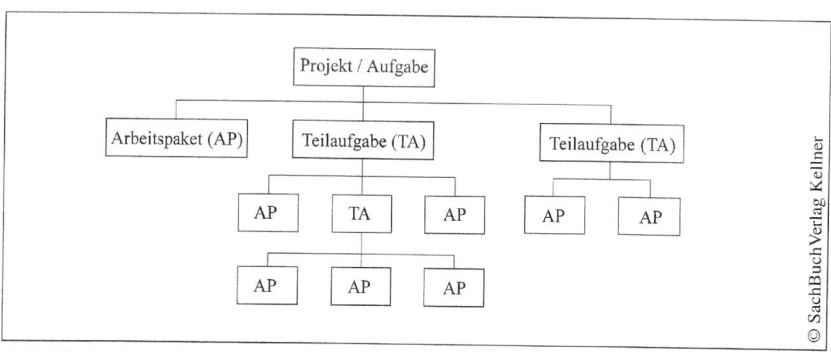

Abb.23: Aufbau eines Projektstrukturplanes

Laut DIN-Norm ist eine Teilaufgabe "Teil eines Projektes, der im Projektstrukturplan weiter aufgegliedert werden kann". Ein Arbeitspaket (AP) ist ein "Teil des Projektes, der im Projektstrukturplan nicht weiter aufgegliedert ist und auf einer beliebigen Gliederungsebene liegen kann".[75] Je nach Betrachtungsweise kann ein und dieselbe Aufgabenstellung entweder "nur" als Arbeitspaket (bei übergeordneter Sichtweise) oder als eigenständige Teilaufgabe bzw. als Teilprojekt erscheinen.

Form und Umfang des Projektstrukturplanes sind projektspezifisch und hängen u. a. ab von[76]

- der Größe und Komplexität des Projektes,
- der Struktur der Organisationseinheiten, die mit einem Projekt befaßt sind,
- den Unsicherheiten, die dem Projekt zum Zeitpunkt der Planung anhaften.

Nachfolgend einige wichtige Anmerkungen zur Projektstrukturierung:

- Der Versuch, die einzelnen Arbeitspakete nach Zeit- und Ausführungsreihenfolge zu gliedern, führt zu endlosen Gruppendiskussionen und damit zur Verschwendung personeller Kapazitäten. Zudem ist die Gefahr groß, daß wichtige Aufgaben vergessen werden. Die eigentliche Aufgabe des PSP - alle notwendigen Aufgaben zu erfassen und sinnvoll zu strukturieren, so daß ein für jeden verständlicher Überblick entsteht - gerät dann in den Hintergrund. **Zum PSP gehört es nicht, die einzelnen AP in ihrer Ausführungsreihenfolge und zeitlichen Reihenfolge darzustellen.**

- Die Verantwortung für die einzelnen Arbeitspakete muß einer einzelnen Person, einer organisatorischen Einheit (Fachbehörde) oder einem Unterauftragnehmer eindeutig übertragen werden (können).

- Für jedes Arbeitspaket lassen sich konkrete Ergebniserwartungen benennen. Diese werden einschließlich der zeitlichen Vorgabe, der zu nutzenden Ressourcen und des zur Verfügung stehenden Budgets in einer Arbeitspaketbeschreibung festgehalten.[77]

- Zu jedem Arbeitspaket schätzt der jeweilige AP-Verantwortliche, welche Ressourcen (in quantitativer und qualitativer Hinsicht) benötigt werden, um diese Aktivitäten zu erledigen und das geplante Arbeitspaketergebnis zu erreichen.

- Wird ein Arbeitspaket an eine externe Stelle (Unterauftragnehmer) vergeben, so ist eine detaillierte Leistungsbeschreibung (Pflichtenheft) besonders empfehlenswert und teilweise sogar vorgeschrieben.

- Um Teilaufgaben und Arbeitspakete zu kennzeichnen und zu identifizieren, werden sie codiert. Der PSP-Code stellt das Ordnungsschema dar. Unterlagen,

---

[75] beide Zitate aus DIN 69 901, in der Fassung vom August 1987
[76] teilweise in Anlehnung von Groh/Gutsch (1982), S. 66
[77] Eine exemplarische Arbeitspaketbeschreibung befindet sich in Teil III "Fallstudie".
[78] vgl. Höehne (1991), S. 169

z. B. Arbeitspaket-Beschreibungen, erhalten durch Angabe des Codes einen direkten Bezug zum Projektstrukturplan und sind somit eindeutig zuzuordnen.[78]

• Bevor der Projektstrukturplan dem Auftraggeber/Projektlenkungsausschuß zur Genehmigung vorgelegt wird, sollte er noch einmal durch einen Projektexternen auf Verständlichkeit und Vollständigkeit überprüft werden.

Bei besonders neuartigen Projekten kommt es durchaus vor, daß das Phasenmodell erst mit der Entwicklung des Projektstrukturplans entsteht, da noch keine Erfahrungen mit derartigen Projekten vorliegen. Dieses ist jedoch nicht problematisch.

Nun können auf Grundlage des PSP Schritt für Schritt die folgenden Teilpläne, Netzplan, Terminplan, Kapazitätsplan und Kostenplan, entwickelt werden. Nachfolgende Abbildung verdeutlicht den Ablauf im Rahmen der Projektplanung. Aus Vereinfachungsgründen werden potentielle Rückwirkungen, z. B. von der Ressourcenplanung zur Terminplanung, nicht dargestellt.

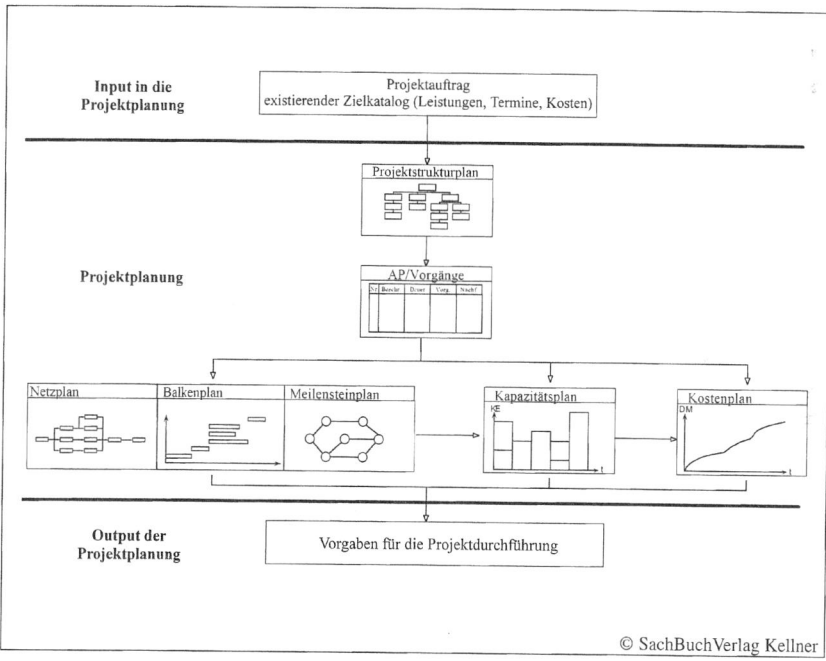

Abb.24: Bestandteile der Projektplanung

Die Gesamtheit aller Pläne ergibt dann den Gesamt-Projektplan.

4.3 Ablauf- und Terminplanung

Der Projektstrukturplan gibt nur dann in geringem Maße eine zeitliche und inhaltliche Ausführungsreihenfolge wieder, wenn z. B. die Oberpunkte die einzelnen Phasen sind. Dagegen ordnet die Ablauf- und Terminplanung alle Tätigkeiten in eine Ausführungsreihenfolge und legt ihre Ausführungszeiten fest. Darauf aufbauend kann ermittelt werden, ob zeitliche Spielräume bei den einzelnen Tätigkeiten bestehen und wenn ja, welche.[79]

Die Ablauf- und Terminplanung erfolgt in mehreren Schritten[80]:

- **ggf. Zerlegung der Arbeitspakete in einzelne Vorgänge**
  Kritische oder umfangreiche Arbeitspakete sollten in einzelne Vorgänge zerlegt werden. Der **Vorgang** ist in der Ablauf-und Terminplanung die kleinste Einheit.

- **Anordnungsbeziehungen ermitteln**
  Zur Abbildung sachlogischer Abhängigkeiten werden Anordnungsbeziehungen definiert. Es gibt Aktivitäten, die parallel ablaufen können und solche, die nur in sequentieller Abfolge erledigt werden können. Das Ergebnis ist der Ablaufplan, der in der Regel in der Form eines Netzplanes[81] dargestellt wird.

- **Ausführungszeiten schätzen und ggf. Fixtermine festlegen**
  Die Ausführungszeiten einzelner Aktivitäten werden geschätzt. In aller Regel wird man sich dabei an dem zu betreibenden Aufwand orientieren. Relevante Fixtermine - z. B. Projektende, Mittelbereitstellung im (Projekt-)Haushalt im Rahmen des Haushaltaufstellungsverfahrens, Ressortgespräche und Finanzplanung - werden festgehalten.

- **Zeitrechnung der Gesamtdauer des Projektes, der Pufferzeiten, des "kritischen Weges"**
  Ein vorhandener Ablaufplan kann in zwei Richtungen durchgerechnet werden. Mit der **Vorwärtsrechnung** werden die **frühestmöglichen Anfangs- und Endtermine** berechnet. Hieraus erhält man insbesondere den berechneten Projekt-Endtermin. Aus der **Rückwärtsrechnung** resultieren die **spätestens zulässigen Anfangs- und Endtermine**. Durch die Zusammenführung beider Rechnungen können eventuell vorhandene zeitliche Spielräume (Puffer) ausgewiesen werden. Außerdem können diejenigen Vorgänge identifiziert werden, von deren termingerechter Durchführung die Einhaltung des Projekt-Endtermins abhängig ist. Derartige Vorgänge werden als **kritische Vorgänge** bezeichnet. Sie bilden eine Kette, die "kritischer Weg" genannt wird.
  Alle errechneten Zeitpunkte werden unter Verwendung von sog. Projektkalendern in Kalendertage umgerechnet und damit für alle Projektbeteiligten greifbar.

---

[79] vgl. Müller (1991), S. 223
[80] Weitere Hinweise befinden sich in Teil IV "Methodenkoffer".
[81] Detaillierte Erläuterungen siehe in Teil IV "Methodenkoffer".

Projektkalender geben die Kalendertage an, an denen tatsächlich gearbeitet wird. So sind z. B. Samstag, Sonntag und gesetzliche Feiertage keine Projekttage.

* **Kritische Analyse**
  Erfahrungsgemäß treten Unstimmigkeiten auf, z. B. können Fixtermine nicht eingehalten werden, oder der berechnete Projektendtermin ist unakzeptabel. Dann müssen die Anordnungsbeziehungen und die Ausführungszeiten der kritischen Vorgänge noch einmal überprüft und ggf. verändert werden.[82]

Jeder AP-Verantwortliche muß für sein(e) Arbeitspaket(e) eigenverantwortlich prüfen, ob eine Zerlegung in Vorgänge zweckmäßig ist[83], und ob er für sich eine detaillierte Planung auf der Basis von Vorgängen durchführt. Ergeben sich aufgrund des höheren Detaillierungsgrades möglicherweise veränderte Anordnungsbeziehungen und/oder veränderte Ausführungszeiten, so ist eine Abstimmung mit dem Projektteam erforderlich und evtl. der Ablauf- und Terminplan zu überarbeiten.

Bestehende Mitbestimmungsregularien haben ggf. Auswirkungen auf das Projekt. Sie schlagen sich in verlängerten Ausführungszeiten (weil z. B. die Zustimmung des Personalrats erforderlich ist) oder in eigenständigen Arbeitspaketen nieder. Die Vergegenwärtigung und Einplanung der vorgeschriebenen bzw. vereinbarten Beteiligungs - und Mitbestimmungsprozesse entsprechend dem Personalvertretungsgesetz sind Voraussetzung für einen realistischen Terminplan. Es hat sich dabei als vorteilhaft erwiesen, zunächst die fachinhaltlichen Abhängigkeiten zu ermitteln und darzustellen und diese anschließend um die Beteiligungsprozesse zu ergänzen.

Darstellungsformen für Ablauf- und Terminpläne sind der **Netzplan**, der **Balkenplan** und der **Meilensteinplan**. Die Pläne sind während der Phase der Bearbeitung von Arbeitspaketen wichtige Unterlagen für die Beurteilung des Projektfortschrittes und für Steuerungsmaßnahmen.

4.4 Ressourcenplanung

Um eine erste Vorstellung von der Dauer und damit der Terminierung eines Projektes zu bekommen, wird die erste Ablauf- und Terminplanung ohne Berücksichtigung der Verfügbarkeit des erforderlichen Personals und/oder der Sachmittel (im folgenden auch Ressourcen genannt) berechnet.

Ziel der Ressourcenplanung[84] ist es dann, erforderliche Ressourcen termingerecht zu disponieren. Es wird ermittelt, **wer mit welcher Qualifikation** die Arbeitspakete

---

[82] vgl. Meyer (1991), S. 1049

[83] Dies wird insbesondere bei umfangreichen Arbeitspaketen der Fall sein.

[84] nach DIN 69 902: Einsatzmittel-Planung. Ressourcen und Einsatzmittel werden hier synonym verwendet. Nach DIN 69 902 versteht man darunter "Personal und Sachmittel, die zur Durchführung von Vorgängen, Arbeitspaketen oder Projekten benötigt werden."

mit welchen Mitteln, in welchem Zeitraum bzw. zu welchem Zeitpunkt tatsächlich realisieren kann.

Ausgehend vom Projektstrukturplan wird dabei für jedes Arbeitspaket eine Dauer der Ausführung geschätzt. Um nicht bereits zu Beginn von einem unrealistischen Schätzwert auszugehen, wird von einer mittleren Dauer pro Arbeitspaket ausgegangen. Diese kann wie folgt berechnet werden:

$$\frac{1 \text{ x pessimistische Dauer} + 4 \text{ x häufigste Dauer} + 1 \text{ x optimistische Dauer}}{6}$$

Ergibt sich eine zu lange Projektdauer oder hätte bei einem vorgegebenen Endtermin mit dem Projekt schon längst begonnen werden müssen, können an dieser Stelle erste korrigierende Schritte vorgenommen werden. Arbeitspakete auf dem kritischen Weg, die bisher nacheinander ablaufen sollten, werden parallel gelegt oder ihre Dauer wird verkürzt. So kann das Projekt in seiner gesamten Länge reduziert werden.

Auf Grundlage dieses korrigierten Ablauf- und Terminplans kann die Abstimmung mit den zur Verfügung stehenden Ressourcen erfolgen. Für jedes Arbeitspaket wird eine bestimmte Art und Anzahl von Personal und Sachmitteln benötigt, damit das AP in der geplanten Zeit bearbeitet und fertiggestellt werden kann. Die einzelnen Arbeitspaketverantwortlichen sprechen mit dem Projektteam die bisherige Planung durch und beschreiben die erforderlichen Ressourcen detaillierter. Die folgenden Punkte erleichtern die Beschreibung.

Checkliste zur Beschreibung der erforderlichen Einsatzmittel für ein AP:[85]

- Welche Qualifikation wird benötigt?
- Ist diese Qualifikation in der eigenen Dienststelle vorhanden?
  Wenn nein, gibt es die Qualifikation in **einer anderen Dienststelle** oder muß sie durch **Vergabe des AP an Externe** ersetzt werden?
- Wenn eine Personengruppe eingesetzt wird:
  Handelt es sich um Personen mit **gleicher Qualifikation** oder mit **unterschiedlichen Qualifikationsschwerpunkten**?
- Wenn unterschiedliche Qualifizierungsschwerpunkte erforderlich sind:
  Existiert die Gruppe bereits als **festes Team** in einer Dienststelle oder muß sie für dieses AP **zusammengestellt** werden?
- Welche **Maschinen, Materialien, Hilfsmittel, Räume** sind für die Durchführung erforderlich?

---

[85] vgl. Kaestner (1991), S. 346f.

- Sind alle beschriebenen Sachmittel **wirklich notwendig** oder läßt sich der Sachmitteleinsatz auf **wenige unterschiedliche** Sachmittel begrenzen; wenn ja, auf welche?

- Gibt es Sachmittel, die **nicht verfügbar, beschaffbar sind oder ausdrücklich ausgeschlossen** werden; wenn ja, welche?

- Auf welche **verfügbaren, beschaffbaren** bzw. **ausdrücklich** zugelassenen Sachmittel kann ausgewichen werden, so daß die Sachmittelzusammenstellung dann vollständig ist?

- Stehen die Ressourcen **kontinuierlich** für die Bearbeitung des Arbeitspaketes von Anfang bis Ende zur Verfügung oder können sie nur **zeitweise** eingesetzt werden?

Wichtig ist, daß die gleichen Ressourcen in jedem Arbeitspaket, in dem sie eingesetzt werden sollen, immer wieder gleich beschrieben werden, d.h. die gleichen Namen oder Kennzeichen vergeben werden.

Zu beachten ist ferner, daß - gerade bezogen auf die Ressource Personal - genügend Zeit für den Vorlauf, bis das Personal letztendlich zur Verfügung steht, eingeplant werden muß. Es bietet sich daher an, für die Personalplanung ein gesondertes Arbeitspaket mit einer entsprechenden Dauer zu definieren, an vorderer Stelle in die Ablaufplanung zu integrieren[86] und daran die gesamte Zeitplanung auszurichten. So kann dem Auftraggeber/Projektlenkungsausschuß verdeutlicht werden, wie wichtig seine Unterstützung bei der Freistellung der Projektmitglieder ist.

Nachdem die Ressourcen für die einzelnen Arbeitspakete detaillierter ermittelt worden sind, wird dieser Bedarf den verfügbaren Ressourcen gegenübergestellt. Dabei wird in folgenden Arbeitsschritten vorgegangen (diese sind im "Methodenkoffer" anhand eines Beispiels detailliert erläutert):

1. **Ermittlung des kumulierten Ressourcenbedarfs einer Ressource pro Zeiteinheit**

Für jedes Arbeitspaket bzw. für jeden Vorgang wird ermittelt, welche Ressource in welcher Menge erforderlich ist. Eine bestimmte Ressource kann in mehreren Arbeitspaketen bzw. Vorgängen eingesetzt werden. Aus den bisher erstellten Terminplänen ist ersichtlich, wann die Bearbeitung der Arbeitspakete bzw. Vorgänge ansteht. Im Rahmen der Ressourcenplanung wird in einem ersten Arbeitsschritt über alle Arbeitspakete bzw. Vorgänge hinweg für jede Ressource der jeweils erforderliche Bedarf aufsummiert.

---

[86] siehe hierzu auch den Netzplan der "Fallstudie" in Teil III

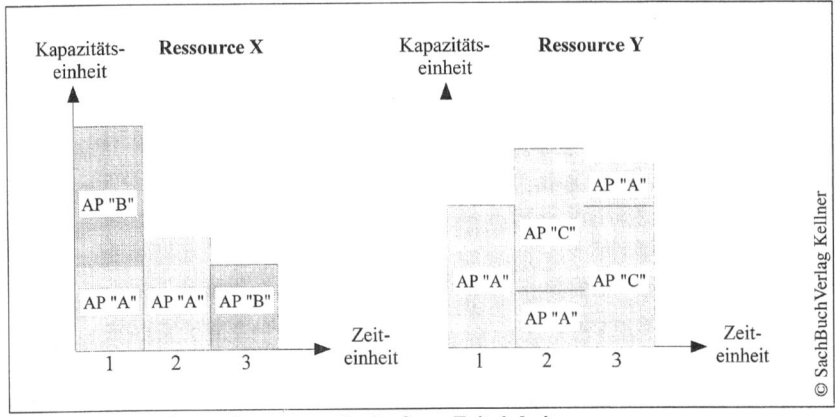

Abb. 25: Kumulierter Ressourcenbedarf pro Zeiteinheit

Ergebnis sind sogenannte Ressourcenhistogramme, die Aufschluß darüber geben, zu welchem Zeitpunkt und für welche Zeitdauer die jeweilige Ressource mit welcher Kapazitätsauslastung benötigt wird.

2. Gegenüberstellung von Bedarf und Verfügbarkeit

Die Verfügbarkeit einer Ressource wird durch die Kapazitätsgrenze begrenzt, wie die nachfolgende Abbildung zeigt:

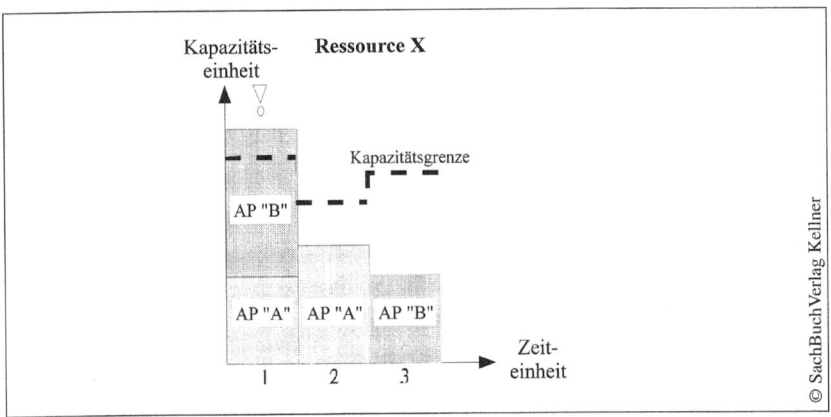

Abb. 26: Bedarf und Verfügbarkeit einer Ressource

Nun wird überprüft, ob der Bedarf die verfügbaren Ressourcen übersteigt.

3. Kapazitätsabgleich

Im dritten Schritt wird versucht, eine möglichst große Übereinstimmung zwischen Ressourcenbedarf und verfügbaren Ressourcen herbeizuführen. Dies geschieht durch einen Kapazitätsabgleich und durch Ausnutzung der berechneten zeitlichen Spielräume (Gesamt- und freier Puffer[87]). Denn Kapazitätsüberschreitungen können ohne Beeinflussung von Terminen und Kosten durch Ausnutzung der Pufferzeiten abgebaut werden. **Ideal dafür sind die Arbeitspakete mit freiem Puffer. Eine Verschiebung innerhalb der freien Pufferzeit hat keinerlei Auswirkung auf die nachfolgenden Arbeitspakete.** Diese können aufgrund der Ausnutzung der freien Pufferzeit des Vorgängers zu ihrem frühest möglichen Zeitpunkt beginnen. Eine Ausnutzung des Gesamtpuffers hingegen hat zur Folge, daß die nachfolgenden APs nur noch zu ihrer spätesten Lage beginnen könnten. Damit würde ein zusätzlicher kritischer Weg entstehen.

Es gibt - **in Abhängigkeit von der inhaltlichen Aufgabe der APs** - verschiedene Möglichkeiten, die zeitliche Lage der APs **innerhalb der Pufferzeiten** zu verändern und damit die **Kapazitäten abzugleichen**:

Strecken - der Vorgang beginnt zu seinem frühesten Anfangszeitpunkt, die Bearbeitung der Aufgabe verlängert sich jedoch, da eine geringere als die volle Ressourcenkapazität eingesetzt wird. Es arbeiten z. B. nicht vier Personen zwei Wochen, sondern zwei Personen vier Wochen.

Stauchen - der Vorgang beginnt später. Die Dauer verkürzt sich jedoch, da mehr Kapazität eingesetzt wird. Es arbeiten z. B. nicht mehr vier Personen zwei Wochen, sondern acht Personen eine Woche. Achtung: Mehr eingesetzte Kapazität bedeutet nicht immer Verkürzung der Bearbeitungsdauer. Benötigt z. B. das mehr eingesetzte Personal eine Einarbeitungszeit, so kann diese die Einsparung zunichte machen. Oder der Einsatz eines zusätzlichen Baggers zum Aushub einer Baugrube kann nicht erfolgen, da sich aus Platzgründen nicht zwei Bagger auf der Baustelle bewegen können.

Unterbrechen - läßt die Aufgabe es zu, dann kann ein Arbeitspaket unterbrochen werden. D. h. zunächst wird ein Teil bearbeitet. Dann setzt die Bearbeitung aus. Zu einem späteren Zeitpunkt wird der Rest erledigt.

Verschieben - das gesamte Arbeitspaket wird zeitlich nach hinten verschoben.

---

[87] zur Berechnung der verschiedenen Puffer siehe Teil IV "Methodenkoffer"

Kann trotz Kapazitätsabgleichs keine Übereinstimmung von Bedarf und Verfügbarkeit erreicht werden, gibt es zwei weitere Möglichkeiten:

1. **Die Ausführungstermine richten sich nach der Verfügbarkeit der Ressourcen (kapazitätstreue Planung).** Dies hat den Vorteil, daß keine Kosten für die zusätzliche Beschaffung von Kapazitäten anfallen. Problematisch ist, daß festgelegte Termine oft nicht eingehalten werden können.

2. **Die Termine müssen eingehalten werden.** Dann müssen Maßnahmen zur Beseitigung der Engpässe wie die Vergabe von Teilaufträgen an Privatfirmen, die Beantragung von Überstunden, Prioritätsänderungen bei konkurrierenden Projekten eingeleitet werden. Diese Maßnahmen führen häufig zu einer Kostenerhöhung. Nur die Reduktion des Leistungsumfangs eines Arbeitspaketes oder des gesamten Projektes ist eine Maßnahme, die nicht zur Kostensteigerung führt[88].

Multiprojektplanung

Problematisch wird der Umgang mit Kapazitätsengpässen, wenn mehrere Projekte um dieselben Ressourcen konkurrieren. Hier müssen die Planungen der einzelnen Projekte aufeinander abgestimmt werden. Man spricht von **Multiprojektplanung.** Prinzipiell gibt es zwei Möglichkeiten, mit dieser Situation umzugehen:[89]

1. Der Einfache-Mehrprojekt-Fall

Gibt es keine Vorrangstellung von Projekten, können die einzelnen Projekte als ein fiktives Gesamtprojekt aufgefaßt werden. Die einzelnen Projektpläne werden zu einem gesamten Projektplan zusammengefaßt. Aus mehreren Ablaufplänen ergibt sich **ein Gesamtablaufplan für einen Planungszeitraum.** Nun kann auf dieselbe Weise verfahren werden wie beim Kapazitätsabgleich für ein Projekt. Auch hier geht es um die Fragen:

- Kann die **Ausnutzung von Pufferzeiten** Kapazitätsengpässe beseitigen?

- Welche ist die **kleinste Projektverzögerung,** wenn ausreichende Pufferzeiten nicht existieren?

- Kann der **Projektablauf verändert** werden, so daß ein Kapazitätsabgleich innerhalb von Pufferzeiten möglich wird?

Grundsätzlich wird dabei die Minimierung der Projektdauer der Gesamt-Projekte angestrebt.

---

[88] Näheres zu diesen Steuerungsmaßnahmen siehe unter Teil II, Kapitel 5 und Teil IV "Methodenkoffer"

[89] vgl. Kaestner (1991), S. 383f.

2. Der Mehr-Projekt-Fall mit Prioritäten

Die Zusammenführung von mehreren Projekten zu einem Gesamtprojekt ist im Mehr-Projekt-Fall mit Prioritäten nicht möglich. Hier liegt z. B. aufgrund von strategischen Entscheidungen eine Rangfolge zwischen Projekten vor.

Die kritischen Ressourcen werden zuerst an das Projekt mit der höchsten Priorität vergeben. Erst wenn für dieses Projekt Bedarf und Verfügbarkeit abgeglichen sind, werden die übriggebliebenen Kapazitäten der Ressource an das Projekt mit der nächst tieferen Priorität vergeben. Dieses Projekt muß seine Planung an die Restkapazitäten anpassen. Dazu ist es wichtig, ein Protokoll zu erstellen, in dem das jeweilige Projekt festhält, wieviel von der Ressource in welchem Zeitraum bzw. zu welchem Zeitpunkt beansprucht wird.

Dieses Protokoll wandert als eine Art Laufzettel zwischen den Projekten hin und her. Es muß ständig aktualisiert werden, damit z. B. die Auswirkungen einer Mehrbeanspruchung durch ein Projekt auf die nachfolgenden Projekte ableitbar sind und für diese Projekte steuernde Maßnahmen eingeleitet werden können.

Ressource Name: Maximal verfügbare Kapazität: Zeitpunkte bzw. Zeiträume, in denen die Ressource keinem Projekt zur Verfügung steht:				
Rang	Projekt	Zeitraum/ Zeitpunkt	Anzahl der benötigten Kapazitäten geplant | tatsächlich	noch zur Verfügung stehende Kapazität
1				
...				

Abb. 27: Protokoll über den Einsatz von kritischen Ressourcen beim Mehr-Projekt-Fall mit Prioriäten

Durch den verstärkten Einsatz von vernetzten PCs können derartige Protokolle über EDV geführt werden.

Neue Arbeitspakete für den Übergang einer Ressource von einem Projekt in das nächste

Nicht immer können Ressourcen ohne Zeitverzug von einem Projekt in das nächste übergehen. Gerade bei Maschinen können für die Anpassung an die geforderte Leistung des kommenden Projekts sogenannte Umrüstzeiten notwendig werden. Diese müssen in der Ablauf- und Zeitplanung beachtet sein. Es bietet sich daher an, ein zusätzliches AP für diese Aufgabe zu definieren.

Wie oben dargestellt, ist Ressourcenplanung notwendig, um frühzeitig Maßnahmen zur Beseitigung von Engpässen einleiten zu können. Dies geschieht durch Kapazitätsabgleich im Rahmen von Pufferzeiten und/oder Veränderung der Ausführungsreihenfolge der APs, Erhöhung der Kapazität durch Einkauf von zusätzlichen Ressourcen, Prioritätenänderungen bei konkurrierenden Projekten und/oder Reduktion des Leistungsumfangs.

Erst wenn die Ressourcenplanung beendet ist, kann eine vollständige Kostenplanung erfolgen, da vorher der voraussichtliche Umfang der einzusetzenden Ressourcen und damit die Kosten noch nicht bekannt sind.

4.5   Kostenplanung

Die Kostenplanung legt die Kosten pro Zeiteinheit sowie die Projekt-Gesamtkosten dar. Der Kostenplan umfaßt

- **alle Kosten zur Erreichung der Leistungsziele einschließlich der Kosten für das Projektmanagement**, d. h. alle Kosten, die während der Projektlaufzeit anfallen,

- **die laufenden Kosten**, d. h. alle Kosten, die während der Nutzungsphase des Projektgegenstandes anfallen, und

- **die Kosten für die "Außerdienststellung" (z. B. Abbau oder Entsorgung)**.

Damit läßt sich aus dem Kostenplan der Finanzplan (-bedarf) ableiten. Dieser sagt aus, welche Aufwendungen durch eigene Ressortmittel und/oder durch den Haushalt finanziert werden müssen. Diese Projekt-Gesamtkosten sind somit Grundlage für Wirtschaftlichkeitsberechnungen und Kosten-Nutzen-Analysen, die tragendes Element der Entscheidung über die Projektdurchführung sind.

Nicht bei jedem Projekt kann bereits zu Beginn (d. h. nach der Ressourcenplanung) eine Kostenplanung für den zu erstellenden Projektgegenstand gemacht werden. Dies gilt vor allem für Reorganisationsprojekte mit einem TuI-Anteil. Denn erst nach ersten Ideen für die Umstrukturierung der bestehenden Organisationseinheit können die technischen Anforderungen formuliert und damit die ersten Kostenschätzungen vorgenommen werden. Dieses muß in der Zeitplanung berücksichtigt werden.[90]

---

[90] vgl. Teil III "Fallstudie"

Die anfallenden Kosten lassen sich gliedern in:

- **Personalkosten**

  Zu den Personalkosten gehören nicht nur die Kosten, die entstehen, wenn Externe, z. B. eine Unternehmensberatung, Aufgaben im Projekt übernehmen. **In die Planung müssen auch die Kosten für die Arbeit der eigenen Mitarbeiter (oft auch als "eh-da-Kosten" bezeichnet)** aufgenommen werden. Die Personalkosten machen insbesondere bei Reorganisations- und TuI-Projekten den größten Anteil des gesamten (Projekt-)Budgets aus.

- **Sachkosten**

  Hier werden investive und konsumtive Kosten unterschieden.

Während der Projektarbeit entstehen auch Kosten, die sich nur mit größerem Aufwand dem Projekt zuordnen lassen. Zu diesen Kosten gehören z. B. Miete für ein Projektbüro oder Nutzung des Kopieres, der von einer gesamten Dienststelle genutzt wird.[91] Eine Möglichkeit zur Berechnung dieser Kosten besteht darin, den prozentualen Anteil der Nutzung z. B. des Kopierers durch das Projekt zu schätzen und diesen dann anhand der Gesamtkosten, die der Kopierer verursacht, zu berechnen.

In vielen Projekten beruht die Kostenplanung für bestimmte Aufwendungen auf **Schätzungen**. Die Genauigkeit der Schätzungen ist dabei abhängig vom Innovationsgrad des Projektes und der Phase, in der sich das Projekt befindet. Da die **Kostenplanung auf der Grundlage des Projektstrukturplans** erfolgt, wird die Schätzung mit zunehmendem Detaillierungsgrad des PSP zuverlässiger. **Die Kosten werden für die einzelnen Arbeitspakete geplant und nach oben hin verdichtet.** Durch Aufteilung der Arbeitspakete in einzelne Vorgänge wird die Genauigkeit noch erhöht. Dieses ist jedoch nicht unbedingt schon zu Beginn, also bei der ersten Grobplanung erforderlich, da hierbei nur eine erste Einschätzung des Mittelvolumens vorgenommen wird.

Folgende Hinweise sollten für die Schätzung der Projektkosten[92] beachtet werden.

- Kostenschätzungen sollten nicht im Alleingang oder zwischen Tür und Angel erfolgen. Es gilt, das meist weit gestreute Wissen von Fachleuten zu nutzen. Unter anderem bieten **Schätzklausuren**[93] eine Möglichkeit, vorhandenes Wissen mehrerer Experten zu nutzen.

---

[91] Diese Kosten nennt man auch Gemeinkosten, im Gegensatz zu Einzelkosten, die man direkt dem Projekt zuordnen kann.

[92] vgl. Schelle (1994), S. 15f.

[93] siehe Teil IV "Methodenkoffer"

- Schätzungen sollten formal und schriftlich abgefaßt werden, und der Schätzvorgang sollte nachvollziehbar sein. Dadurch läßt sich leichter beurteilen, ob spätere Revisionen der Schätzwerte notwendig sind.

- Die zugrunde gelegten Annahmen und Prämissen müssen dokumentiert werden. Dies geschieht zur eigenen Sicherheit und um die Schätzungen für ähnliche Projekte wieder nutzen zu können.

- Die Interessenslage der Person oder Dienststelle, die sich an der Kostenschätzung beteiligt, muß richtig eingeordnet werden. Aus taktischen Gründen wird nämlich mitunter eine bewußt zu niedrig angesetzte Kostenprognose abgegeben. ("Erst einmal mit dem Projekt beginnen, die fehlenden Kosten werden später nachgefordert." oder "Wenn wir jetzt die Kosten zu hoch angeben, wird das Projekt niemals genehmigt."). Um Budgeterhöhungen zu erreichen, fallen Kostenprognosen mitunter auch zu hoch aus. Solche bewußt unrealistischen Schätzungen führen dazu, daß Mittel zu Lasten anderer Vorhaben umgeschichtet werden müssen oder - bei Projekten mit hohem Investitionsvolumen - die angespannte Haushaltslage noch zusätzlich belastet wird. Damit es nicht es zu solchen Auswirkungen kommt, sollten Projektaufwand und Projektnutzen realistisch dargestellt werden, auch wenn ein Projekt dadurch nicht genehmigt oder verschoben wird. Den Auswirkungen von Budgetkürzungen kann durch Alternativplanungen begegnet werden, die dafür bereits vorhanden sein sollten.

- Für Arbeitspakete, die an externe Stellen vergeben werden, sollte eine Kostenaufschlüsselung angefordert werden. Die Erfahrung hat gezeigt, daß hierdurch beachtliche Einsparpotentiale aufgespürt werden können.

Die Projektkosten werden grafisch durch die Kostenganglinie und die Kostensummenlinie dargestellt.

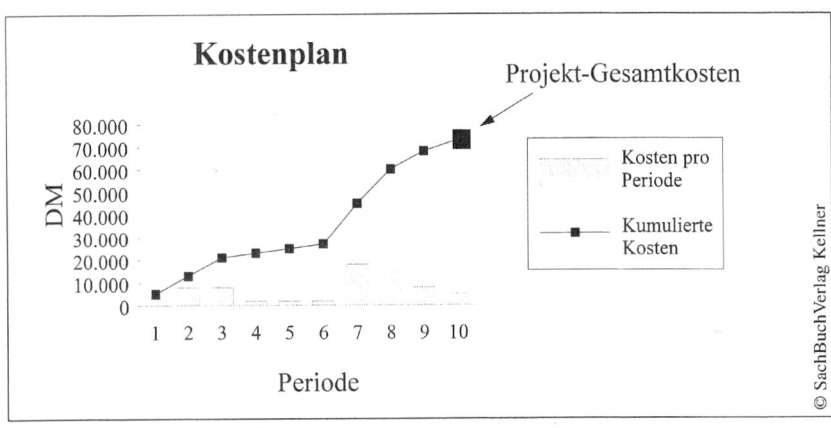

Abb. 28: Kostenplan als Kostengang- und Kostensummenlinie

Die Kostenganglinie gibt die in den einzelnen Perioden anfallenden Kosten wieder. Die Kostensummenlinie zeigt, wieviele Kosten insgesamt bis zu einer bestimmten Periode voraussichtlich anfallen werden. Die kumulierten Kosten am Ende der letzten Periode entsprechen den Projekt-Gesamtkosten.[94]

Es genügt jedoch nicht, nur den Kostenanfall zu planen, es müssen unbedingt auch die voraussichtlichen Zahlungstermine für einmalige und dauernde Ausgaben im Laufe des Projektes erfaßt werden. Dies gilt vor allem, wenn das Projekt in den Haushalt aufgenommen werden soll. **Bei der Gegenüberstellung des geplanten Kostenanfalls mit den Zahlungsterminen der eingehenden Rechnungen kann eine Korrektur der Terminplanung und/oder Ablaufplanung erforderlich werden.** Dabei muß auch der Zeitraum der Haushaltsberatungen bedacht werden. Um das Projekt währenddessen nicht völlig ruhen lassen zu müssen, können bereits weniger kostenintensive und kostenbeeinflussende Arbeitspakete bearbeitet werden.

4.6 Verhältnis Zielplanung - Projektplanung

Die in der Zielplanung formulierten Ziele sind im Zielkatalog benannt. Im Rahmen der Projektplanung soll versucht werden, diesen Projektzielkatalog möglichst einzuhalten. **Der Gesamt-Projektplan wird daher so lange überarbeitet, bis er mit den Projektzielen harmoniert. Bietet keine realisierbare Projektplan-Variante eine Möglichkeit, den bisherigen Zielkatalog zumindest annähernd zu erfüllen, so sind die ursprünglichen Ziele entsprechend dem neuen Kenntnisstand zu überprüfen und ggf. zu korrigieren.** Müssen aufgrund der Projektplanung die Ziele so gravierend verändert werden, daß sie nicht mehr den Zielen der am Zielplanungsprozeß Beteiligten entsprechen, gibt es zwei Möglichkeiten. Den Beteiligten muß die neue Situation erläutert und der Zielplanungsprozeß in Teilen wiederholt werden, oder das Projekt muß abgebrochen werden.

Grundsätzlich hat der Auftraggeber/Projektlenkungsausschuß Zielkorrekturen zu genehmigen.

Der **Gesamt-Projektplan** bildet für alle Projektbeteiligten die **verbindliche Vorgabe** für die nachfolgende Bearbeitung der Arbeitspakete und ist damit Basis für die Aufgaben der integrierten Projektsteuerung. Er muß vom Auftraggeber/Projektlenkungsausschuß genehmigt werden.

---

[94] vgl. Meyer (1991), S. 1061f.

4.7 Informationen und Dokumentation

Informationen

Die Wichtigkeit von Informationen, der Wert der Informationen in Projekten und die Unterschiede zwischen formellen und informellen Informationen wurde bereits in Teil I, Kapitel 2.4 behandelt. Die folgenden Seiten zeigen nun, wie - vom Informationsbedarf des Empfängers ausgehend - seine Anforderungen an Informationsqualität und -quantität abzuleiten sind. Dabei wird nur noch auf die formellen Informationen eingegangen.

Differenzierung von Informationen nach Qualität und Quantität

Damit eine gezielte Informationspolitik im Projekt möglich ist, müssen erst einmal die potentiellen Informationsempfänger ermittelt werden. Dies sind projekt**intern:**

- die Projektleitung,
- das Projektteam,
- die im Projekt mitarbeitenden späteren Nutzer des Projektgegenstandes,
- temporär an einzelnen Arbeitspaketen beteiligte Mitarbeiter.

und projekt**extern:**

- der Auftraggeber/Projektlenkungsausschuß,
- die Linienorganisation, in die das Projekt eingebunden ist,
- die späteren Nutzer des Projektgegenstandes, die nicht am Projekt beteiligt sind und
- die Gremien, deren Beteiligung gesetzlich vorgeschrieben ist.

Darüber hinaus gibt es im Projektumfeld noch weitere mögliche Informationsempfänger:

- der Landesbeauftragte für den Datenschutz,
- der Rechnungshof,
- andere Dienststellen oder Betriebe, die ggf. zuständig sind (z. B. BreKom für Telefonanlagen, Vernetzungen),
- ggf. Behörden mit Querschnittsaufgaben.

Die aufgeführten Informationsempfänger können bezüglich des Projektes unterschiedliche Informationsbedarfe haben. Dadurch unterscheiden sich auch Häufigkeit und Darstellung der erforderlichen Informationen, u. a.:

Mündliche Informationen:	Schriftliche Informationen:
Gespräche (Einzel-/Gruppen-)	Mitteilungen (Papier, e-mail)
Vorträge	Protokolle
Berichte	Veröffentlichungen
Besprechungen	Berichte
Ansprechpartner/Geschäftsstelle/"hot line"	(Projekt)Zeitung

Informationen innerhalb des Projektes

Die rechtzeitige und umfassende Weitergabe von Informationen innerhalb des Projektes ist wichtig für den reibungslosen Projektverlauf. Mitarbeiter im Projekt sollen über die Informationsstrukturen und den Informationsfluß Bescheid wissen. Diese Regelungen sollten frühzeitig schriftlich festgehalten und in die Projektdokumentation aufgenommen werden. Diese Strukturen können so vor allem auch von neuen Projektmitarbeitern jederzeit nachvollzogen werden.

In **regelmäßigen Projektsitzungen** berichten alle Beteiligten über den Arbeitsfortschritt in den Arbeitspaketen. Detailinformationen sollten immer dort weitergegeben werden, wo sie im Arbeitszusammenhang benötigt werden, z. B. in einer **Teilgruppensitzung zu einzelnen Arbeitspaketen.** Zusammenfassende Informationen können dann in der Projektsitzung an die anderen Mitarbeiter weitergegeben werden. Hierfür können in den einzelnen Teilgruppen Sprecher benannt werden.

Über **begonnene Arbeitspakete** kann nach folgendem **Schema** berichtet werden:

- fertiggestellte (Teil-)Aufgaben im Rahmen des Arbeitspaketes,
- noch fertigzustellende (Teil-)Aufgaben im Arbeitspaket,
- Schwierigkeiten, die entstanden sind und Lösungsvorschläge,
- benötigte Hilfestellungen (Beispiele für den Aufbau von internen Berichten, siehe Teil IV "Methodenkoffer").

Wird in den Projektteamsitzungen nach einem einheitlichen Schema berichtet, so wird die Projektarbeit für alle Beteiligten transparent. Ungeschützte Berichterstattung über Schwierigkeiten sowie Hilferufe sollten nicht bestraft oder negativ bewertet werden. Im Gegenteil, eine offene Berichterstattung ist für eine realistische Einschätzung der Projektarbeiten erforderlich. Die Projektleitung sollte betonen, daß offengelegte Schwierigkeiten und Probleme die Reaktion im Sinne des Projekterfolges erleichtern. Schönfärberische Erfolgsmeldungen trotz noch nicht abgeschlossener Arbeiten können plötzlich zu einem bösen Erwachen für das gesamte Projekt führen.

Eine offene und realistische Darstellung des Sachstands bei den einzelnen Arbeitspaketen ist innerhalb des Projekts unbedingt erforderlich.

Dabei geht es nicht um eine Leistungskontrolle von Personen, sondern um die Ermittlung des Arbeitsfortschritts bei den Arbeitspaketen. Da eine Abgrenzung häufig schwierig ist, sollte die Berichtstruktur sorgfältig geplant und ggf. mit der Personalvertretung abgesprochen werden.

Bei der Fortschrittskontrolle wird über Arbeitspakete, nicht über Leistungen von Personen, berichtet.

Von den regelmäßigen Projekt- und/oder Arbeitsgruppen-Sitzungen sollten (Kurz-) Protokolle über Entscheidungen und Teamaufträge angefertigt werden. Sie können für die Berichterstattung nach außen genutzt werden. Allerdings sollte im Protokoll zwischen intern und extern zu nutzenden Informationen unterschieden werden. Nur wenn für alle klar ist, welche Informationen intern bleiben, wird auch eine ehrliche Berichterstattung erfolgen.

Interne und externe Informationen

Die internen und externen Informationen können, z. B. in zwei Ordnern, getrennt aufbewahrt werden. Projektexternen genügt der Einblick in für sie aufbereitete Informationen. Dies ist keine Geheimniskrämerei, sondern schützt einerseits die Projektmitglieder und bewahrt andererseits Projektexterne vor nicht benötigten Informationen über das Projekt. Der Projektlenkungsausschuß benötigt nicht die einzelnen Sachstandsmeldungen zu Arbeitspaketen mit fachlich-inhaltlichen Hintergrund. Auch die späteren Nutzer des Projektergebnisses haben im allgemeinen kein Interesse an Details der Projektarbeit, sondern wollen wissen, wann der Gegenstand einsatzfähig ist und wie er aussieht bzw. benutzbar ist. Intern müssen jedoch für alle Mitglieder alle Informationen ggf. bis ins Detail zur Verfügung stehen, insbesondere auch, damit Schnittstellenprobleme bei den Arbeitspaketen erkannt und gelöst werden können.

Informationen an Projektexterne

Während die Projektgruppe noch relativ homogene Informationsbedürfnisse hat, unterscheiden sich die Informationsnachfragen der Projektexternen erheblich.

Auftraggeber bzw. Projektlenkungsausschuß: Der Auftraggeber/PLA sollte periodisch mit den für Grundsatzentscheidungen relevanten Informationen versorgt werden. Für die Berichterstattung werden verdichtete Informationen verwendet; eine Seite dürfte meist ausreichen. AG/PLA erhält:

* **Statusberichte:** Sie orientieren übersichtlich über Leistungsstand, Termine, Kosten und geben Einschätzungen über die Projektsteuerung. Statusberichte werden für das Management üblicherweise separat aufbereitet. Der Zeitaufwand dafür kann durch Standardisierung begrenzt bleiben. Die interne Projektberichterstattung liefert bereits die Daten, die dann für die Statusberichte noch verdichtet und graphisch aufbereitet werden müssen (Muster bzw. Formularvorschläge für diese Berichte, siehe "Methodenkoffer").

* **Entscheidungsvorlagen:** Sie betreffen Feststellungen wie "Meilenstein erreicht" oder "nächste Projektphase freigegeben". Ist ein geplanter Meilenstein in der Projektarbeit erreicht, berichtet die Projektleitung dem Auftraggeber/PLA. Der Bericht informiert über **die Arbeit bis zum Meilenstein**, die **Qualität** (ist die Leistung so geworden, wie geplant, besser oder schlechter, warum), die **Kosten** (Ist/Soll), die verbrauchte **Zeit** (Ist/Soll) und auch über die unmittelbaren **Auswirkungen** (anstehende Entscheidungsnotwendigkeiten, Folgen bei Nichtentscheidung). Auch dieser Bericht kann sehr kurz sein. Zeigt der AG/PLA weitergehendes inhaltliches Interesse, kann auf die Dokumentation zurückgegriffen oder in einem Vortrag die Lösung vorgestellt werden. Die notwendigen

Entscheidungen müssen in der Vorlage für den AG/PLA gut plaziert werden (siehe Teil IV "Methodenkoffer").

- **Sofortberichte:** Sie weisen auf kritische Situationen im Projekt hin, die projektintern kaum oder nicht beherrscht werden können. Dies kann unterschiedliche Ursachen haben, z. B. die Krankheit eines Projektmitarbeiters mit Expertenqualifikation, für den keine Ersatzperson verfügbar ist, oder ein Maschinenausfall (z. B. einer EDV-Anlage) über mehrere Tage. Die Projektleitung entscheidet, ob dem AG/PLA berichtet werden muß. Ein Sofortbericht informiert über das Problem und dessen Auswirkungen, enthält aber möglichst auch Entscheidungsvorschläge, wie mit dem Problem umgegangen werden kann. Im genannten Beispiel kann vielleicht ein Mitarbeiter aus der Linienorganisation mit einer entsprechenden Qualifikation die Arbeit vorübergehend übernehmen. Bei einem Maschinenausfall gibt es vielleicht in einer nahen Stadt eine Maschine, auf die ausgewichen werden kann; dies verursacht jedoch erheblich mehr Kosten als geplant. Vielleicht bietet es sich an, ein anderes Arbeitspaket vorzuziehen, mit dem planmäßig eigentlich erst später, nach Freigabe durch den Autraggeber/PLA, begonnen werden sollte. Auch wenn keine Vorschläge gemacht werden können, ist die schnelle Information des Auftraggebers/Projektlenkungsausschusses über kritische Projektsituationen notwendig, damit dieser auf die veränderte Situation reagieren kann.

Der Auftraggeber/Projektlenkungsausschuß erhält regelmäßig Statusberichte und Entscheidungsvorlagen beim Erreichen von Meilensteinen, aber hoffentlich wenige Sofortberichte über kritische Projektsituationen.

Linienorganisation: Die Linienabteilungen interessiert u. a., wann die für das Projekt (teilweise) freigestellten Mitarbeiter wieder mehr für die Regelaufgaben zur Verfügung stehen und wann die Projektsituation vorüber ist. Die zuständigen Linienführungskräfte erfahren dies regelmäßig von der Projektleitung. Als Grundlage dienen die Statusberichte.

Ist die Linienorganisation, in die das Projekt eingebettet ist, gleichzeitig zukünftiger Nutzer des Projektgegenstandes, sind häufig weitere Informationsbedürfnisse vorhanden und zu befriedigen.

Zukünftige Nutzer des Projektgegenstandes: Sie haben ein Anrecht auf frühzeitige Information über den Projektfortgang. An der Erstellung des (Projekt-)Gegenstandes sind sie ohnehin beteiligt. Auch aus Sicht der Projektmitglieder ist eine offene Informationspolitik gegenüber den späteren Nutzern/Betroffenen der Projektergebnisse von Vorteil. Mißverständnisse oder gar Mißtrauen werden verringert und die spätere Ergebnisakzeptanz erhöht. Zu den ersten Informationen an die späteren Nutzer/Betroffenen gehören:

- Projektname,
- Ziele,
- Aufgaben,
- Projektleitung,
- Mitarbeiter im Projekt,
- Projektorganisation,
- Ansprechpartner für Nachfragen,
- Auftraggeber / Projektlenkungsausschuß,
- geplante Dauer des Projektes und Termine für die Einführung des Projektgegenstandes,
- Auswirkungen des Projektes während der Projektlaufzeit,
- Auswirkungen des Gegenstandes auf die Betroffenen/Nutzer (soweit bekannt).

Diese erste Unterrichtung kann z. B. in Form eines Info-Blattes stattfinden, das an eine Stellwand des Projektes bzw. an das schwarze Brett der Dienststelle gehängt oder jedem Mitarbeiter der Dienststelle ausgehändigt wird. Es kann aber auch - insbesondere bei längerer Laufzeit des Projektes - die "Nullnummer" einer Projektzeitung sein.

In einer regelmäßig erscheinenden Projektzeitung können der Stand der Projektarbeiten, die Veränderungen gegenüber dem Stand der letzten Zeitung, evtl. kurzfristige Auswirkungen etc. nutzergerecht dargestellt werden. Nutzergerecht heißt, kein projektinternes Fachchinesisch, sondern Graphiken, Diagramme und kurze, verständliche Texte.

Regelmäßige Informationsveranstaltungen eigenen sich als "Stimmungsbarometer" und können Akzeptanz schaffen bzw. erhöhen, potentielle Widerstände aufspüren, Ängste ermitteln usw.

Für die Öffentlichkeitsarbeit sollte ein Projektteammitglied verantwortlich sein. Dieses muß sorgfältig ausgewählt werden, denn nicht jeder ist für die Aufgabe geeignet, durch Informationen Akzeptanz zu erreichen. Darüber hinaus müssen für die Öffentlichkeitsarbeit im Projekt ausreichende Kapazitäten eingeplant werden, denn sie ist aufwendig, insbesondere bei regelmäßigen Informationen.

Öffentlichkeitsarbeit dient der Akzeptanz -
ist aber nicht zum Nulltarif zu haben.

Bei größeren Projekten, insbesondere bei Projekten mit mehrjähriger Dauer und mit Beiträgen aus mehreren Ressorts bzw. mit Auswirkungen auf alle Ressorts (z. B. Auswahl von geographischen Informationssystemen, Einführung der Kosten-Leistungs-Rechnung in der bremischen Verwaltung) bietet sich für die Informationsarbeit quasi als Projektzeitung das Beiblatt zum Amtsblatt an. Es wird in der bremischen Verwaltung in hoher Auflage verteilt und erreicht prinzipiell alle Mitarbeiter. In ihm könnte über den Projektbeginn, aber auch periodisch, z. B. vierteljährlich, über Projektfortschritte berichtet werden.

Zur Informationskette gehören auch **die Gremien, deren Beteiligung gesetzlich vorgeschrieben ist.** Sofern diese Funktionsträger nicht direkt in die Entscheidungsgremien einbezogen sind, sollten auch sie periodisch über den Projektfortschritt informiert werden. Zeitpunkt, Inhalt und Form stimmt die Projektleitung mit ihnen ab. Die gesetzlich festgelegten Beteiligungs- und Mitbestimmungsrechte werden dadurch nicht berührt.

Gleiches gilt für andere Informationsempfänger im Projektumfeld. Auch mit ihnen stimmt die Projektleitung Zeitpunkt, Inhalt und Form der Informationen ab.

Regelmäßige, zeitlich und inhaltlich an die
Bedürfnisse der Empfänger angepaßte
Informationen fördern den Projekterfolg.

Der Abschluß des Projektes darf bei der Informationspolitik nicht vergessen werden. Vor Auflösung der Projektgruppe wird auch die Öffentlichkeitsarbeit zu Ende gebracht. Alle bisherigen Informationsempfänger werden über den Projektabschluß, die erreichten Ziele und Gegenstände sowie über evtl. Folgemaßnahmen informiert. Darüber hinaus werden die positiven Aspekte der Projektarbeit, aber auch evtl. Schwierigkeiten dargestellt.

126

Die folgende Tabelle zeigt im Überblick, wer wie oft mit welchen Informationen versorgt werden sollte. Die hier angegebenen Berichtsperioden sind nur Orientierungswerte. Sie müssen an die jeweiligen Erfordernisse des konkreten Projektes angepaßt werden.

Verfasser	Dokument	Umfang	Periode	Empfänger
Projektleitung	Projektstatusbericht	1 Seite	monatlich	Auftraggeber/ Projektlenkungsausschuß (AG/PLA)
Projektleitung	Entscheidungsvorlage	1 Seite	nach Erreichen eines Meilensteins	AG/PLA
Projektleitung	Protokoll AG/PLA-Sitzung	Ergebnisse	monatlich	AG/PLA
Projektleitung	Projekt-Trendanalysen (Leistung, Termin, Kosten)	je 1 Seite	fallweise, evtl. monatlich	AG/PLA
Projektleitung	Projektaufwandsrechnung	1 Seite	wöchentlich	Projektleitung
Projektleitung	Abschlußbericht	projektunabhängig	bei Abschluß	AG/PLA
Projektleitung	Sofortbericht (Reviewergebnis)	1 Seite	bei Problemen	AG/PLA
Arbeitspaketververantwortlicher	Sofortbericht (Review)	1-2 Seiten	bei Problemen	Projektleitung
einzelner Mitarbeiter	Sofortbericht (Review)	1-2 Seiten	bei Problemen	Arbeitspaketverantwortlicher
einzelner Mitarbeiter	Mitarbeiterbericht, z.B. Rückmeldeliste	1 Seite	abhängig von Dauer des AP	Arbeitspaketverantwortlicher
Arbeitspaketverantwortlicher	Arbeitspaketbericht, z.B. Rückmeldeliste	1 Seite	abhängig von Dauer des AP	Projektleitung
1-2 Mitarbeiter	Projektzeitung	2-4 Seiten	vierteljährlich	für alle etwas
Arbeitsgruppe	Protokoll Arbeitsgruppe	Ergebnisse	wöchentlich	Arbeitsgruppe, ggf. Projektteam
Projektteam	Protokoll Teamsitzung	Ergebnisse	wöchentlich	Projektteam und Projektleitung
Sprecher der Nutzer	Aussagen über veränderte Bedarfe, erste Erfahrungen mit dem Projektgegenstand	Ergebnisse	monatlich	Nutzer, Projektteam, Projektleitung, PLA/AG

Abb.29: Informationen im Projekt

Dokumentation

Die Dokumentation ist ein unbeliebtes Thema. Warum eigentlich? Alle wissen doch, wie wichtig es ist, nicht nur Ergebnisse, sondern auch den Verlauf eines Projektes zu dokumentieren.

Noch einmal zur Erinnerung: Ein Projekt dient nicht dazu, Regelaufgaben der Linien-organisation zu erledigen. Vielmehr zeichnen sich Projekte durch bestimmte Eigen-schaften aus wie Komplexität, Neuartigkeit, besonderes Risiko, Termindruck und begrenzte Kosten. Das Ergebnis eines Projektes ist der **Projektgegenstand**, eine Leistung wie: ein (materielles) Produkt, eine Dienstleistung, ein bestimmtes Wis-sen oder eine Struktur. Handhabung oder Nutzung des jeweiligen Projekt-gegenstandes muß beschrieben werden. Gleichzeitig gewinnen die am Projekt Be-teiligten während des Projektes Erkenntnisse über **den Prozeß der Erstellung des Gegenstandes**. Solche Erfahrungen lassen sich allerdings nur auswerten, wenn das Projekt gut dokumentiert wurde. Dann können auch andere als die direkt Beteilig-ten aus dem Projekt lernen.

Die kontinuierliche Dokumentation dient **während der Projektarbeit** als Grundlage

- für Berichte (z. B. Projektstatusbericht, Sofortbericht, Entscheidungsvorlage)
- für die Beurteilung von Veränderungen beim Projektfortschritt,
- für Infos (z. B. Projektzeitung, Nutzerinformationen) und nicht zuletzt
- für den Abschlußbericht.

Für die **Nutzung des Projektgegenstandes** ist die Dokumentation Grundlage

- für Handlungsanweisungen an die zukünftigen Nutzer
  (z. B. Bedienungsanweisung, Handbuch)
- für die Beurteilung von Folgemaßnahmen und
- für die Auswertung der Projektprozeßerfahrungen (z. B. für Folgeprojekte).

Diese Zwecke setzen eine **kontinuierliche** Dokumentation des Projektverlaufs vor-aus. Probleme zu einem späteren Zeitpunkt zu rekonstruieren, ist schwierig. Dabei werden tatsächliche Sachverhalte kaum wiedergegeben, da bereits Aktionen zur Behebung der Schwierigkeiten erfolgt sind, und die Wahrnehmung des Problems sich somit bereits verändert hat. Deshalb sollte die projektbegleitende Dokumenta-tion als separates Arbeitspaket im Strukturplan definiert werden. Allen Projekt-mitgliedern soll bewußt sein, wie wichtig die Dokumentation der eigenen Tätigkei-ten ist.

Die Projektdokumentation ist Bestandteil eines jeden Arbeitspaketes.

Nach welchen Kriterien sollen die Dokumente strukturiert und erstellt werden?

Dokumente wie Protokolle, Berichte, Arbeitspaket- und Funktionsbeschreibungen sollten grundsätzlich folgende Kriterien erfüllen[95]:

- Der Sachverhalt sollte kurz und deutlich beschrieben werden. Das spart Zeit bei der Erstellung und beim Lesen.

- Der Sachverhalt sollte vollständig und umfassend dargestellt werden. Damit werden Mißverständnisse und Nachforschungen vermieden, aber auch Abgrenzungen zu anderen Arbeitspaketen klargestellt.

- Wenn möglich, sollte eine Standardisierung der Texte vorgenommen werden. So erhält man schneller einen Überblick.

- Es sollte erkennbar sein, wer das Dokument erstellt hat (z. B. für Nachfragen).

- Das Dokument sollte verständlich geschrieben und nicht nur für Fachspezialisten lesbar sein.

- Es sollte möglichst zum aktuellen Zeitpunkt und nicht erst später geschrieben werden.

Es hat sich als sinnvoll erwiesen, zwischen internen und externen Dokumenten zu unterscheiden, vergleichbar den vorher genannten internen und externen Informationen. Interne Dokumente richten sich an die internen Spezialisten. Externe Dokumente sind speziell für den Empfänger aufzubereiten. Eine getrennte Ablage in verschiedenen Ordnern ist hilfreich.

Zur **projektinternen** Dokumentation gehören:

- Arbeitsaufträge,

- Pläne und Schätzungen,

- Abweichungsberichte/Problembeschreibungen,

- Berichte einzelner Mitarbeiter,

- Entwürfe von Handbüchern,

---

[95] vgl. zu diesem Kapitel Kellner (1994)

- Protokolle,
- Änderungsaufträge/-genehmigungen,
- Darstellungen von Informationsstrukturen und/oder vom Informationsfluß,
- ...

Zu den **externen** Dokumentationen gehören:

- Projektauftrag,
- Verträge,
- Projektstatusberichte,
- Meilensteindokumentationen (Entscheidungsvorlagen),
- Abschlußberichte,
- Nutzerhandbücher,
- Leistungsbeschreibungen,
- Projektgrundinformationen,
- Projektinfos bzw. Zeitungen,
- ...

Dokumentationen können projektgegenstandsorientiert oder projektablauforientiert angelegt werden.

Der Aufbau einer **projektgegenstandsorientierten Dokumentation** ist dadurch gekennzeichnet, daß der Gegenstand, das zu schaffende Produkt im Mittelpunkt der Dokumentation steht. Es ist unmittelbar erkenntlich, was der Gegenstand kann bzw. können soll und was nicht, wie er aussehen soll bzw. aussieht und wie er genutzt werden kann. Auch die Pflege- und Wartungsanleitung ist anhand der Dokumentation sofort zu finden. Eine grobe Struktur könnte z. B. die Gliederung nach Funktionsbeschreibung, Leistungsbeschreibung, Bedienungsanleitung und/oder Installationsanweisung sein. Ein wesentliches Manko dieser Art der Dokumentation ist allerdings, daß der Prozeß der Erstellung des Projektgegenstandes nicht nachvollziehbar ist.

Die **projektablauforientierte Dokumentation** ist dadurch gekennzeichnet, daß der Prozeß der Durchführung des Projektes im Mittelpunkt steht. Dadurch können die Prozeßerfahrungen gezielt ausgewertet werden. Das ist besonders dann wichtig, wenn sie für Folgeprojekte von Bedeutung sind. Aus der Dokumenation ist ersichtlich, wie im Projekt vorgegangen wurde, welche Probleme auftraten und wie sie gelöst wurden, welche Rahmenbedingungen vorlagen und welche Erfahrungen und Erkenntnisse aus der Projektarbeit gewonnen wurden. Diese Art der Dokumentation sollte nach Arbeitspaketcodes (PSP-Code, siehe Teil IV, "Methodenkoffer") sortiert werden, sofern dies möglich ist, ansonsten nach Schriftwechsel, Berichten, Protokolle o. ä.

Bei welchem Projekt sollte wie dokumentiert werden? Meist ist es sinnvoll, beide Strukturen zu verwenden, da man aus einem Projekt nicht nur den Projektgegenstand, sondern auch die Prozeßerfahrung nutzen will. Generell kann man jedoch sagen, daß eine projektgegenstandsorientierte Dokumentation dann Vorrang hat, wenn das Projekt ein anfaßbares Ergebnis, einen materiellen Gegenstand liefern soll, z. B. bei TuI-Projekten oder Bauprojekten. Bei Organisations- oder Personalentwicklungsprojekten, also Projekten, bei denen es vor allem auf den Prozeß ankommt, ist eher eine prozeßorientierte Dokumentation von Vorteil.

Verständlicherweise wächst der Dokumentationsaufwand mit der Projektgröße, aber selbst bei Kleinprojekten darf nicht auf grundlegende Dokumente verzichtet werden. Zu den wichtigsten gehören die Definition des Projektes, die Planungen bzw. Schätzungen sowie die Ergebnisberichte und der Projektabschlußbericht.

4.8 Haushalte und Finanzierung

Wie die vorherigen Kapitel zeigen, orientiert man sich bei der Vorbereitung von Projekten zunächst schwerpunktmäßig an dem Auftrag und dessen Zielsetzung und weniger an den formalen, rechtlichen und verfahrensmäßigen Voraussetzungen innerhalb des öffentlichen Dienstes für die zukünftige Projektarbeit. Diese Seite gewinnt aber nach der ersten (groben) Projektplanung an Bedeutung, weil nun einmal im öffentlichen Dienst eine Reihe von Regeln, Vorschriften und Verfahren einzuhalten sind, die z. T. erheblichen zeitlichen Vorlauf brauchen.

Die Bewirtschaftung des öffentlichen Haushalts wird oft auch wegen der Auffassung, daß es sich hierbei um komplizierte und schwer durchschaubare Verwaltungsvorgänge handelt, zu wenig oder häufig zu spät beachtet. Für eine erfolgreiche Projektarbeit ist es aber ungeheuer wichtig, das gesamte Gebiet des öffentlichen Haushaltsrechts und der Finanzierung von Projekten im Rahmen der öffentlichen Haushalte rechtzeitig zum Bestandteil einer jeden (detaillierteren) Projektplanung zu machen. Verstärkend kommt hinzu, daß aufgrund der leeren Haushaltskassen und der Verantwortung gegenüber dem Steuerzahler ein maßvoller und intelligenter Umgang mit öffentlichen Mitteln von besonderer Bedeutung ist. Allerdings darf diese eher formale Seite nicht das allein bestimmende Element für ein Projekt werden. **Die Grenzen der zur Verfügung stehenden Mittel bestimmen auch die Grenzen der Qualität bzw. des Umfangs eines Projektes.** Wenn weniger Mittel als bisher zur Verfügung stehen oder gestellt werden sollen, muß die Qualitätsplanung an die vorhandenen Mittel angepaßt werden. Es sollte von vornherein klar gemacht werden, daß eine Beibehaltung der Qualität mit weniger Mitteln nicht möglich ist.

Für die Durchführung von Projekten wird deshalb empfohlen, von folgenden aufeinander aufbauenden Verfahrensschritten auszugehen:

• Herbeiführung einer Grundsatzentscheidung über das beabsichtigte Projekt auf der Basis einer Grobplanung, einschließlich des benötigten Budgets, das z. B. aufgrund einer Kosten-Nutzen-Analyse geschätzt wurde,

• Einplanung der für das Projekt nötigen Mittel in den Haushalt und

• Konkretisierung des Projektes in seinen sachlichen und finanziellen Einzelheiten.

Die verschiedenen Projekte können sich dabei in sehr unterschiedlichem Maß auf den öffentlichen Haushalt auswirken. Die Skala reicht von sehr zeit- und arbeitsaufwendigen, aber wenig kostenintensiven Projekten bis hin zu investiven Großprojekten.

Unabhängig von der Art, Qualität und dem finanziellen Umfang eines Projektes ist vor Beginn der Projektarbeit stets eine (verwaltungs)politische Grundsatzentscheidung erforderlich, die die Einwerbung der notwendigen Finanzmittel für das Projekt in den laufenden Haushalt oder die Einbeziehung dieser Mittel in die Finanzplanung beinhaltet.

Im Projektverlauf muß immer wieder entschieden werden, ob Projektphasen oder einzelne Arbeitspakete unabhängig von finanziellen Sicherheiten fortgeführt werden sollen. Hierfür ist allerdings eine Abwägung erforderlich, wie hoch die Wahrscheinlichkeit der zukünftigen finanziellen Unterstützung des Projektes ist. Bei einem hohen Risiko sollte abgewartet werden, bis die Mittel zur Verfügung stehen. Gleiches gilt bei hohen Folgekosten. Von Projektphasen, die trotz der finanziellen Unsicherheit begonnen werden, sollten nur Arbeitspakete bearbeitet werden, die nicht haushaltswirksam sind.

Zur besserenVorbereitung auf diese Entscheidungsprozesse sind insbesondere die zeitlichen Einflüsse, die sich durch die haushaltsrechtlichen Rahmenregelungen ergeben, ausreichend im Projektstrukturplan und bei der Terminplanung für das Projekt zu berücksichtigen. Denn die Verwaltungsabläufe zur Bereitstellung von Mitteln beanspruchen Zeit und können damit einen Einfluß auf den zeitlichen und u.U. auch auf den inhaltlichen Ablauf des Projektes haben. Beachtet man diese Einflüsse nicht, kann es sehr schnell zu erheblichen Spannungen und Reibungsverlusten innerhalb des Projektteams, aber insbesondere auch gegenüber Projektdritten (Beauftragten des Haushalts, Senator für Finanzen, Auftragnehmer wie Firmen oder Eigenbetriebe) kommen, die den Erfolg eines Projektes sehr beeinträchtigen können.

Finanzierung von Projekten (Planung)

Die **Stärkung der dezentralen Ressourcenverantwortung nach dem Neuen Steuerungsmodell** (NSM) führt im Rahmen der Landeshaushaltsordnung zur eigenständigeren und eigenverantwortlicheren Mittelverwaltung in den Dienststellen. Für das Projektmanagement hat dies zukünftig den Vorteil, daß die finanzielle Ressourcenplanung flexibler und auch eigenverantwortlicher durchgeführt werden kann. Inwieweit sich durch diese beschriebene und bereits eingeleitete Verwaltungsreform konkrete Auswirkungen auf die Mittelplanung und -bereitstellung für Projekte ergeben, ist zur Zeit nicht absehbar. Im Haushaltsvollzug sind allerdings Erleichterungen durch die erweiterten Möglichkeiten der Mittelumwidmung gegeben. Da diese Verwaltungsreformansätze im öffentlichen Dienst (leider noch) nicht flächendeckend umgesetzt sind, kann hier nur auf die laufende Entwickung hingewiesen werden, die die Projektarbeit erheblich erleichtern würde. Im folgenden werden die derzeit in den meisten Dienststellen geltenden Regularien und Möglichkeiten erläutert.

Einwerbung in die Finanzplanung

Der übliche Weg bei der Finanzierung eines Projektes ist die Aufnahme in die rollierende vierjährige Finanzplanung. Um in die Finanz- und Investitionsplanung des Landes oder der Kommune aufgenommen zu werden, bedarf es zunächst einer inhaltlichen und zeitlichen Grobplanung des Projektes, einer groben Kosten-Nutzen-Analyse sowie einer Darstellung der Folgekosten[96]. Projektbezogen bietet sich folgende Vorgehensweise an:

- Der Mittelbedarf für ein Projekt ist - zunächst unabhängig von einem evtl. schon vorgegebenen Mittelrahmen - zu errechnen.
- Eine Kosten-Nutzen-Analyse ist aufzustellen.
- Der ermittelte Bedarf ist dem ggf. schon vorhandenen Mittelrahmen gegenüberzustellen. Abweichungen sind durch Korrekturen bei der Projektplanung bzw. durch Änderungen des Mittelrahmens bis zur Übereinstimmung zu bereinigen.

Anhand von Unterlagen über das beabsichtigte Projekt und den Projektgegenstand sind die Entscheidungsträger in der Lage, die politische Priorität des Projektes einzuschätzen und über eine Aufnahme in die Finanzplanung zu entscheiden. Dieser Entscheidungsprozeß kann sich auf den unterschiedlichen Entscheidungsebenen (z. B. Dienststelle, Ressort, Landesverwaltung bzw. in Flächenländern: Kommunalverwaltung, Regierungspräsidium, Landesverwaltung, usw.) mehrfach wiederholen.

Weil es sich bei dieser Planung zunächst noch um eine Grobplanung handelt, ist die Aufnahme in die Finanz- und Investitionsplanung lediglich eine Grundsatzentscheidung. Für die Verwaltung ist diese Grundsatzentscheidung jedoch gleichzeitig die Ermächtigung, in die Feinplanung einzutreten. Die Grobplanung muß nun weiter präzisiert werden, denn erst auf der Basis der fortgeschriebenen Planungsunterlagen ist eine Aufnahme in den Haushalt möglich.

Veranschlagung in den Haushalten

Es gibt zwei Möglichkeiten, den Finanzbedarf für das Projekt, der sich aus den fortgeschriebenen Projektunterlagen ergibt, in den laufenden Haushalt bzw. in die Haushaltsplanung aufzunehmen:

- **Veranschlagung bzw. Erteilung einer Verpflichtungsermächtigung**
  Insbesondere investive Großprojekte erfordern zwischen der Einwerbung von Barmitteln in den Haushalt, der Angebotseinholung und der Auftrags-

---

[96] siehe auch: Senator für Finanzen der Freien Hansestadt Bremen (1995)

vergabe bzw. der ersten Rechnungserteilung einen relativ langen Zeitraum. In solchen Fällen, in denen im betreffenden Haushaltsjahr wahrscheinlich noch keine Barmittel abfließen werden, sieht das Haushaltsrecht die Erteilung einer Verpflichtungsermächtigung vor. Eine erteilte Verpflichtungsermächtigung ermächtigt zum Eingehen von vertraglichen Bindungen gegenüber Dritten. Die Erteilung von Verpflichungsermächtigungen erfolgt allerdings nur, wenn die finanzielle Absicherung des Projektes in die dem laufenden Haushalt folgende Finanzplanung aufgenommen wurde.

Verpflichtungsermächtigungen sind also verbindliche Zusagen des Haushaltsgesetzgebers, die für die Abwicklung der Projekte notwendigen Finanzierungsmittel in den künftigen Haushaltsjahren zur Verfügung zu stellen. Verpflichtungsermächtigungen schaffen somit eine 100%ige Planungssicherheit.

- **Bildung eines Bar-Anschlages**
  Für den Fall, daß ein Projekt in einem Haushaltsjahr durchgeführt und finanziert werden muß, ist ein Haushaltsanschlag zu bilden. Grundlage hierfür ist ebenfalls das Vorliegen entsprechender Planungsunterlagen und Kostenberechnungen.
  Für Bauvorhaben gilt die Besonderheit, daß die im Haushalt veranschlagten Mittel zunächst gesperrt sind und erst nach erneuter Vorlage aktualisierter Planungen und Kostenberechnungen freigegeben werden.

- **Veranschlagung von Verpflichtungsermächtigungen und Barmitteln**
  Projekte, die einerseits bereits Barmittel im Haushalt benötigen, aber auch rechtliche Bindungen für die Folgejahre brauchen, müssen sowohl mit Barmitteln als auch mit Verpflichtungsermächtigungen in den Haushalt eingebracht werden.

Die Auffassung, daß Bar-Anschläge vorteilhafter sind als Verpflichtungsermächtigungen, ist nicht richtig, weil eine Verpflichtungsermächtigung die gleiche Rechtsqualität wie ein Bar-Anschlag hat. Der rechtliche Unterschied besteht nur darin, daß bei der Verpflichtungsermächtigung die Liquididät nicht sofort, sondern erst in einem späteren Jahr, in dem der Mittelabfluß auch erwartet wird, bereitgestellt wird.

Abweichung zwischen tatsächlichem Bedarf und Haushaltsdeckung (Kostenüberschreitung bzw. Neubedarf)

Trotz bester Planung lassen sich nicht in allen Fällen Kostenüberschreitungen vermeiden. So kann es durch veränderte Projektbedingungen zu einer Unstimmigkeit zwischen dem aktualisierten Mittelbedarf für ein Projekt und den im laufenden Haushalt tatsächlich zur Verfügung stehenden Finanzressourcen kommen.

Die fehlenden Gelder können dabei unterschiedliche Auswirkungen auf das Projekt haben. In Abstimmung mit dem Auftraggeber/Projektlenkungsausschuß können Auftrags- und Zielkorrekturen vorgenommen werden, die zu geringeren Kosten als geplant führen (z. B. Absenkung des Standards). Sofern dies nicht möglich ist, müssen die Mehrkosten unverzüglich ermittelt und dem Auftraggeber/Projektlenkungs-ausschuß mitgeteilt werden, damit Maßnahmen zur Mittelsicherung herbeigeführt werden können. Wenn keine zusätzliche Mittelbereitstellung möglich ist, kann u. U. der Projektbeginn bzw. die Projektfortführung bis zur ausreichenden Mittel-bereitstellung (z. B. im neuen Haushaltsjahr) zurückgestellt werden. Die letzte, aber nicht auszuschließende Möglichkeit, ist der Projektabbruch. Wenn weder ausrei-chende Mittel zur Verfügung gestellt werden, um die Projektziele zu erreichen, noch die Ziele des Projektes an den neuen finanziellen Rahmen angepaßt werden kön-nen, ist es besser, das Projekt abzubrechen. Ein solches Projekt kann nur scheitern.

Die notwendigen Beschlüsse zur Abdeckung des erhöhten Kostenrahmens einzel-ner Projekte sind unverzüglich durch die Zustimmung der Finanzdeputation und des Haushaltsausschusses herbeizuführen. Konkret bedeutet dies entweder die Be-reitstellung zusätzlicher Verpflichtungsermächtigungen und/oder die Bewilligung zusätzlicher **Mittel im Rahmen der Eckwerte des oder der betroffenen Ressorts**.

Sofern eine Finanzierung innerhalb des jeweiligen Ressorthaushalts nicht möglich sein sollte, besteht die Möglichkeit, ggf. durch Senatsbeschluß eine entsprechende Umlage bei allen Ressorts zu erwirken.

Neufinanzierung während des laufenden Haushalts

Treten während des laufenden Haushalts aufgrund neuer, bisher nicht geplanter Pro-jekte Finanzierungsbedarfe auf, können diese nur mit denselben Mechanismen wie bei der Abweichung von Bedarf und Deckung (siehe oben) gedeckt werden. Auch hier gilt die Ressortverantwortung.

Einflußfaktoren auf die Planungssicherheit, Vermeidung von Finanzierungsunsicherheiten

Absolute Sicherheit gibt es nirgendwo, auch nicht in der öffentlichen Verwaltung. Es besteht jedoch die Möglichkeit, finanzielle Unsicherheiten für ein Projekt durch vorbereitende und begleitende Maßnahmen zu mindern. Beispielhaft können hier-für folgende Maßnahmen genannt werden:

- Bei Investitions- und Organisationsprojekten sollte für eine rechtzeitige Einbin-dung dieser Projekte in die ressortinternen Planungen gesorgt werden.

- Bietet sich die Möglichkeit einer Einbindung in zentral geführte Planungen, z. B. in die mittelfristige Finanz- und Investitionsplanung oder die TuI-Gesamt-planung, ist dies zu beantragen.

- Im Haushaltsaufstellungsverfahren ist darauf zu achten, daß das Projekt in der Eckwertplanung und der tatsächlichen Haushaltsaufstellung berücksichtigt wird.

- Möglichkeiten zur Zuordnung einer förderungswürdigen Prioritätenfestsetzung (z. B. Maßnahmen mit Einspareffekten) sind zu nutzen.

Aufgrund der Haushaltslage des öffentlichen Dienstes werden im Vollzug eines laufenden Haushaltjahres immer öfter sog. Bewirtschaftungsbeschlüsse gefaßt, d. h. im laufenden Haushalt werden Einsparungen vorgenommen, durch die die tatsächlich zur Verfügung stehenden Mittel reduziert werden. Bei der Planung eines Projektes müssen deshalb mögliche Bewirtschaftungsmaßnahmen berücksichtigt werden. Dem Risiko der Mittelkürzung kann in Form einer Alternativplanung begegnet werden, die z. B. eine Ausgestaltung des Projektes bei 10 % geringeren Mitteln vorsieht. In begrenztem Maße kann u. U. noch auf den Bewirtschaftungsbeschluß Einfluß genommen werden, indem bewirkt wird, daß in dem Beschluß bestimmte Haushaltsmittel, z. B. die für das Projekt, ausgenommen werden. Eine weitere Möglichkeit besteht darin, innerhalb einer Dienststelle bei der Festlegung von Einsparungen die Projektmittel auszunehmen.

Einbindung des Beauftragten für den Haushalt

Der Beauftragte für den Haushalt, dessen Rechte und Pflichten sich im Land Bremen aus § 9 der Landeshaushaltsordnung[97] ergeben, ist der Verantwortliche für die Einhaltung des Mittelrahmens. Dem Beauftragten obliegen die Aufstellung der Unterlagen für die Finanzplanung und der Unterlagen für den Entwurf des Haushaltsplans (Voranschläge) sowie die Ausführung des Haushaltsplans. Im übrigen ist der Beauftragte bei allen Maßnahmen von finanzieller Bedeutung zu beteiligen. Er kann mit Zustimmung des Leiters seiner Dienststelle Aufgaben bei der Ausführung des Haushaltsplans delegieren.

Grundsätzlich hat dies zur Konsequenz, daß Projektleitung und Haushaltsbeauftragter hinsichtlich aller Finanzierungsfragen stets sehr eng zusammenarbeiten sollten. Die Projektleitung darf keinerlei Verpflichtungen gegenüber Dritten eingehen, die nicht mit dem Beauftragten für den Haushalt abgestimmt sind. In der Praxis wird diese Zusammenarbeit kaum zu Problemen führen, solange die Gesamtkosten und die jeweiligen Jahresbeträge nicht überschritten werden.

---

[97] Haushaltsordnung der Freien Hansestadt Bremen vom 25. Mai 1971

Je nach finanzieller Größenordnung des betroffenen Projektes bietet es sich an, unabhängig davon, ob konsumtive oder investive Mittel benötigt werden, frühzeitig zu entscheiden, inwieweit haushaltsrechtlicher Sachverstand in das Projekt eingebunden werden soll. **Dabei ist zu dokumentieren,**

- welche Form der Beteiligung bzw. Informationseinbindung vorgesehen ist,
- wie und wann die erforderlichen Mittel bereitgestellt werden (nach Rechnungsanfall, nach Projektfortschritt, durch Budgetierung),
- wie eine Absicherung der Gesamtfinanzierung (Prioritätensetzung) erfolgen kann.

Je nachdem, wann, in welcher Form und wie häufig Mittel bereitgestellt werden sollen, bieten sich folgende Möglichkeiten der Einbindung des Beauftragten für den Haushalt an:

- Der Beauftragte für den Haushalt überträgt für die Dauer der Durchführung des Projektes der Projektleitung, soweit es sachdienlich ist, die Bewirtschaftung der Einnahmen, Ausgaben und Verpflichtungsermächtigungen[98]. Dies beschränkt sich auf den vorgegebenen Mittelrahmen. Die grundsätzliche Verantwortung des Beauftragten des Haushalts wird dadurch nicht aufgehoben. Die Umsetzung der in den Verwaltungsvorschriften dokumentierten Aufgaben ist deshalb auf der Grundlage einer internen Vereinbarung bzw. Anweisung sicherzustellen. Dabei sollte der Haushaltsbeauftragte die Projektleitung rechtzeitig über haushaltsrechtliche Maßnahmen und Bewirtschaftungsbeschlüsse informieren.
- Der Beauftragte für den Haushalt oder ein Vertreter des für die Mittel verantwortlichen federführenden Ressorts wird als beratendes Mitglied in den Projektlenkungsausschuß berufen. Der Vorteil dieser Einbindung ist die direkte und aktuelle Problemlösung ohne Zeitverzögerung.
- Der Beauftragte für den Haushalt erhält rechtzeitig Einblick in die Planungen und wird in das laufende Berichtswesen aufgenommen. Der Vorteil besteht darin, daß insbesondere bei kleineren Projekten keine personelle Aufblähung nötig ist.

Haushaltsvollzug in der Projektdurchführung

Sobald über den Haushalt entschieden ist und die erforderlichen Freigabebeschlüsse vorliegen, stehen die für das Projekt eingeworbenen Mittel zur Verfügung. Von diesem Zeitpunkt an können im Rahmen der Projektdurchführung gegenüber Dritten rechtliche Bindungen eingegangen werden.

---

[98] siehe auch: Ziffer 3.1.1 der Verwaltungsvorschriften zur Haushaltsordnung der Freien Hansestadt Bremen vom 4. Oktober 1976

In der Regel wird dies über privatrechtliche Verträge erfolgen. In Einzelfällen können auch öffentlich-rechtliche Bewilligungen in Form von Zuwendungen in Frage kommen. Bei der Umsetzung von Projekten handelt es sich oft um den "Einkauf" von Dienstleistungen und/oder Bauleistungen. In diesen Fällen ist das umfangreiche Vergaberecht zu beachten. Es würde den Rahmen sprengen, alle einschlägigen Bestimmungen aufzuführen. Besonders sei jedoch auf die Verdingungsordnung für Leistungen (VOL), die Vergabeordnung für Bauleistungen (VOB) sowie die EU-Beschaffungsrichtlinien hingewiesen. Diese Vorschriften verfolgen vorwiegend drei Ziele, nämlich

- wirtschaftliches Handeln des öffentlichen Dienstes sicherzustellen,
- die notwendige Transparenz bei der Vergabe von Aufträgen durch den öffentlichen Dienst herzustellen sowie
- Korruption zu vermeiden.

Haushaltsmäßige Abwicklung, Mittelabfluß

Im Rahmen der Projektplanung ist auch eine Mittelabflußplanung vorzunehmen. In diese Planung sind die jeweiligen Anschläge für Verpflichtungsermächtigungen und/oder Barmittel aufzunehmen. Sobald das Projekt in die Bearbeitung von Arbeitspaketen übergeht, werden - je nach Fortschritt des Projektes - Rechnungen beglichen werden müssen. Solange sich die Summe der Rechnungen im Rahmen des jeweils verfügbaren Baranschlages bewegt, ergeben sich keine Probleme.

Schwieriger wird es allerdings, wenn z. B. - bedingt durch günstige Witterung - ein Bauprojekt rascher abgewickelt werden kann, als in der Planung vorgesehen. In der Regel wird in einem solchen Fall auch die Rechnungsstellung schneller erfolgen. Es können sich hier, bezogen auf den Jahreshaushalt, Liquiditätsprobleme ergeben. In diesem Fall ist es erforderlich, dem Projekt zusätzliche Liquidität zuzuführen. Dies kann z. B. durch Umwandlungen von Mitteln für ein anderes Projekt, das möglicherweise nicht so schnell wie geplant vorankommt, erfolgen. Hier sind insbesondere die Beauftragten für den Haushalt gefordert.

Keinesfalls darf jedoch der jeweilige Haushaltsanschlag überschritten werden. Zur Klarstellung sei noch einmal darauf hingewiesen, daß Dritte, die vertraglich vereinbarte Leistungen erbracht haben, unabhängig von dem Vorhandensein von Mitteln, Anspruch auf Rechnungsbegleichung haben. D. h. im Umkehrschluß, daß die dringende Verpflichtung der jeweils Verantwortlichen besteht, **vor** Rechnungsbegleichung für die nötige Liquidität zu sorgen.

Rechnungshof

Der Rechnungshof der Länder ist zunächst nur mittelbar mit Projekten befaßt. Innerhalb seiner ihm vom Parlament übertragenden Kompetenz hat er im Rahmen des Haushalts-, Kassen- und Rechnungswesens jedoch nicht nur buchhalterische Prüfaufgaben zu erledigen, sondern nimmt durch Empfehlungen (z. B. Vorschriften der Rechnungshöfe zur Durchführung von Informationstechnik-Vorhaben) und Rahmenbedingungen Einfluß. Es wird empfohlen, frühzeitig zu prüfen, ob der Rechnungshof an dem Projekt beteiligt werden soll, und dies ggf. auch zu tun. Unberührt hiervon bleiben spätere Überprüfungen durch den Rechnungshof. Deshalb sind Projektplanung, -genehmigung, -ablauf und -finanzierung sowie die Ausgaben nachvollziehbar zu dokumentieren (Rechnungslegung).

5. Integrierte Projektsteuerung

Im weiteren Projektverlauf können Sie nun die Früchte Ihrer bei Projektbeginn ausgebrachten Saat ernten! Die personelle Zusammensetzung der Projektorganisation, die frühzeitige Einbindung der Betroffenen und eine systematische Planung zu Projektbeginn reduzieren deutlich das Risiko von Fehlschlägen und Störungen!

In der Projektplanung wird der Projektablauf **gedanklich** vorweggenommen. Das führt dazu, daß **die Projektplanung und der reale Projektverlauf nie genau übereinstimmen**. Je nach Neuartigkeitsgrad, Komplexität und verwertbaren Erfahrungen treten Abweichungen auf, die mal mehr, mal weniger schwerwiegende Auswirkungen auf den Projektablauf haben. Abweichungen können sich ergeben, weil

- zu Beginn Aufgaben, Meilensteine oder bestimmte Einflußfaktoren vergessen wurden,

- Schätzungen zu ungenau waren,

- unvorhergesehene externe Einflüsse und Störungen aufgetreten sind,

- Annahmen, die der Projektplanung zugrundeliegen, nicht eingetroffen sind,

- Arbeitspakete nicht sachgerecht bearbeitet wurden,

- Änderungen am Leistungskatalog notwendig wurden.

IST/SOLL-Abweichungen sind normal und kein Grund zur Beunruhigung. Wichtig ist, sie frühzeitig zu erkennen und gegenzusteuern.

141

Aufgabe der integrierten Projektsteuerung[99] ist es,

- mögliche Abweichungen zwischen der Projektplanung und dem realen Projektverlauf vorauszusehen, um frühzeitig gegensteuern zu können. Es gilt zu agieren und nicht zu reagieren.
- Abweichungen, die bereits eingetreten sind, zu erkennen und auszugleichen.

Dafür ist ein Frühwarnsystem aufzubauen. Je früher die Abweichungen zwischen SOLL und IST erkannt oder prognostiziert werden, um so eher und wahrscheinlich wirkungsvoller lassen sich Gegenmaßnahmen ergreifen. Wirkungsvolle Gegensteuerung ist überhaupt nur möglich, wenn noch **Gestaltungsspielräume** verbleiben, um negative Auswirkungen auf das Projekt zu vermeiden oder zu minimieren. Bei kleinen und mittleren Projekten übernimmt die Projektleitung die integrierte Projektsteuerung. Bei großen Projekten wird die Projektleitung von einem **Projektcontroller** unterstützt, der die Projektleitung mit Daten über Abweichungen und mögliche Wirkungen von Maßnahmen beliefert.

Die Begriffe werden in der einschlägigen Literatur nicht einheitlich verwendet. "Steuerung"[100] wird beispielsweise im Sinne des englischen "control" verwendet, d. h. als Oberbegriff für Kontrollieren, Feinplanen und Aufzeigen von möglichen Maßnahmen.

Steuerung basiert auf Planung. Was vorher nicht geplant wurde, kann auch nicht gesteuert werden. Kontrolle (im Sinne von Überwachung) beinhaltet eine "Gegenüberstellung von Planwerten mit den IST-Werten mit anschließender Analyse der Planabweichungen".[101] Die Überwachung erfolgt dabei nicht einmalig, sondern ist eine ständige Aufgabe der Projektleitung und wird in regelmäßigen Abständen durchgeführt.

Warum wird von "integrierter" Projektsteuerung gesprochen?

Ein Projekt ist nur dann sinnvoll steuerbar, wenn neben **Terminen** und **Kosten** auch die **Leistungserbringung** überwacht wird.[102] Diese drei Parameter sind wechselseitig voneinander abhängig. Sie bilden das "Magische Dreieck", denn sie bestimmen ein Projekt. Eine Veränderung bei einem dieser Parameter zieht automatisch

---

[99] vgl. zu diesem Kapitel Kielkopf/Meyer (1991), S. 773ff.
[100] siehe hierzu auch Kielkopf/Meyer (1991), S. 773, 779
   Häufig wird hierfür auch der Begriff "Projektlenkung" verwendet.
[101] Gabler (1984), Spalte 2490.
   Bei der Kontrolle handelt es sich - im Gegensatz zur Revision bzw. Prüfung - um eine **ständige** Einrichtung zur Vermeidung von Fehlern.
[102] vgl. Kielkopf/Meyer (1991), S. 799

eine Veränderung bei einem der beiden anderen oder gar bei beiden nach sich. Dauert z. B. ein Arbeitspaket auf dem kritischen Weg länger als geplant, so verzögert sich der Endtermin. Um eine Verschiebung des Endtermins zu vermeiden, kann z. B. mehr Personal eingesetzt werden. Damit erhöhen sich aber auch die Kosten. Eine andere Möglichkeit wäre die Verringerung der Leistung.

In einem anderen Beispiel können zu einem bestimmten Zeitpunkt 100.000 DM an kumulierten Kosten geplant sein, denen 70.000 DM an kumulierten IST-Kosten gegenüberstehen. Trotzdem kann es eine erhebliche Kostenerhöhung gegeben haben. Dies ist dann der Fall, wenn der tatsächliche Projektfortschritt dem Plan hinterherhinkt. Um den geplanten Projektfortschritt zu erreichen, können noch erhebliche Mittel erforderlich sein, so daß dann die 100.000 DM-Grenze überschritten wird. Man muß also wissen, welchem tatsächlichen Projektfortschritt die aufgelaufenen IST-Kosten entsprechen.[103]

Man sieht, ganz gleich, was passiert oder welche Maßnahmen man ergreift, es sind mindestens zwei der drei Parameter betroffen. **Kosten, Termine und Leistungen müssen deshalb integriert gesteuert werden.**

Ein anderer Begriff für die integrierte Projektsteuerung ist Projektcontrolling, auf den in diesem Buch bewußt - wegen des inflationären Gebrauchs dieses Wortes - verzichtet wird.

Die folgende Abbildung verdeutlicht den **Ablauf bei der integrierten Projektsteuerung,** bezogen auf ein Arbeitspaket. Für jedes Arbeitspaket gibt es SOLL-Vorgaben in Hinblick auf das Ergebnis, den Fertigstellungstermin und die Kosten. Während der Bearbeitung des Arbeitspaketes (Erstellung des Projektgegenstandes) werden regelmäßig Daten über Ergebnis, Termine und Kosten an die Projektleitung gemeldet, die mit den SOLL-Vorgaben verglichen werden. Bei Abweichungen zwischen IST und SOLL ist ggf. eine Korrektur im Hinblick auf Termine, Kosten oder sogar die erwartete Qualität erforderlich.

---

[103] vgl. Groh/Gutsch (1982), S. 90.
Mit derartigen Fragen beschäftigt sich die sog. Fertigstellungswertanalyse (engl.: earned value analysis), auf die an dieser Stelle jedoch nicht näher eingegangen werden soll. Der interessierte Leser sei hierzu insbesondere auf Kielkopf/Meyer (1991) verwiesen.

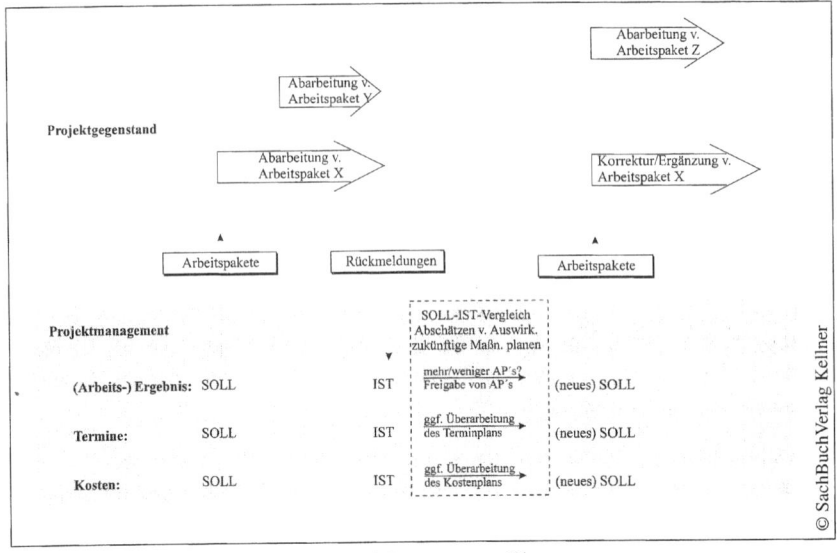

Abb. 30: Ablauf der integrierten Projektsteuerung[104]

Um ein Projekt erfolgreich steuern zu können, sollten folgende Grundsätze beachtet werden.

- Es müssen **realitätsbezogene, aktuelle, vollständige und überprüfbare Plandaten** vorliegen.

- Die **ermittelten tatsächlichen Daten müssen mit den geplanten Daten vergleichbar** sein.

- Der Überwachungsprozeß muß **kontinuierlich** erfolgen.

- **Die Überwachungsintervalle werden in Abhängigkeit von den zu bearbeitenden Arbeitspaketen bestimmt.** Bei kritischen Arbeitspaketen muß die Ist-Ermittlung häufiger erfolgen als bei nicht-kritischen. "Kritisch" bezieht sich dabei nicht nur auf die durch die Ablaufplanung ermittelten zeitkritischen Arbeitspakete. Kritisch sind auch solche Aufgaben, die z. B. aufgrund ihrer geforderten Leistung oder der Einbeziehung von Fremdfirmen risikobeladen sein können. Für alle anderen Arbeitspakete bietet sich das Intervall an, das der Dauer der meisten Arbeitspakete entspricht. Wenn es z. B. zehn (unkritische) Arbeitspakete gibt, von denen sieben AP vier Wochen dauern, zwei AP eine Woche und ein AP sechs Wochen, dann sollte ein Überwachungsintervall von vier Wochen genommen werden. Das heißt jedoch nicht, daß nur alle vier Wochen der IST-Stand erhoben

---

[104]entnommen aus einem bislang unveröffentlichten Dissertationsentwurf (Janßen, 1996) und innerhalb des Autorenteams überarbeitet.

144

wird. Alle vier Wochen findet vielmehr eine Sitzung mit dem Projektteam und den Arbeitspaketverantwortlichen der aktuellen Arbeitspakete statt. Gegenstand dieser Sitzungen ist der Fortschritt des gesamten Projekts. Dazu werden die Rückmeldungen aus den einzelen Arbeitspaketen verdichtet. Der IST-Zustand in den Arbeitspaketen dagegen wird in kürzeren Abständen, z. B. wöchentlich (jeden Freitag) mit Hilfe von "Rückmeldelisten" u. a. ermittelt.

- Treten Abweichungen zwischen IST und SOLL auf, muß zügig entschieden werden. **Das Aussitzen von notwendigen Entscheidungen beseitigt nicht das Problem, sondern verlagert es höchstens auf andere Arbeitspakete.**

- Demzufolge muß ein Berichtswesen mit entsprechenden Formularen, Verteilerschlüsseln, Berichtsintervallen sowie der Festlegung von Art und Umfang der Berichte definiert sein.

Nachfolgende Abbildung zeigt den Regelkreis und die einzelnen Arbeitschritte im Rahmen der integrierten Projektsteuerung. Während der gesamten Projektdurchführung, d. h. während des gesamten Zeitraumes nach Genehmigung des Gesamt-Projektplans oder der Teilpläne bis hin zum Projektabschluß, sind diese sich wiederholenden Arbeitsschritte durchzuführen.[105]

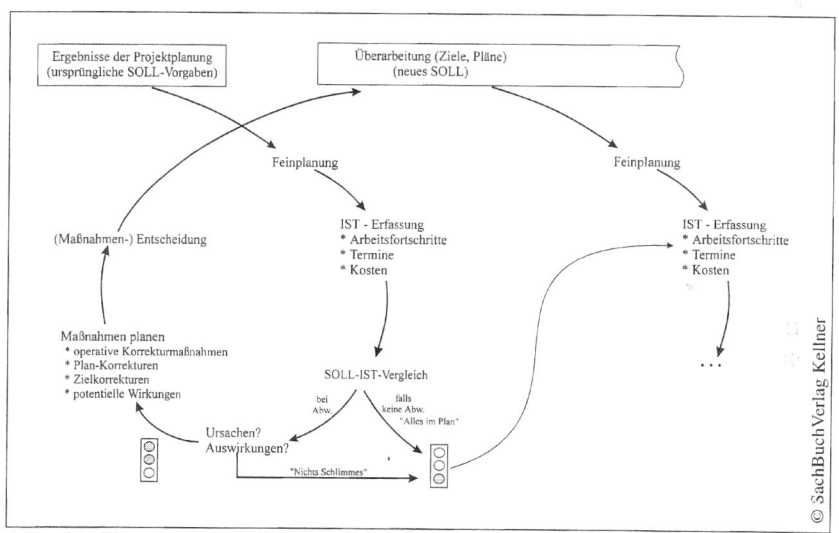

Abb. 31: Regelkreis und Arbeitsschritte der integrierten Projektsteuerung[106]

---

[105] Aus Verständlichkeitsgründen werden die Tätigkeiten, die primär der Gestaltung des Projektgegenstandes zuzuordnen sind (bes. das Änderungsmanagement), nicht explizit dargestellt.
[106] entnommen aus einem bislang unveröffentlichten Dissertationsentwurf (Janßen, 1996) und innerhalb des Autorenteams überarbeitet.

Die genehmigten Ergebnisse der Projektplanung (siehe Teil II, Kapitel 4) bilden die (Rahmen-) Vorgaben, sozusagen die Ausgangspunkte, die bei der Bearbeitung der Arbeitspakete im Projekt zugrundegelegt werden.

5.1 Feinplanung und Arbeitspaket-Freigabe

Bei der Feinplanung werden - soweit nicht bereits erfolgt - einzelne Arbeitspakete aus den bisherigen Plänen detaillierter geplant. Die Feinplanung sollte nicht nur zu Beginn einer neuen Projektphase erfolgen. Vielmehr ist es häufig sinnvoll, innerhalb der einzelnen Phasen eine arbeitspaketbezogene Feinplanung vorzunehmen. Dies hat den Vorteil, daß der bisherige (Grob-)Plan unter Berücksichtigung neuer Erkenntnisse, die sich in den bereits durchgeführten Projektphasen und Arbeitspaketen ergeben haben, situationsgerecht verfeinert werden kann.

Eine Diskussion der erforderlichen Arbeitschritte und Vorgänge eines Arbeitspaketes in einer Sitzung des Projektteams bietet sich an, wenn

* Unklarheiten vorhanden sind,
* Abhängigkeiten zu anderen Arbeitspaketen vermutet werden oder
* Doppelarbeiten vermutet und vermieden werden sollen.

Nachdem die Detailplanung eines Arbeitspaketes fertiggestellt ist, wird das Arbeitspaket durch die Projektleitung formal freigegeben. Die Freigabe stellt sicher, daß mit Arbeiten nicht einfach begonnen wird und dadurch anderweitig geplante Termine womöglich nicht eingehalten werden.[107]

5.2 Projektstatusermittlung

Die Erkenntnis, ob das Projekt im Plan liegt, wird der Projektleitung in der Regel nicht geschenkt. Sie benötigt daher Informationen über den Fortschritt der einzelnen Arbeitspakete und Vorgänge. Ständig muß sie **"harte"** u n d **"weiche"** Informationen über den Terminfortschritt, die angefallenen Kosten und den Fertigstellungswert als Projektstatus ermitteln.

Gewinnung der Ist-Daten

Wie die Plan-Daten, so werden auch die Ist-Daten auf Arbeitspaketebene ermittelt. Dies betrifft Termine, Kosten und Leistungen. Erst dann werden sie für das gesamte Projekt verdichtet.

Termine und Arbeitsfortschritte können durch persönliche Erhebung vor Ort ("Terminjäger"), in Teamsitzungen oder durch Rückmeldelisten ermittelt werden.

---

[107]vgl. Kielkopf/Meyer (1991), S. 779

Bei der **persönlichen Erhebung** erfragt oder beobachtet ein Mitarbeiter des Projektteams die Ist-Situation direkt vor Ort. So bekommen die Planungsverantwortlichen einen Einblick in das tatsächliche Geschehen. Es wird die momentane Situation erfaßt. Dies ist eine gute Möglichkeit zur Aufnahme von "weichen" Daten, z. B. über die Motivation. Außerdem kann festgestellt werden, ob der Status auf dem Papier den realen Verhältnissen entspricht. Gelegentliche Besuche vor Ort stellen für die Projektleitung eine der wichtigsten Informationsquellen dar.

Eine weitere Möglichkeit sind **Teamsitzungen**. Sie finden auf Projekt- oder Arbeitspaketebene statt. Auf Projektebene trifft sich das Projektteam mit den Arbeitspaketverantwortlichen. Auf Arbeitspaketebene trifft sich der Arbeitspaketverantwortliche mit den Mitarbeitern, die das Arbeitspaket bearbeiten. In Teamsitzungen kann neben der Erfassung der momentanen Situation auch der weitere Verlauf diskutiert werden.

Problematisch ist bei beiden Methoden der hohe Zeit- und damit auch Kostenaufwand. Diese Methoden sollten jedoch trotzdem von Zeit zu Zeit zur Ermittlung der Motivation und des Geschehens vor Ort angewandt werden.

Ein andere Möglichkeit sind **Rückmeldelisten**. Sie können mittels EDV vorbereitet und ausgewertet werden. Der Zeit- und Kostenaufwand ist damit geringer als für die persönliche Erhebung vor Ort und Teamsitzungen. Ein Nachteil ist, daß das Projektteam den direkten Kontakt zum tatsächlichen Geschehen verlieren kann. Auch die in Gesprächen zu hörenden Zwischentöne kommen so nicht zum Vorschein. Ein wichtiger Vorteil der Rückmeldelisten ist neben dem geringeren Zeitaufwand die objektivere Darstellung der Angaben, da alle Rückmeldelisten in der gleichen Form auszufüllen sind. Verantwortlich für die Richtigkeit der Angaben ist der jeweilige Arbeitspaketverantwortliche. Rückmeldelisten können in Bezug auf die aktuelle Terminlage folgende Informationen enthalten.

AP-Bezeichnung			PSP-Code	
AP-Verantwortlicher			geplante Dauer	
AP-Freigabe am			geplantes Ende	
Berichts-zeitpunkt	F-Grad	voraussichtliches Ende	Anmerkungen	
F-Grad = Fertigstellungsgrad in % der Rückmeldeliste				

<u>Abb. 32</u>: **Beispiel für eine Rückmeldeliste**

147

Werden einzelne Arbeitspakete in Vorgänge unterteilt, können diese Listen auch auf Vorgangsebene erstellt werden.

Je nach Situation können auch zwei der genannten Methoden angewendet werden. In besonders kritischen Phasen oder Arbeitspaketen bietet sich daher neben den Rückmeldelisten die persönliche Erhebung oder die Teamsitzung an. Bei "unkritischen" Arbeitspaketen oder Phasen reichen die Rückmeldelisten aus.

Bei der Ermittlung der Ist-Kosten muß nach haushaltswirksamen und nicht haushaltswirksamen Kosten unterschieden werden. Von der mittelbewirtschaftenden Haushaltsstelle können die haushaltswirksamen Kosten abgerufen werden. Wichtig ist, daß auch diejenigen Kosten erfaßt werden, die durch einen Auftrag bereits festgelegt, aber noch nicht zur Auszahlung gekommen sind. Für die Ermittlung und Erfassung der nicht haushaltswirksamen Kosten, insbesondere der Kosten für die eigenen Mitarbeiter, ist das Projektteam selbst zuständig. Auch hier können Rückmeldelisten angewendet werden. Abgefragt wird hier die Anzahl der Stunden, an denen für dieses Arbeitspaket gearbeitet worden ist, die dann mit dem entsprechenden Stundensatz multipliziert werden.

Eine objektive Beurteilung des Projektstatus kann mitunter sehr schwerfallen, wie nachfolgende Abbildung veranschaulichen soll.

Beurteilung des Arbeitspaketverantwortlichen	Mögliche Interpretation einer risikofreudigen Projektleitung	Mögliche Interpretation einer vorsichtigen Projektleitung
Die Lieferung des letzten Teils ist geplant für ...	Prima, alles just in time	Es ist unmöglich, fertig zu werden vor dem ...
Die Lieferung steht kurz bevor.	Es ist nur noch der letzte Schliff fertigzustellen, dann ...	Es ist immer noch nicht soweit
Die Arbeit war fertig. Die Ergebnisse machen aber weitere Untersuchungen in der Sache notwendig.	hervorragend, es gibt neue Erkenntnisse	Es hat nicht funktioniert.

Abb. 33: Problem der objektiven Beurteilung eines Projektstatus'[108]

---

[108]in Anlehnung an Madauss (1994)

Da bei mündlichen Berichterstattungen immer unterschiedliche Interpretationen zu erwarten sind, sollte man grundsätzlich eine schriftliche Berichterstattung wählen, die durchaus durch mündliche Darstellungen angereichert werden kann. Die schriftliche Berichterstattung muß nach einem einheitlichen Schema, z. B. prozentuale Werte, exakte Termine und Kosten, erfolgen, damit die Daten vergleichbar sind und nicht durch "Befindlichkeiten" variieren. Für Teamsitzungen wird empfohlen, durch Wiederholungen mit eigenen Worten eine Reflexion des Gesagten und einen Interpretationsabgleich vorzunehmen.

5.3   SOLL-IST-Vergleich und Ursachenanalyse

Bei dem im Regelkreis folgenden SOLL-IST-Vergleich werden die Daten der Planung (SOLL) mit den entsprechenden IST-Daten verglichen. Die Projektleitung stellt Art und Umfang der Planabweichungen auf der Ebene der Arbeitspakete fest. "Es ist eine Frage der Zielprioritäten, welche Abweichung geduldet wird."[109] Bereits vorher sollte festgelegt sein, wann Abweichungen bei den Arbeitspaketen innerhalb der **Toleranzgrenze** sind und damit keine weiteren Aktionen auslösen, und von welchen Abweichungen an korrigierende Maßnahmen erforderlich werden. Die Toleranzgrenzen müssen für alle Dimensionen, also Termine, Leistungen und Kosten festgelegt werden.

Wenn die Werte des SOLL-IST-Vergleichs innerhalb der definierten Toleranzgrenze liegen, also keine oder nur geringfügige Abweichungen festgestellt werden, bedeutet das nicht, daß man die "Hände in den Schoß legen" kann. Auch weiterhin ist eine kontinuierliche IST-Erfassung erforderlich.

Um Mißverständnissen vorzubeugen, sei nochmals betont: Abweichungen sind unvermeidbar. Sie haben darüber hinaus nicht nur negative, sondern auch positive Aspekte, denn **Abweichungen sind Auslöser für Lernprozesse**. Gerade das Sich-Bewußtmachen von Abweichungen und ihren Ursachen ist eine wesentliche Voraussetzung für den Erwerb eines Erfahrungsschatzes bei der Projektarbeit, der bei zukünftigen Projekten nützlich ist. Außerdem können bei konsequenter Aufzeichnung der Daten Erkenntnisse über systematische Schätzfehler gefunden werden.

Stellt man beim SOLL-IST-Vergleich fest, daß Abweichungen vorhanden sind, die über die gesetzte Toleranzgrenze hinausgehen, müssen deren Ursachen durch das Projektteam und/oder den Arbeitspaketverantwortlichen analysiert werden. Dies ist die Voraussetzung für die Auswahl geeigneter Steuerungsmaßnahmen, denn Kosten- und Terminüberschreitungen sind immer nur die Folge von tieferliegenden

---

[109]Platz (1989), S. 654

Ursachen.[110] Ein Terminverzug kann beispielsweise darin begründet sein, daß der zuständige AP-Verantwortliche zusätzliche, projektfremde Arbeiten mit höchster Priorität erledigen mußte, so daß dadurch der vereinbarte Projekttermin nicht eingehalten werden konnte. Leistungsdefizite können z. B. darin begründet sein, daß bestimmte Qualifikationen nicht, nicht rechtzeitig oder nicht umfassend genug zur Verfügung standen.

Nach der Analyse der Ursachen für die Planabweichung muß festgestellt werden, welche Auswirkungen die Abweichung auf die folgenden Arbeitspakete bzw. auf das Projekt insgesamt hat. Dies kann am besten anhand des Projektstrukturplanes bzw. des Ablauf- und Terminplanes entschieden werden, da aus diesen Plänen die Puffer der einzelnen Arbeitspakete ersichtlich sind. Aber auch mögliche Auswirkungen durch neue Terminsetzungen können schnell ermittelt werden.

Eine isolierte Überwachung von Kosten und Terminen kann den Projektfortschritt verfälschen. Ergibt z. B. der Soll-/Ist-Vergleich der Kosten für ein Arbeitspaket eine Einsparung, können folgende Ursachen zugrunde liegen:

- Die Leistung ist in der geforderten Qualität und zum gesetzten Termin erbracht worden. Die Kosten sind bei der Planung des Budgets tatsächlich zu hoch angesetzt worden, eine echte Einsparung liegt vor.

- Die Leistung ist zwar zum gesetzten Termin fertig geworden, aber nicht in der geplanten Qualität. Es ist an der falschen Stelle gespart worden.

- Die eingesparten Kosten spiegeln den tatsächlichen Arbeitsfortschritt wieder, da er zeitlich nicht wie geplant erfolgt. Es muß mit zeitlicher Verzögerung gerechnet werden. Eine tatsächliche Einsparung liegt nicht vor.

Die alleinige Kostenkontrolle durch Vergleich der Plan- und Ist-Kosten kann keine Auskunft darüber geben,

- ob sich Plan- und Ist-Kosten überhaupt auf eine identische Leistung beziehen und

- was die tatsächlich erbrachte Leistung nach Plan hätte kosten dürfen.

Um den tatsächlichen Projektfortschritt ermitteln zu können, benötigt das Projektteam daher wirkungsvolle Methoden, Termine, Kosten und Leistungen integriert zu betrachten. Die Grundlage für diese Methoden bildet der PSP und dessen Arbeitspakete. Bei Vorliegen einer detaillierten Termin- und Kostenplanung kann jedem AP, bezogen auf das Überwachungsintervall, ein geplanter Fertigstellungsgrad zugeordnet werden. Leider läßt sich nicht für alle Arbeitspakete der Fertigstellungsgrad objektiv festlegen wie für **die** Art von Leistungen, die nachgezählt, gewogen

---

[110] vgl. Platz (1989), S. 651

oder gemessen werden können. Für viele Leistungen, wie z. B. Entwurfsarbeiten, Beratungen, Managementtätigkeiten, ist es schwieriger, den Grad der Fertigstellung festzulegen und den IST-Stand zu ermitteln, da dieser z.T. auf subjektiven Aussagen der Mitarbeiter beruht. Auf die einzelnen Methoden wird an dieser Stelle nicht eingegangen. Die Erläuterungen befinden sich in Teil IV, "Methodenkoffer".

5.4 Korrekturmaßnahmen

Die Ergebnisse der vorgenannten Analysen liefern die Voraussetzungen für die Planung der Korrekturmaßnahmen, für die sich folgende Fragen stellen.

* Was kann getan werden, um die möglichen negativen Auswirkungen der Diskrepanz zwischen IST und SOLL zu minimieren? (siehe "Gegensteuerungsmaßnahmen")

* Wie kann man erreichen, daß sich derartiges im weiteren Projektverlauf nicht wiederholt?

Die Beantwortung der Fragen ergibt neue Maßnahmen im Projekt. Sie sollen darauf hinwirken, daß die (Ziel-)Abweichungen minimiert werden und daß (strukturell) bedingte Ursachen, z. B. eine unklare Aufgabenverteilung oder Qualifikationsdefizite, für den weiteren Projektverlauf abgestellt werden.

Bei Planabweichungen innerhalb eines Arbeitspaketes, die keine Auswirkungen auf andere Arbeitspakete haben, liegt die Erarbeitung und Durchsetzung von geeigneten Gegensteuerungsmaßnahmen in der Hand des AP-Verantwortlichen. Eine mögliche Korrekturmaßnahme ist die Modifikation des Projektgegenstandes. Dies kann in TuI-Projekten z. B. aufgrund von Testergebnissen notwendig werden. Auch durch Änderungsaufträge, wie nachträglich eingebrachte Änderungswünsche seitens des Auftraggebers oder der Nutzer, kann eine Modifikation des Projektgegenstandes erforderlich werden. Die Auswirkungen auf Termine und Kosten sind zu kalkulieren und bei den Planfortschreibungen entsprechend zu berücksichtigen.[111]

Bei Planabweichungen mit Auswirkungen auf andere Arbeitspakete muß sich die Projektleitung fragen, welche Möglichkeiten ihr offenstehen, um "das Schiff wieder auf den richtigen Kurs zu bringen". Anhand der bisher genehmigten Ziel-Prioritäten kann abgeleitet werden, an "welchem Rädchen" gedreht werden sollte. Wenn also z. B. "die Einhaltung des Projekt-Endtermins" oberste Priorität hat, wird eine Terminverschiebung erst dann toleriert werden können, wenn alle anderen Steuerungsmaßnahmen ausgeschöpft sind.[112]

---

[111] Auf das Konfigurations- und Änderungsmanagement soll nicht näher eingegangen werden. Der interessierte Leser sei hierfür u. a. auf Buschmann (1991) sowie Saynisch (1989) verwiesen.

[112] vgl. Platz (1989), S. 654

Die folgenden grundsätzlichen Korrekturmöglichkeiten stehen der Projektleitung zur Verfügung:

- **Einleitung von operativen Korrekturmaßnahmen**
  Dies bietet sich an, wenn lediglich untergeordnete Abweichungen festgestellt wurden. Auch hier sind die Auswirkungen auf Termine und Kosten zu kalkulieren und bei den Planfortschreibungen zu berücksichtigen.

- **Plankorrekturen**
  Die Projektleitung entscheidet, ob bei größeren Abweichungen eine umfassende Neuplanung zur Ermittlung neuer SOLL-Werte erforderlich ist. Planänderungen sind den davon betroffenen Stellen (Projektteam, Auftraggeber, PLA, Nutzer, etc.) so früh wie möglich mitzuteilen, damit diese ebenfalls neu disponieren können.[113]

- **Korrektur der Projektziele**
  Die Notwendigkeit von Zielkorrekturen ist stets im Einzelfall abzuwägen. Sie können jedoch aufgrund neuer Erkenntnisse oder geänderter Anforderungen notwendig werden. Geänderte Projektziele können einen völlig neuen Projektablauf erfordern.[114] D. h. die gesamte Projektplanung muß daraufhin geprüft werden, ob durch die Zielkorrekturen Plankorrekturen notwendig sind.
  Auf keinen Fall sollten Ziele im laufenden Projekt verändert werden, sondern nur bei bestimmten Meilensteinen, möglichst nur am Ende einer Projektgegenstands-Phase. Andernfalls können die Ziele ihre Orientierungs- und Koordinationsfunktion nicht mehr erfüllen. Die weitere Projektbearbeitung würde sich bei ungeordneten, möglicherweise widersprüchlichen Zielen und Prioritäten zu einer Ansammlung von Einzelaktivitäten entwickeln. Schon Mark Twain hat gesagt "Nachdem wir unser Ziel aus den Augen verloren hatten, verdoppelten wir unsere Anstrengungen."[115]

Die geplanten Korrekturmaßnahmen sollten auf ihre Wirkung auf Projekt und Projektumfeld hin untersucht werden. Dadurch ergeben sich häufig alternative Möglichkeiten bei den Korrekturmaßnahmen, die aber unterschiedlich starke Wirkungen auf bestimmte Projektbeteiligte haben. So kann z. B. durch Maßnahme X der Imageverlust eines Projektes so gravierend sein, daß besser Maßnahme Y gewählt wird, obwohl sie im Projekt höhere Kosten verursacht. Man hat aber die Hoffnung, daß diese Mehrkosten durch höhere Akzeptanz des Projektgegenstandes (das Projekt wird weiterhin hoch angesehen) am Ende wieder ausgeglichen werden können.

---

[113] vgl. Groh/Gutsch (1982), S. 75
[114] vgl. Groh/Gutsch (1982), S. 75
[115] zitiert lt. Reschke/Svoboda (1984), S. 34

Die gravierendste Korrekturmaßnahme ist der Projektabbruch. Zur Wiederholung: **Der bewußte Projektabbruch ist ein Ausdruck von Verantwortungsbewußtsein der Projektleitung.** Es kann notwendig sein, dem Auftraggeber den Abbruch des Projektes vorzuschlagen. Insbesondere bei Zielkonflikten, die nicht gelöst werden können - dies ist häufig beim Vorhandensein von unausgesprochenen Zielen der Fall - ist eine Weiterführung des Projektes unverantwortlich.

(Maßnahmen-) Entscheidung

Entscheidungen hinsichtlich operativer Korrekturmaßnahmen trifft der jeweils Verantwortliche (AP-Verantwortliche bzw. Projektleitung). Bei Plan- und Zielfortschreibungen, die gravierende Veränderungen enthalten, ist die Genehmigung des Auftraggebers/Projektlenkungsauschusses einzuholen. Sofern es für die Korrektur mehrere Alternativen gibt, sollten diese mit ihren Auswirkungen auf Leistungen, Kosten, Termine sowie auf die "weichen" Projektfaktoren und mit einer Empfehlung dargestellt werden. Nach der Entscheidung bildet der neue Plan mit den neuen Zielen die Basis für die weitere Arbeit, an der das Projekt zukünftig ausgerichtet wird.[116]

---

[116]siehe auch Kapitel 3 sowie 4 von Teil II

6. Projektabschluß

Mit dem Projektabschluß ist es so eine Sache.

- Da beendet eine Projektleitung bzw. das gesamte Projektteam das Projekt nicht, obwohl der Projektgegenstand schon längst genutzt wird. Es werden immer wieder Detailarbeiten gefunden, die "unbedingt" noch bearbeitet werden "müssen". Das führt zu einer schlechten Stimmung in der Linie, da die Mitarbeiter dort wieder dringend gebraucht werden.

- Ein anderes Projekt geht sang- und klanglos zu Ende. Notwendige Restarbeiten werden jemanden aus dem Projektteam, meist der Projektleitung selbst, übertragen. Diese muß dann, oft noch in Unkenntnis fachlicher Details, das System in die Nutzungsphase bringen. Das bringt zum Abschluß unnötige Störungen.

- Projekte hören auf, ohne daß eine Ergebnisbewertung hinsichtlich der Projektziele und der Projektarbeit insgesamt erfolgt ist. Für neue Projekte stehen dann keine ausgewerteten und aufbereiteten Informationen aus dem Projekt zur Verfügung. Das Risiko, die Fehler zu wiederholen, ist damit hoch.

- Mißlungene Projekte haben das "Privileg", schlagartig zu verschwinden, aber die Erinnerung bleibt.

Auch der Projektabschluß muß bewußt gestaltet werden.

6.1 Analyse des Projektablaufs

Der abschließende Eindruck kann die Erinnerung an ein Projekt langanhaltend positiv, aber auch negativ prägen. Dies gilt sowohl für die Personen, die in das Projekt involviert waren, als auch für diejenigen, die von außen das Projekt beobachtet haben.

Die Projektrückschau bei erfolgreichen Projekten

Während für den Projektabschlußbericht der Erfolg hinsichtlich der Projektziele analysiert wird, wird in der Projektrückschau der Schwerpunkt auf die **Art und Weise der Zusammenarbeit** gelegt. Hier kommt es auf **konstruktive Kritik** und **Anerkennung** an:

- des Projektteams gegenüber der Projektleitung und umgekehrt,
- zwischen den Projektteammitgliedern,
- des Projektteams gegenüber dem Auftraggeber/Projektlenkungsausschuß und umgekehrt,
- zwischen dem Projekt und den beteiligten Dienststellen,
- zwischen Projektteam und späteren Nutzern.

Hinzu kommen die Fragen, **was jeder für sich** aus dem Projekt **gelernt hat** und was man in Zukunft anders machen würde, nicht nur im Hinblick auf die Projektarbeit, sondern auch bei der Arbeit in der Linie.

Die Analyse kritischer Projektabläufe

Bei manch neuem Projekt wundert sich die Projektleitung womöglich, warum niemand bereit ist, mitzuarbeiten oder warum das Projekt bereits zu Beginn von mehreren Seiten sabotiert wird. Ursache können negative Erfahrungen aus früheren Projekten sein, bei denen die Chance vertan worden ist, diese Erfahrungen **spätestens** am Projektende aufzuarbeiten. Leider ist oft zu beobachten, daß negative Erfahrungen viel länger und deutlicher im Bewußtsein bleiben als positive. Auch deshalb ist eine Aufarbeitung der Erfahrungen und eine bewußte Darstellung der negativen, aber auch der positiven Erfahrungen nötig.

Die negativen Erfahrungen summieren sich oft über den Projektverlauf, wie der folgende Ablauf zeigt:

Wilde Begeisterung	zu Projektbeginn
↓	
Ernüchterung	weil z. B. der Auftraggeber kein wirkliches Interesse an dem Projekt hat
↓	
Frustration	bei der Erarbeitung der Aufgaben, weil Ziele fehlen oder unausgesprochene Ziele die Arbeit bestimmen
↓	
Konfusion	wie sollen Details geplant werden,wo es kein abgestimmtes Grobkonzept gibt?
↓	
Suche nach dem Schuldigen	wenn aufgrund der mangelhaften Detailplanung alles schiefgeht, nicht genügend Mitarbeiter zur Verfügung stehen
↓	
Bestrafung des Unschuldigen	dies ist leider oft die Realität
↓	
und dann Gras über die Sache wachsen zu lassen	das Projekt verschwindet, zurück bleiben die schlechten Erfahrungen des Projektteams und der (späteren) Nutzer, ein negatives Image und Gerüchte

<u>Abb. 34</u>: **Nicht-idealer Projektverlauf**

155

Der Mißerfolg von Projekten kann viele Ursachen haben:

- Das Projektteam hat das Zielsystem nicht bewußt auf unausgesprochene Ziele und die daraus resultierenden Zielkonflikte hin untersucht.

- Der Auftraggeber hat sich nicht genügend Zeit genommen, die Einbindung des Projektes in die bestehende Organisation mit den entsprechenden Dienststellen abzusprechen.

- Die (späteren) Nutzer wurden nicht ausreichend einbezogen.

- ...

Eine Person zum Sündenbock zu machen, ist keine Lösung. Vielmehr gilt der Grundsatz "**Aus Fehlern lernen wir gemeinsam.**" Es ist wichtig, daß sich das Projektteam am Ende eines erfolglosen Projektes genügend Zeit nimmt, das Projekt zu analysieren, damit einem derartigen Verlauf in zukünftigen Projekten entgegengewirkt werden kann.

Folgende Punkte sollten besprochen werden[117]:

- Hatte nach dem heutigen Kenntnisstand das Projekt von Beginn an nur wenige oder keine Chancen? Wie war die Einschätzung zu Beginn des Projektes? Warum gab es Veränderungen in der Einschätzung?[118]

- Wie und warum hat sich die Zusammenarbeit
  - im Projektteam
  - mit den späteren Nutzern
  - mit dem Projektumfeld (z. B. Auftraggeber/Projektlenkungsausschuß, Betroffene, Personalrat, externe Firmen etc.) im Laufe der Projektdauer verändert?

- Haben wir die späteren Nutzer genügend einbezogen?

- Gab es in den Entscheidungsgremien Wendepunkte hinsichtlich der Einstellung zum Projekt und der Prioritätensetzung? Welche Auswirkungen hatte das auf das Projekt?

- Welche Bedeutung hatten wirtschaftliche, organisatorische, soziale Auswirkungen und Veränderungen für den Projektverlauf?

- Wie war das Image des Projektes und welche Gerüchte gab es? Warum?

Unabhängige Moderatoren aus anderen Dienststellen oder externe Berater können bei dieser Analyse helfen. Sie entschärfen die oft angespannte Situation und unterstützen mit ihrer Moderation eine offene und ehrliche Diskussion.

---

[117] vgl. Hansel/Lomnitz (1987), S. 198ff.
[118] vgl. "Situationsanalyse" in Teil I, Kapitel 2.5 und Teil II, Kapitel 1

6.2   Erfolgsbewertung

Der Projekterfolg wird am Projektende anhand der aufgestellten Ziele bezüglich des Projektgegenstandes und des Projektablaufs gemessen und bewertet. Anders als die Einhaltung der Projekttermine und des Projektbudgets kann der Projektgegenstand jedoch häufig am Projektende nicht abschließend, sondern nur in Ansätzen bewertet werden. Erfolgt am Projektende keine Bewertung, so ist dies zu begründen.

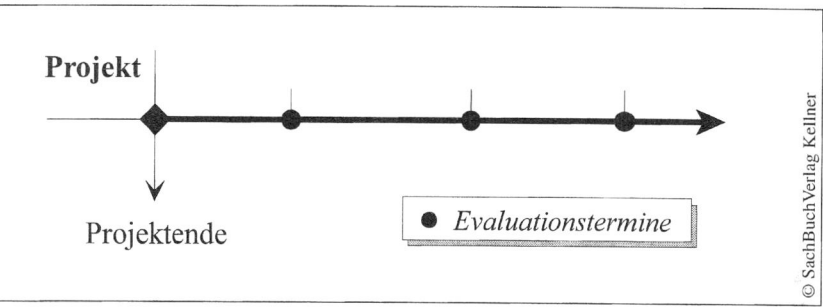

Abb. 35: Folgemaßnahmen

Manchmal zeigt es sich nämlich erst während der Nutzungsphase, ob sich die Anforderungen an den Projektgegenstand erfüllt haben.

Aufgabe des Projektteams am Ende des Projektes ist es daher,

* zukünftige Maßnahmen bzgl. der Erfolgsbewertung,
* den Verantwortlichen für diese Maßnahmen,
* die Zeitpunkte und
* die Kriterien für die Verarbeitung und Dokumentation der gewonnenen Daten

festzulegen, so daß eine spätere abschließende Bewertung des Projektgegenstandes möglich ist.

Solche Maßnahmen können z. B. Wirtschaftlichkeitsberechnungen und/oder nach einer bestimmten Nutzungsdauer des Projektgegenstandes die Befragung von Betroffenen sein. **Es ist unbedingt notwendig, diese Maßnahmen und die Verantwortlichkeit mit den betroffenen Dienststellen abzusprechen, da das Projektteam zum Zeitpunkt der Durchführung der Maßnahmen nicht mehr existiert.**

6.3   Folgemaßnahmen

Folgemaßnahmen betreffen Problemstellungen und Aufgaben, die sich aus Entwicklungen oder Zwischenergebnissen des Projektes ergeben und die nicht im laufenden Projekt zu erledigen sind, sondern in späteren Projekten.

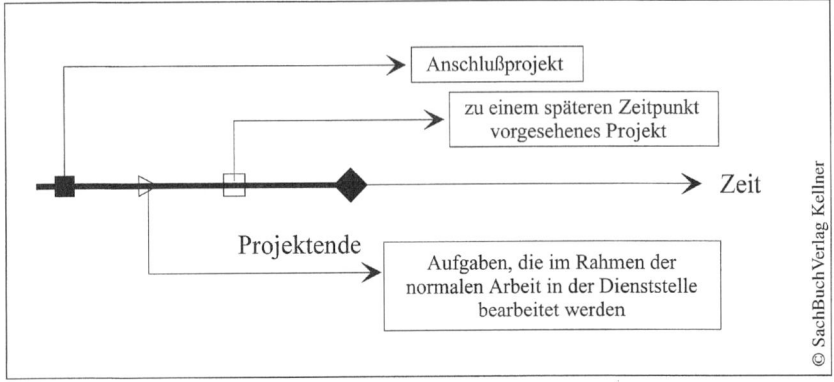

Abb. 36: Folgemaßnahmen

Folgemaßnahmen müssen vom Projektteam definiert und ggf. eingeleitet werden. Dabei kann es sich um direkte Anschlußprojekte, zukünftige Folgeprojekte oder eine Problemstellung handeln, die im Rahmen der normalen Arbeit in der betroffenen Dienststelle bearbeitet wird.

Folgemaßnahmen dürfen nicht aus unerledigten Aufgaben des "alten" Projektes bestehen. Projekte können daher erst dann beendet werden, wenn auch die letzten geplanten Aufgaben durchgeführt worden sind.

Neben den sich aus dem Projekt ergebenden Folgemaßnahmen bestimmt das Projektteam Ansprechpartner, die für einen vereinbarten Zeitraum[119]

* Auskunft über den Projektverlauf geben,

* Änderungs- und Wartungswünsche der Nutzer des Projektgegenstandes entgegennehmen und entsprechende Maßnahmen ergreifen sowie

* die betroffenen Dienststellen und andere Betroffene (z. B. Bürger) in der Nutzungsphase unterstützen.

---

[119] vgl. Hansel/Lomnitz (1987), S. 201

6.4 Das weiterverwertbare Projektwissen, der Projektabschlußbericht

Im Verlauf der Projektbearbeitung werden Erkenntnisse gewonnen, die Basis für eine schnellere und sicherere Abwicklung zukünftiger Projekte sind. Um diese Erkenntnisse nutzen zu können, ist eine systematische Analyse des Projektgegenstands, der Termine und Kosten und des Projektmanagements notwendig. Dieses weiterverwertbare Projektwissen wird in Form eines Projektabschlußberichts für die breite Anwendung festgehalten. Nach DIN-Norm enthält er die zusammenfassende, abschließende Darstellung von Aufgaben und erzielten Ergebnissen, von Zeit-, Kosten- und Personalaufwand sowie ggf. Hinweise auf mögliche Anschlußprojekte. Es ist Aufgabe der Projektleitung, dafür zu sorgen, daß der Projektabschlußbericht erstellt wird.

Grundlage für die Analyse sind die gesamte bisherige Dokumentation und eventuell Aufzeichnungen einzelner Projektteammitglieder. Wichtig ist, daß die **Annahmen** und **Voraussetzungen** dokumentiert werden, unter denen im Projektverlauf Termine, Kosten und Risiken geschätzt, Abhängigkeiten einzelner Arbeitspakete festgelegt wurden u. a. Nur dann sind die Ergebnisse auf andere Projekte oder Arbeitspakete übertragbar.

Folgende Punkte sollten untersucht und in den Projektabschlußbericht übernommen werden:[120]

- Erfolgsbewertung anhand des Zielkatalogs,

- Mengen jeglicher Art,

- Informationen über Kosten und Risiken, Art und Umfang bestimmter technischer Aktivitäten,

- Vorgehenskonzepte für bestimmte Teilaspekte die als Standard übernommen werden sollten (z. B. Vorgehensweise bei Organisationsuntersuchungen),

- fachspezifischer Informationsfluß zu einzelnen fachlichen Bereichen und/oder Außenstehenden (z. B. BreHoch, BreKom, ID-Bremen, externe Baufirmen),

- Erfahrungen mit Lieferanten bezüglich Termintreue und Einhaltung der vereinbarten Qualität der Leistung (Lieferant ist hier nicht nur ein beauftragtes externes Unternehmen, sondern ebenso eine andere Dienststelle, die für das Projekt bestimmte Leistungen erbringt.),

- Form der Projektorganisation und Einbindung in die Stammorganisation, positive Erfahrungen und Schwierigkeiten,

---

[120] vgl. Reschke/Schelle/Schnopp (1989), S. 699ff.

- angewandte Projektmanagementmethoden und -instrumente hinsichtlich ihrer Notwendigkeit für das gelaufene Projekt,
- Notwendigkeit der gewählten Projektorganisation (Ist z. B. die Einrichtung eines PLA notwendig gewesen bzw. wäre eine Einrichtung sinnvoll gewesen?),
- Folgemaßnahmen,
- Maßnahmen zur abschließenden Erfolgsbewertung.

6.5 Projektorganisation abbauen

Die Projektorganisation ist eine speziell für das jeweilige Projekt eingerichtete Organisationsform.

Mit dem Projektende hat auch die spezifische Projektorganisation keine Daseinsberechtigung mehr.

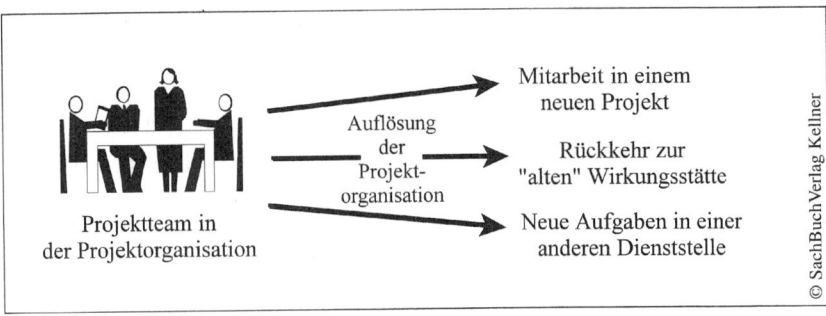

Abb. 37: Abbau der Projektorganisation

Die Projektleitung kümmert sich in Abstimmung mit jedem einzelnen Projektteammitglied um dessen Übernahme einer neuen Aufgabe oder die Rückkehr in die alte Dienststelle. Der Auftraggeber/Projektlenkungsausschuß muß die Projektleitung dabei unterstützen.

Für ein neues Aufgabenfeld der Projektleitung bzw. deren Rückkehr in die Linie hat der Auftraggeber/Projektlenkungsausschuß in Abstimmung mit der Projektleitung zu sorgen.

Diese Abstimmungsprozesse erfolgen selbstverständlich in gemeinsamen Gesprächen mit den betroffenen Bereichen in der Linie.

Bei vollzeitlichem Projektpersonal ist es wichtig, schon früh Maßnahmen zu ergreifen, die für einen reibungslosen Übergang in die Zeit nach dem Projekt sorgen. Zu beachten ist, daß bei einer Rückkehr in die Linie die Vorgehensweise mit dem zukünftigen Vorgesetzten abgestimmt wird. Gerade Vollzeitprojektmitarbeiter haben mit der Rückkehr in die Linie z. T. besondere Probleme, da die Mitarbeit in Projekten oft eine andere Art der Abwicklung von Aufgaben erfordert als es in der Linie der Fall ist.

Bei Teilzeitprojektmitarbeitern sind diese Probleme meist nicht ganz so groß. Um jedoch zu vermeiden, daß sich Teammitglieder noch vor Ende des Projektes daraus zurückziehen, sollte auch hier frühzeitig die volle Wiederaufnahme der Arbeit in der Linie besprochen werden. Gerade bei längerer Projektdauer kann es nämlich sein, daß die Aufgaben, die die Mitarbeiter in der Linie verrichtet haben, zum Teil von ihren Kollegen übernommen wurden.

Den Projektteammitgliedern sollte schriftlich ein projektrelevantes Profil als eine Art Personalbeurteilung ausgestellt werden. In dieser Beurteilung sollten die wahrgenommenen Aufgaben, die erworbenen fachlichen Qualifikationen und die sozialen Kompetenzen (z. B. Selbständigkeit, Teamfähigkeit) dargestellt werden.

Die Beurteilung der Projektteammitglieder sollte von der Projektleitung erfolgen, die der Projektleitung vom Auftraggeber/Projektlenkungsausschuß.

6.6   Projektabschlußsitzung

Um Projekte auch tatsächlich zu beenden, bieten sich **drei Projektabschluß- sitzungen** an. Die erste Besprechung sollte **intern** im Kreis des Projektteams, die zweite mit Projektteam und **Auftraggeber/PLA** erfolgen und die dritte als **Abschlußinformationsveranstaltung** mit den Nutzern stattfinden.

In der internen Sitzung ist zu prüfen, ob

- alle in Frage kommenden Stellen - Nutzer, Vorgesetzte der Projektmitarbeiter Personalrat, Frauenbeauftragte, ... - darüber informiert sind, daß das Projekt zuende ist,

- den Mitgliedern des Projektteams ihre neuen oder neuen "alten" Aufgaben bekannt sind,

- die weiterführende Erfolgsbewertung organisiert ist,
- die verschiedenen Ansprechpartner für die Folgezeit bestimmt sind,
- ggf. bereits Folgemaßnahmen initiiert worden sind,
- der Termin für die Abschlußsitzung mit dem Auftraggeber/PLA vereinbart ist und
- die Abschluß-Informationsveranstaltung mit den Nutzern organisiert bzw. bereits durchgeführt worden ist.

In der Sitzung mit dem Auftraggeber/Projektlenkungsausschuß wird neben einer gemeinsamen kurzen Rückschau auf das Projekt der Projekterfolg dargestellt und der Projektbericht präsentiert. Mit diesem "offiziellen Akt" wird die Projektleitung entlastet. Das Projekt ist mit dieser Sitzung offiziell beendet.

Die Abschluß-Informationsveranstaltung mit den Nutzern dient dazu, für die Nutzer ein Forum zu schaffen, in dem sie - zum letzten Mal für das Projektteam - ihre Anmerkungen, Kritik und auch positiven Erfahrungen darstellen können. Für die Projektauswertung ist es besonders wichtig, wie sie den Projektprozeß beurteilen, wie die Zusammenarbeit mit dem Projektteam eingeschätzt wird und ob ihre Interessen ausreichend berücksichtigt wurden. Darüber hinaus können z. T. bereits erste Erfahrungen mit dem Projektgegenstand dargestellt werden. Für das Projektteam bietet diese Veranstaltung die Möglichkeit, neben dem Dank für die Zusammenarbeit (wird leider immer wieder vergessen!) den Nutzern die positiven und negativen Erfahrungen im Hinblick auf andere Projekte darzustellen, die weitere Vorgehensweise nach Ende des Projektes zu erläutern sowie ihren Ansprechpartner vorzustellen. Mit dieser Veranstaltung ist für die Nutzer die Beteiligung an der Entwicklung des Projektgegenstandes im Rahmen dieses Projektes zu Ende gegangen.

7. Transfer

Projekte haben es in sich. Aus Erkenntnissen im Projekt können neue Standards entstehen. Auf jeden Fall aber hinterlassen Projekte eine Menge Projektwissen und veränderte Mitarbeiter.

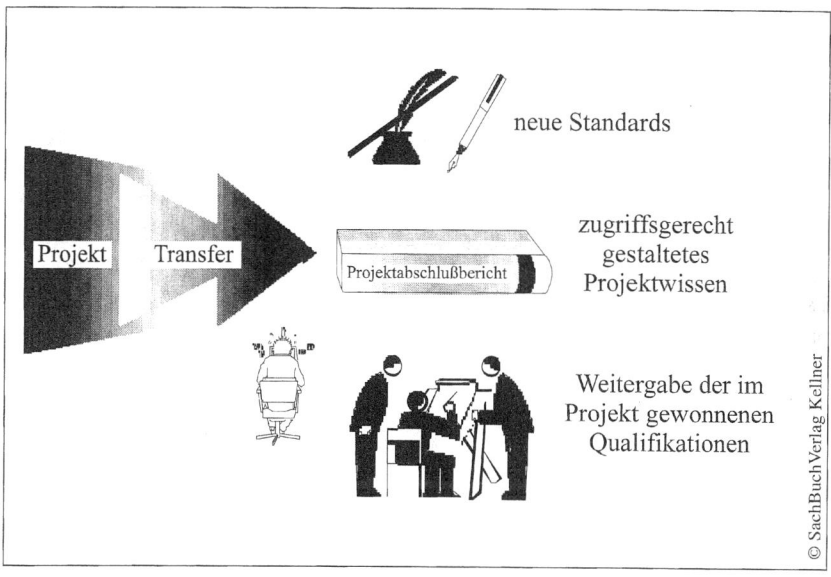

Abb. 38: Transfer

Projektarbeit bietet eher als die Linienorganisation den Freiraum, neue Vorgehensweisen zu entwickeln und auszuprobieren. Erweisen sie sich als positiv, können daraus neue Standards für alltägliche Arbeiten entstehen.

Beispiel:

In einem Reorganisationsprojekt wird die neue Organisationsstruktur nicht mit Hilfe der klassischen Organisationsuntersuchung, sondern als Organisationsentwicklungsprozeß entwickelt. Diese Vorgehensweise kann sich als so erfolgreich erweisen, daß sie als Standard für Umorganisationen übernommen wird.

Projekte scheitern immer wieder, auch weil aus Fehlern nicht gelernt wurde. Der Projektabschlußbericht bietet Fakten und Zusammenhänge, beschreibt Probleme, Konflikte und einiges mehr. Ein "Nachschlagewerk" ist entstanden, das die Planung und Durchführung ähnlicher Projekte erleichtert. Die Planungsunsicherheit kann bei vergleichbaren Vorhaben verringert werden. Manch ein Konflikt, der im beendeten Projekt noch auftrat, kann aufgrund der gesammelten und dokumentierten Erfahrungen in nachfolgenden Projekten vermieden werden.

Im Projektverlauf macht jeder Beteiligte seine persönlichen Erfahrungen, erwirbt Kenntnisse und Fähigkeiten, z. B. verbesserte Teamfähigkeit, streßfreieres Reagieren auf Veränderungen, Verantwortungsbewußtsein, selbständiges Handeln, Engagement und betriebswirtschaftliches Denken. Nach dem Projekt prägen diese Qualifikationen die Verhaltensweisen der ehemaligen Projektmitarbeiter und damit die Art und Weise, Aufgaben am alten oder neuen Arbeitsplatz zu bearbeiten. Die im Projekt erworbenen Qualifikationen werden somit - oft auch unbewußt - an andere Mitarbeiter weitergegeben. Der einzelne Mitarbeiter und die Organisation lernen und verbessern ihren Arbeitsstil.

Teil III - Fallstudie

Reorganisation eines Referates und Technikeinsatz (ReoTe)

Ausgangssituation

Im Rahmen eines Programms einer senatorischen Dienststelle soll ein Referat reorganisiert werden. Folgende Rahmenbedingungen liegen vor:

- In den nächsten Jahren gehen mehrere Mitarbeiter/innen in den Ruhestand. Aufgrund der Finanzkrise ist ein Einstellungsstopp verfügt worden. Freiwerdende Stellen sollen nicht wieder besetzt werden.

- Es soll überprüft werden, inwieweit die heutigen Technologien und ggf. ihre Vernetzung für die Aufgaben im Referat wirtschaftlich genutzt werden können. Eine Erweiterung der bisher vorhandenen Technik ist vorgesehen. Das Referat ist zu 60 % mit PC-Einzelarbeitsplätzen ausgestattet.

- Die Reorganisation soll aktuelle Ansätze zur Verwaltungsreform aufgreifen, z. B. Neues Steuerungsmodell, Qualitätsmanagement in der öffentlichen Verwaltung.

Das Referat setzt sich aus insgesamt 35 Personen zusammen, von denen zehn Mitarbeiter mit der Hälfte ihrer Arbeitszeit für das Referat tätig sind. Vier Mitarbeiter sind Referenten. Geleitet wird das Referat von Frau Maier.

Projektanstoß

Für bestimmte Teilbereiche sind bereits Vorarbeiten in Form einer klassischen Organisationsuntersuchung geleistet worden. Momentan weiß niemand so recht, wie es weitergehen soll; eine gewisse Handlungsunfähigkeit ist erkennbar. Die Referatsleiterin unterstützt das Vorhaben aktiv und will es vorantreiben. Auf ihre Initiative hin wird für die Restrukturierung eine externe Begleitung (nicht Beratung!) hinzugezogen. Durch diese externe Begleitung erhofft man sich u. a.:

- eine Unterstützung der Entscheidungsfindung auf allen organisatorischen Ebenen,

- Förderung der Artikulation von Ideen, Meinungen und Problemsichten,

- Versachlichung von Konflikten,

- Einbringen von inhaltlichen Impulsen,

- eine kritische Distanz zum Bestehenden, die Alternativen denkbar erscheinen läßt,

- Systematisierung der Planung und Realisierung und damit weniger Reibungsverluste.

Das Vorhaben soll in Projektform mit Unterstützung der Methoden des Projektmanagements durchgeführt werden. Die Abteilungsleitung erteilt den Projektauftrag und wird daher als Auftraggeber angesehen. Aus Kapazitätsgründen möchte die Abteilungsleitung durch das Projekt zeitlich nicht zu stark beansprucht werden. Lediglich zu dem organisatorischen und dem DV-Sollkonzept ist seine Zustimmung erforderlich. Die Referatsleitung ergreift die Initiative zur Einrichtung eines Projektteams.

Projektauftrag:
"Reorganisation des Referats und Technikeinsatz"

Projektleiter/-koordinator (falls schon bekannt):

- *kommissarisch: Referatsleiterin Frau Maier*

Zielsetzungen:

- *Stelleneinsparungen*
- *Technikeinsatz, Vernetzung*
- *Beitrag zur Verwaltungsmodernisierung*

Zu erarbeitende Ergebnisse:

- *organisatorisches Sollkonzept*
- *DV-Konzept*
- *Umsetzung der Konzepte*

Budget:

- *noch offen*

Randbedingungen:

- *Ansätze zum Neuen Steuerungsmodell sind zu beachten*
- *Akzeptanz durch die Mitarbeiter/innen muß gewährleistet sein*
- *bestehende rechtliche Regularien/Dienstanweisungen sind zu beachten*

Termine, Meilensteine:

- *noch offen*

Datum, Name, Unterschrift:

Auftraggeber: *Abteilungsleiter Herr Schmidt*_____ *Schmidt*
Projektleitung/-koordination:

kommissarisch: Referatsleiterin Frau Maier _____ *Maier*

Bremen, den 01. März 1995

<u>Abb. 39</u>: Projektauftrag (ReoTe)

Einbindung in die bestehende Linienorganisation

In einer Referatssitzung wird die Zusammensetzung des Projektteams von der Referatsleiterin auf die Tagesordnung gesetzt. Die Zusammensetzung des Projektteams wird mit allen anwesenden Referatsmitgliedern diskutiert. Man einigt sich auf

- eine Sachbearbeiterin,
- eine Referentin,
- einen der Mitarbeiter, die nur mit einen Teil ihrer Arbeitszeit für das Referat arbeiten,
- die Referatsleiterin,
- ein Personalratsmitglied und
- den zuständigen DV-Beauftragten.

Das projektorientierte Vorgehen ist im Referat noch recht neu. Man möchte einen vorsichtigen Einstieg. Deshalb werden der Projektleitung keine weitreichenden Kompetenzen übertragen. Die Referatsleiterin übergibt die Projektkoordination an die Sachbearbeiterin. Diese wird daher im folgenden als **Projektkoordinatorin** bezeichnet. Die kommissarische Projektleitung durch die Referatsleiterin endet hiermit. Bei dieser Art von Projektorganisation handelt es sich um die institutionelle Selbstabstimmung auf Zeit, mit Festlegung einer Ansprechpartnerin bzw. Koordinatorin.

Das Projektteam koordiniert und steuert das Projekt. Es erledigt ferner Arbeitspakete selbst, soweit es seine fachliche Kompetenz zuläßt. Die anderen Arbeitspakete verteilt es auf fachlich zuständige Dienststellen und Personen. Alle Mitglieder der Gruppe sind gleichberechtigt. Eine Leitung in dem Sinne, daß eine Person des Projektteams Entscheidungskompetenzen besitzt, ist nicht vorgesehen. Die Projektkoordinatorin (Frau Müller) sorgt dafür, daß sich das Projektteam regelmäßig trifft, moderiert mit Unterstützung der externen Begleitung die Sitzungen und vertritt nach außen als Ansprechpartnerin das Projektteam.

Alle Referatsmitglieder sind aktiv in das Projekt eingebunden, indem sie einzelne Arbeitspakete übernehmen. Bestimmte Arbeitspakete werden **gemeinsam durch das gesamte Referat** bearbeitet. So wird ein Problembewußtsein für die Arbeit des anderen entwickelt.

Das Projektteam hat die "Herrschaft über das Verfahren" und bereitet Entscheidungen vor. Entschieden wird in Referatssitzungen durch das gesamte Referat. Dabei gilt der Grundsatz: "Die in der Referatssitzung getroffenen Entscheidungen sind für alle Referatsmitglieder verbindlich, auch wenn sie nicht an der entsprechenden Referatssitzung teilgenommen haben.".

Zielplanung unter Einbindung der Betroffenen

Eine wichtige Rahmenbedingung für das Projekt ist die aktive Beteiligung der Mitarbeiter während des gesamten Projekts. Damit soll für später deren Akzeptanz gewährleistet werden. Die aktive Beteiligung der Mitarbeiter beginnt bereits bei der Zielplanung. An einem sogenannten Planungstag werden Ziele der Mitarbeiter gesammelt und strukturiert. Dabei bedient man sich der Kartenabfrage, wobei jede Person 3 Karten erhält und damit nur 3 Ziele nennen darf. Dadurch soll erreicht werden, daß nur die Ziele genannt werden, die als besonders wichtig empfunden werden. Erste Zielkonflikte werden aufgedeckt und diskutiert. Es ergeben sich vier Ziel-Schwerpunkte:

* Verbesserung der Kooperation,
* Verbesserung der Arbeitsbeziehungen,
* Verbesserung der Arbeitsabläufe/-organisation und
* Verbesserung der Leitungsstrukturen/Führungskonzept

Das Projektteam erweitert eigenständig den Zielkatalog um weitere Ziele, z. B. termingerechte und inhaltlich vollständige Weitergabe von Bescheiden an andere Dienststellen, Beachtung der Aktivitäten in angrenzenden Referaten. Dabei stellt sich heraus, daß die Ziele und Erwartungen der Kunden des Referates bislang nicht bekannt sind und daher noch erfaßt werden müssen.

Projektplanung

Das Projektteam entwickelt einen Projektstrukturplan (PSP). Im ersten Schritt dahin werden mittels Brainstorming die anfallenden Aktivitäten auf Kärtchen gesammelt (bottom-up-Methode). In einem zweiten Schritt gilt es, die Aktivitäten an einer Pinnwand zu gruppieren und zu strukturieren. Dabei wird immer wieder versucht, die Aktivitäten in eine zeitliche Reihenfolge zu bringen. An dieser Stelle greift die externe Begleitung ein und sorgt dafür, daß eine ganzheitliche Betrachtungsweise eingehalten wird. Der PSP wird top-down überprüft und ergänzt. Es handelt sich hierbei um einen gemischtorientierten PSP. Er ist vollständig in bezug auf die notwendigen Arbeiten, jedoch nicht bis auf die Aktivitäten- bzw. Vorgangsebene herab detailliert worden. Die Ausgestaltung der Ausstattung, die Qualifizierungsmaßnahmen und der Finanzbedarf hängen vom organisatorischen Soll-Konzept ab; deshalb wird zu diesem Zeitpunkt der PSP noch nicht feiner geplant.[121]

---

[121] siehe hierzu Teil I, Kapitel 2.2

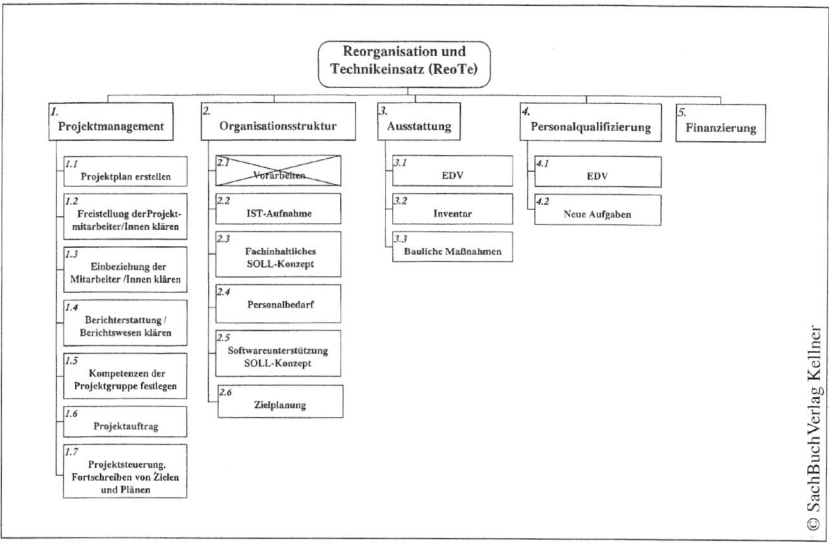

Abb. 40: Projektstrukturplan (ReoTe)

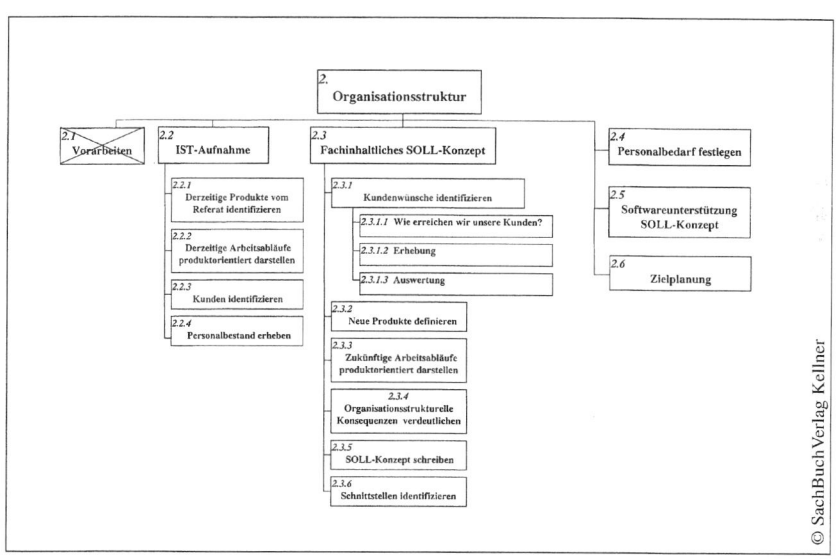

Abb. 41: PSP für die Teilaufgabe "Organisationsstruktur" (ReoTe)

PSP-Code: 2.2.2.1   Arbeitspaket: **"Derzeitige Arbeitsabläufe produktorientiert darstellen** **(Bescheid xyz)"**

Arbeitspaketverantwortlicher(r): *Sachbearbeiter Herr Wolfram*
Aufgabenstellung:
- *gemeinsam mit allen Referatsmitgliedern den derzeigen Arbeitsablauf*
  in grafischer Form erarbeiten
- *Darstellung, welche Arbeiten vollständig innerhalb des Referats erledigt,*
  und welche mit anderen Dienststellen abgestimmt werden müssen

Erwartete Ergebnisse: - *Ablaufdiagramm (woher kommt welche Art von Leistung und wer erarbeitet*   *diese innerhalb des Referats?)*
Termine, Meilensteine: - *Fertigstellung: siehe Terminplan*
veranschlagte Aufwendungen / ~~Budget~~: - *alle Referatsmitglieder, ein Arbeitstag*
Randbedingungen / anzuwendende Regularien: - *um absehbare Konflikte zu kanalisieren erfolgt die Moderation durch*   *die externe Begleitung*
Arbeitspaket-Freigabe: AP-Verantwortlicher: *Herr Wolfram   Bremen, den*   *Wolfram* Projektleiter/-koordinator: *Frau Müller   Bremen, den*   *Müller* Name / Datum / Unterschrift
Anlagen: - *keine*

Abb. 42: Exemplarische AP-Beschreibung (ReoTe)

Nach der Projektstrukturierung werden die Abhängigkeiten zwischen den einzelnen Arbeitspaketen erfaßt. Da die Anzahl der Arbeitspakete relativ klein ist, können die Abhängigkeiten direkt an der Pinnwand - durch Umstecken der Karten - entwickelt werden. Auf eine Vorgangsliste[122] wird daher verzichtet.

---

[122] Eine Vorgangsliste enthält folgende Angaben (Beispiel):

PSP-Code	Name	Vorgänger	(evtl. Nachfolger)	Dauer

Software übertragen. Eine Entwicklung des Netzplans direkt am PC ist problematisch, da aufgrund der Bildschirmgröße der Überblick verlorengeht und nicht
alle Beteiligten alle Einzelheiten sehen können.

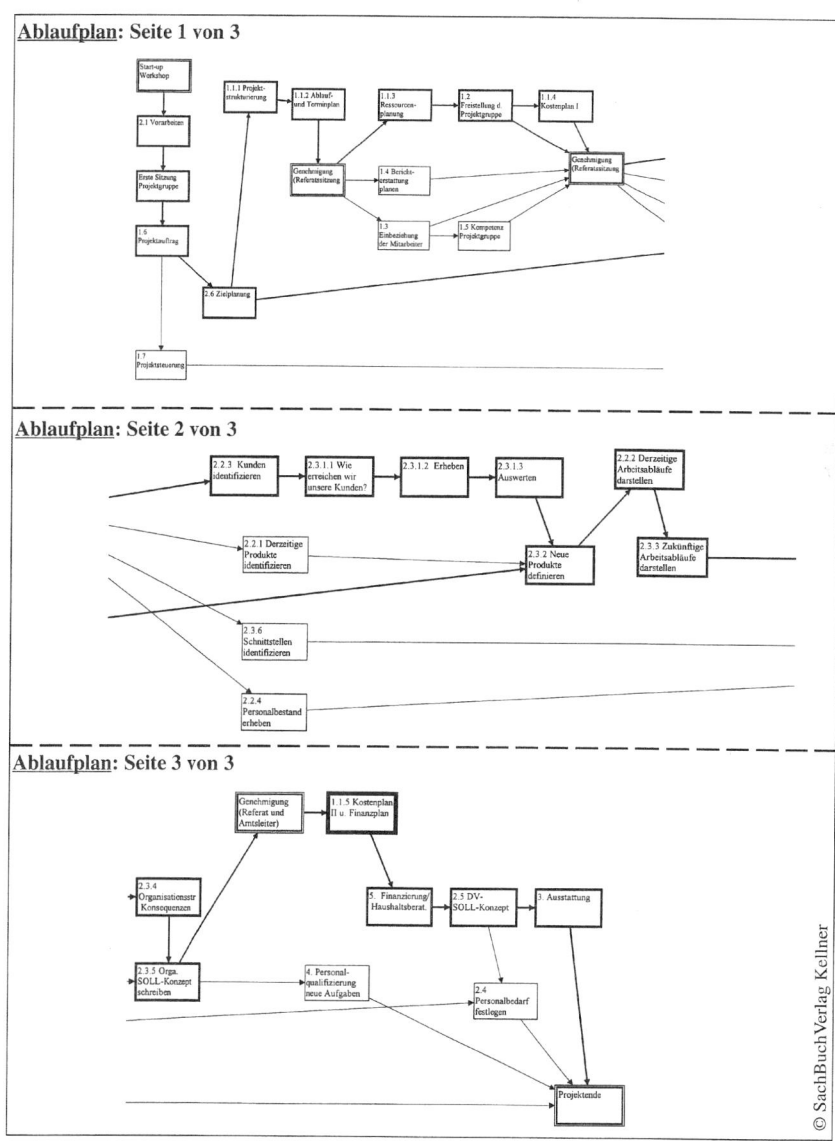

Abb. 43 (Seite 1 bis 3): Erster Ablaufplan (enthält noch keine gesetzlich
vorgeschriebenen Beteiligungsprozesse)

Wichtige Meilensteine werden im Meilensteinplan festgehalten.

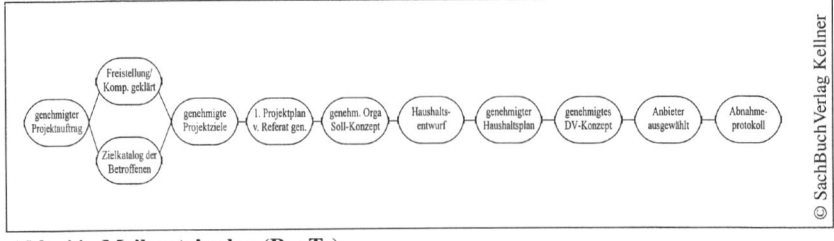

Abb. 44: Meilensteinplan (ReoTe)

Für jedes Arbeitspaket schätzt das Projektteam gemeinsam die Dauer. Es handelt sich zu diesem Zeitpunkt nur um eine grobe Schätzung, da in dem Referat noch keinerlei Erfahrungen mit derartigen Projekten vorliegen. Nun kann zum ersten Mal die Gesamtdauer des Projekts berechnet werden. Sofern ein Projektendtermin vorgegeben ist, wird der errechnete Endtermin mit diesem verglichen.

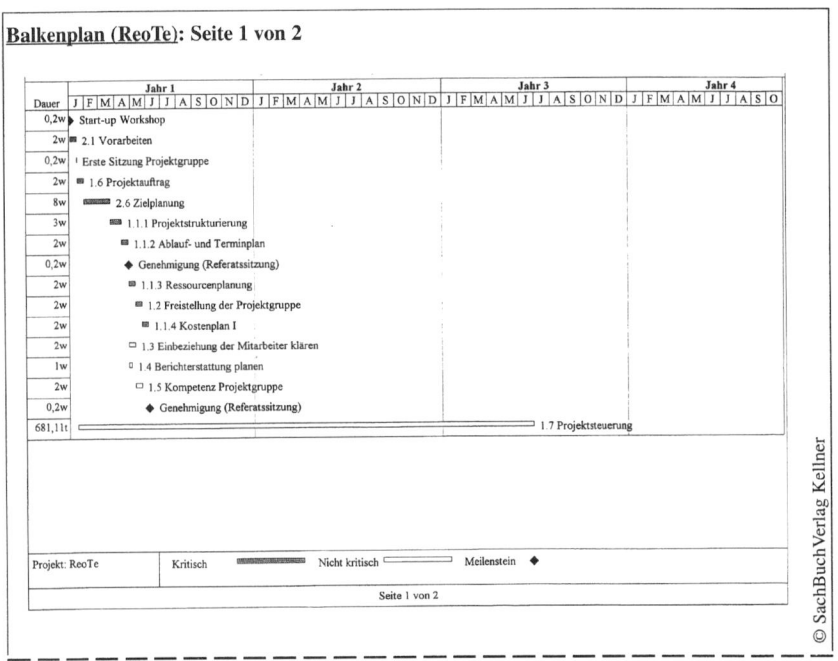

Abb. 45 (Seite 1 von 2): Balkenplan (ReoTe)

Balkenplan (ReoTe): Seite 2 von 2

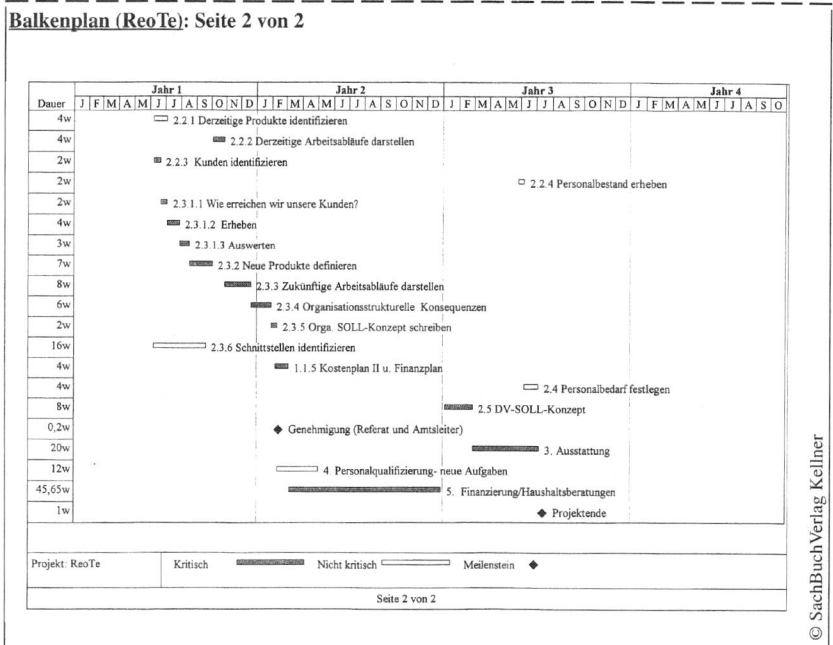

Abb. 45 (Seite 2 von 2): Balkenplan (ReoTe)

Spätestens an dem Terminplan läßt sich nun für alle Beteiligten deutlich erkennen, daß viele Aktivitäten im Projekt zeitkritisch sind. Aufgrund der sachlogischen Zusammenhänge können weitere Aktivitäten nicht parallel abgearbeitet werden.

Das Referat beschließt nach z. T. kontroverser Diskussion den PSP und den Terminplan. Darüber hinaus beschließt es auf Vorschlag des Projektteams, zwei eintägige Projektmanagement-Seminare für das gesamte Referat durchzuführen. Alle Mitarbeiter sollen eine gemeinsame Ausgangsbasis haben. Die Teilnahme ist freiwillig. Die Seminare werden von der externen Begleitung durchgeführt. 80 % der Mitarbeiter nehmen an den Fortbildung teil.

Exemplarisch für die Ressource "Projektteam" wird ein Kapazitätsplan dargestellt. Er zeigt, wann das Projektteam in welchem Maße durch das Projekt beansprucht wird. Dabei gilt die Annahme einer "homogenen Ressource Projektteam", d. h. die Kapazitäten der sechs Projektteammitglieder sind austauschbar; oder anders: es wird angenommen, daß jeder in der Gruppe jede Aktivität, die die Gruppe selbst auszuführen hat, erledigen kann.

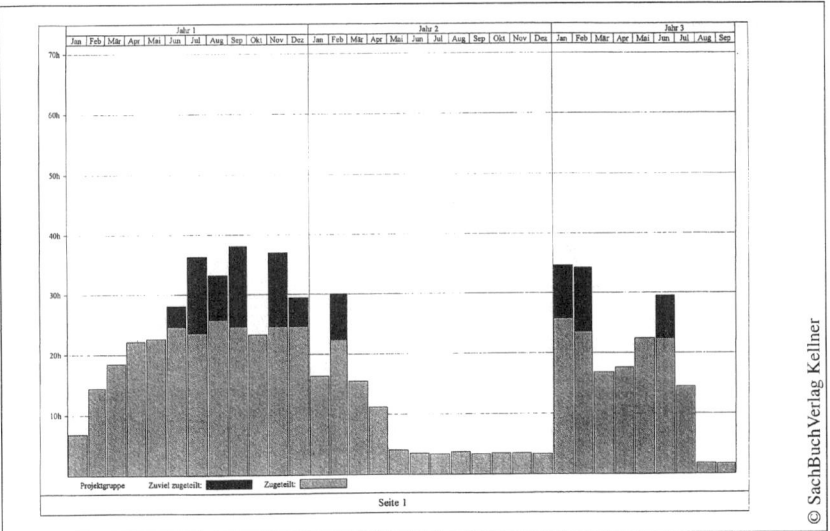

Abb. 46: Erster Kapazitätsplan für die Ressource "Projektteam"

Aus der Abbildung ist ersichtlich, daß in bestimmten Monaten mehr Arbeitsvolumen erledigt werden muß, als Kapazitätseinheiten zugeteilt worden sind. Mit Zustimmung des gesamten Referats waren 5 Stunden pro Person und Woche an Projektarbeitszeit zugeteilt bzw. reserviert worden.

Kostenplanung I

Nachdem die Freistellung der Mitarbeiter sowie deren Kompetenzen geklärt sind, wird ein erster Kostenplan (= Kostenplan I oder Basis-Kostenplan) aufgestellt. Er enthält den einmaligen Personalaufwand, der für die folgenden Planungsaktivitäten innerhalb der öffentlichen Verwaltung voraussichtlich anfallen wird.[123] Investive Sachmittel können zu diesem Zeitpunkt aufgrund des bislang fehlenden Konzeptes für die neue Organisationsstruktur noch nicht benannt werden. Dies ist auch noch nicht erforderlich, da der Stichtag für den Haushaltsplan-Entwurf noch "in weiter Ferne" liegt. Der Abteilungsleiter genehmigt den Kostenplan I.

Mit den ersten Arbeitspaketen wird begonnen. Jedoch zeigt sich zunächst kein sichtbarer Fortschritt. Motivationsverlust und erste Vorbehalte gegen das Projekt werden deutlich. Einige dieser Vorbehalte liegen in der Vergangenheit begründet. Über Kommunikationsdefizite innerhalb des Referats wurde beispielsweise bereits vor Beginn des Projektes[124] diskutiert, ohne daß eine Veränderung eingetreten ist. Die Projektkoordinato-

---

[123] Der einmalige Personalaufwand wird durch den laufenden Haushalt abgedeckt.
[124] Die Analyse der Ausgangssituation erweist sich immer wieder als besonders wichtig.

rin erkennt dies und beruft aufgrund dessen eine außerordentliche Projektteamsitzung ein. Dabei einigt man sich auf eine Neuorientierung. Man möchte schnell sichtbare Arbeitsfortschritte. Deshalb sucht man nach einem besonders erfolgsträchtigen Teilbereich. Es handelt sich um den "Bescheid xyz". Nach der Bearbeitung dieses Bescheides sollen die restlichen Produkte des Referats bearbeitet werden. Das Projektteam bringt diese Änderung[125] als Diskussionsgrundlage in die nächste Referatssitzung ein.

Review:	Projekt "ReoTe"	Seite 1/2

Teilnehmer: *Projektteam*   **Ersteller**: *Projektteam*

Datum: ⊙ **Entwurf**   ○ **angenommen**

Projektbeurteilung:

a) zugrundegelegte Pläne:

- *PSP vom ...*

- *Terminplan vom ...*

- *Besprechungsprotokoll vom ...*

b) derzeitiger Projektstatus:

	projekt-bedrohend	starke Abweichung	geringfügige Abweichung	planmäßig	besser als Plan
Terminstatus	○	○	⊙	○	○
Finanzstatus:	○	○	○	○	○
Kapazitäts-/ Aufwandsstatus:	○	○	⊙	○	○
Leistungs-/ Qualitätsstatus:	○	○	○	⊙	○
weiche Daten:	💣	○	○	○	○

Ursachen: (projektbedrohend, starke Abweichung bei den weichen Daten):

- *kein sichtbarer Fortschritt für die Referatsmitglieder (gilt nicht für das Projektteam!)*

- *kein sichtbarer Erfolg (gilt nicht für das Projektteam!)*

- *frühere, angeblich schlechte Erfahrungen mit "innovativen Ideen von der Basis" werden auf das jetzige Projekt übertragen*

- *einige Referatsmitglieder finden sich mit ihren Zielen in den Plänen nicht wieder*

- *Referatsmitglieder haben Vorbehalte gegenüber bestimmten Begriffen ("Produkte", "Kunde", ...)*

Abb. 47 (Seite 1 von 2): Ergebnisdarstellung eines Projektreviews

---

[125] siehe Abbildung ... Projekt-Review (Reo-Te) nächste Seite

Review:	Projekt "ReoTe"	Seite 2/2

Einzuleitende Maßnahmen / die nächsten Schritte:

- *Konkretisierung auf einen ganz bestimmten Bescheid, zu dem alle Referats-mitglieder einen Bezug haben (Bescheid xyz)*
- *Seminare zum Thema "Neues Steuerungsmodell", damit die Bedeutung von Kundenorientierung, Produkten, usw. den Referatsmitgliedern deutlich wird*
- *Ziele, die von außen auf das Projekt einwirken und die den Referatsmitgliedern noch nicht genügend bekannt gemacht worden sind, werden in einer halbtägigen Veranstaltung erläutert*
- *weiterhin bewußte aktive Beteiligung der Mitarbeiter*

Noch zu erwartende Risiken:

- *Zeitverzögerungen durch die Form der Zusammenarbeit, die für die Referats-mitglieder noch neu ist*

Abb. 47 (Seite 2 von 2): Ergebnisdarstellung eines Projektreviews

Das Referat teilt die Einschätzung durch das Projektteam und stimmt den vorge-schlagenen Maßnahmen zu. Auf Basis der aktualisierten Planung werden die Ar-beiten fortgesetzt. Die Konzentration auf einen bestimmten Teilbereich innerhalb des Referats bringt gute Erfahrungen. Nach mehreren Monaten sind alle Teilberei-che sukzessive abgearbeitet. Das organisatorische Konzept für das Referat steht! Allen Mitgliedern des Referats sowie dem Abteilungsleiter wird das neue Konzept erläutert.

Kostenplanung II

Der Abgabetermin für den Haushaltsentwurf ist ein wichtiger Meilenstein. Wird dieser Termin nicht eingehalten, stehen für das kommende Haushaltsjahr keine plan-mäßigen Finanzmittel zur Verfügung. Für das Projektteam ist absehbar, daß das DV-Konzept nicht bis zum Stichtag der Abgabe des Haushaltsentwurfs fertig sein wird. Es gilt, trotzdem möglichst fundierte Kosteninformationen zu gewinnen. Das Projektteam beschließt deshalb, die zukünftig zu erwartenden Kosten und haushalts-wirksamen Ausgaben in einer Schätzklausur zu erarbeiten. Um die Prognosequalität zu erhöhen, wird als vorbereitende Maßnahme das Arbeitspaket "Ausstattung" aus dem bisherigen PSP weiter präzisiert. Eine Fortschreibung des PSP und die Erstel-lung von AP-Beschreibungen ist ohnehin notwendig, da die Aufgaben zu Projekt-beginn recht grob beschrieben wurden.

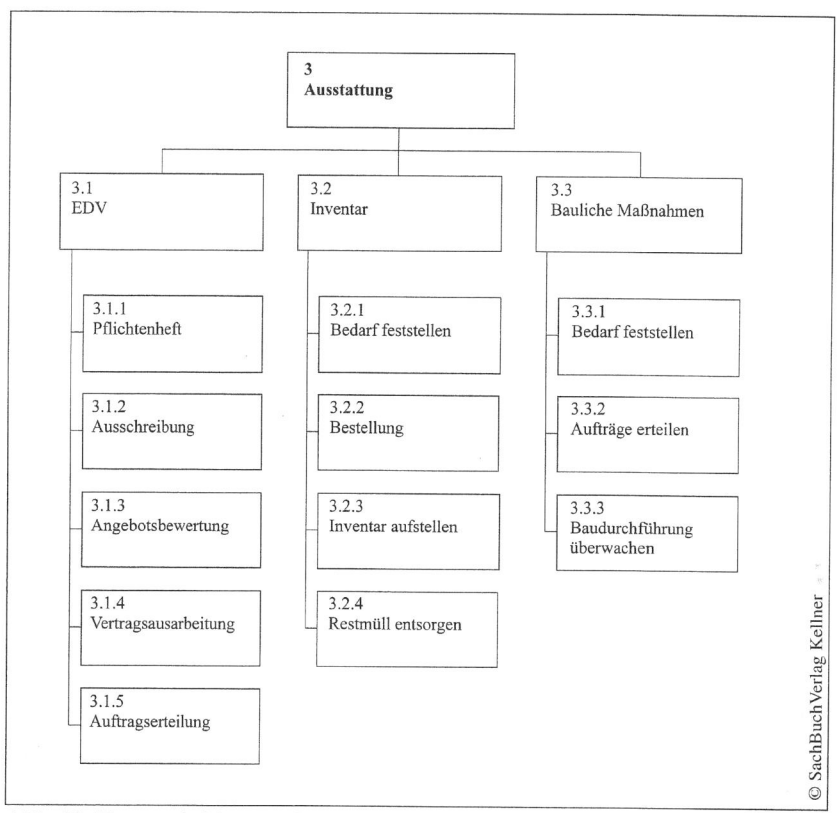

Abb. 48: Fortgeschriebener PSP der Teilaufgabe "Ausstattung" (Auszug) (ReoTe)

Das genehmigte organisatorische Sollkonzept bietet für die Kostenschätzung von Sachmitteln eine wichtige Grundlage. Die Projektkoordinatorin verschickt dieses Konzept, zusammen mit dem fortgeschriebenem PSP und den entsprechenden AP-Beschreibungen, an die Teilnehmer der Schätzklausur.[126] Bei der Auswahl der Teilnehmer stellt sich das Projektteam die Fragen: "Wer verfügt über Erfahrungswerte aus ähnlich gelagerten Projekten? Wer hat eine Kostenschätzung schon einmal mitgemacht?" Anhand dieser Kriterien entscheidet sich das Projektteam für einen **Schätzer aus einer anderen Dienststelle,** der einen reichen Erfahrungsschatz aufweist und für systematische Nachkalkulationen bekannt ist. Weitere Schätzer sind die jeweiligen AP-Verantwortlichen und der DV-Beauftragte.

---

[126] siehe Teil IV "Methodenkoffer"

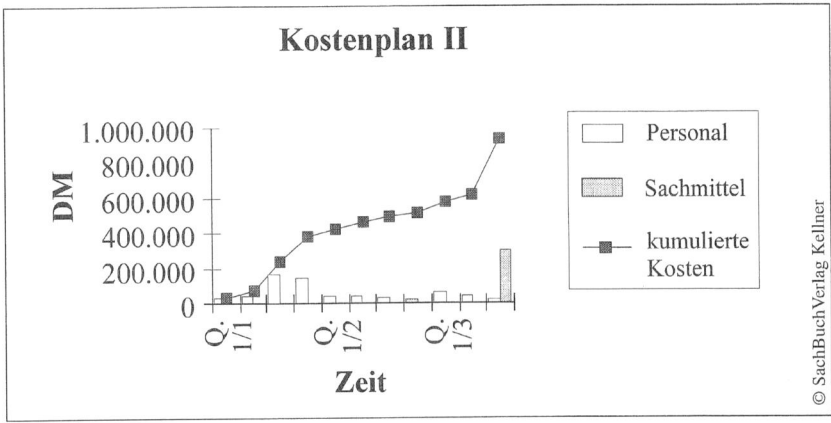

Abb. 49: Graphisch dargestellter Kostenplan II (ReoTe)

Der Kostenplan II enthält die bis zu diesem Zeitpunkt verbrauchten tatsächlichen Personalaufwendungen und die zukünftig zu erwartenden Kosten für Personal und Sachmittel, bezogen auf Quartale.

Wirtschaftlichkeit des Projektes

Finanzmittel müssen eingeworben werden. Eine begründete Wirtschaftlichkeitsrechnung erhöht die Chancen, Finanzmittel bewilligt zu bekommen. Da man mit der Gruppenarbeit gute Erfahrungen gemacht hat, wird erneut ein Termin anberaumt, an dem insbesondere die laufenden Kosten und die Nutzeffekte (nach Projektende in der Nutzungsphase) gleichzeitig vorhergesagt werden sollen.

Die zu Projektbeginn festgelegten Ziele werden weiter konkretisiert. Sie dienen als Bewertungskriterien. Die Teilnehmer erkennen, daß sich der zu Beginn erbrachte Aufwand für die Zielfindung gelohnt hat.

Bei der Zusammenkunft sammelt die Gruppe zunächst sämtliche Nutzeffekte mittels Kärtchentechnik. Das organisatorische Sollkonzept und erste positive Erfahrungen mit der Umsetzung im ersten Teilbereich (Produkt: Bescheid xyz) werden eingebracht. Dazu zählt z. B. eine verbesserte Ablauforganisation (überflüssige Arbeiten entfallen, weniger Schnittstellen im Arbeitablauf, geringerer Abstimmungsaufwand). Das Ausmaß an Effizienzverbesserung durch die EDV-Unterstützung wird ebenfalls in der Gruppenbesprechung geschätzt.

Im nächsten Schritt wird versucht, möglichst viele Nutzeffekte monetär zu bewerten. Die deutlich verbesserte Ablauforganisation bewirkt u. a. Personal- und damit auch Kosteneinsparungen. Jedoch müssen zukünftige Mehrausgaben für Personal, wie höhere Besoldung infolge höherwertiger Qualifikation der Mitarbeiter, gegengerechnet werden.

Einige Effekte lassen sich nicht in Geld bewerten, so daß sie gesondert aufgezeigt werden müssen. Immerhin gelingt es jedoch, hierfür Indikatoren zu finden. Die Indikatoren dienen als meßbare Hilfsgrößen, um später den Projekterfolg hinsichtlich der qualitativen Kriterien besser beurteilen zu können. Sie tragen zur Zieloperationalisierung bei. In diesem Zusammenhang erkennt das Projektteam, daß es den Ist-Zustand besser aufbereiten muß, d. h. zu den gewählten Indikatoren müssen noch die derzeitigen Zahlen erhoben werden. Dies bedeutet einigen Erfassungsaufwand. Wenn das getan wird, fällt es später jedoch wesentlich leichter, den Projekterfolg glaubwürdig nach außen hin deutlich zu machen.

Kriterium

Nutzeffekte aus Sicht des Referats:

- mehr Eigenverantwortung   ➡ Anzahl erteilter Unterschriftsberechtigungen

- verbesserter Informationsfluß   ➡ Anzahl von Bearbeitungsfehlern
  ➡ Anzahl der Rückfragen an die Leitung bzw. an andere Beteiligte
  ➡ Dauer der Entscheidungen

Nutzeffekte aus Kundensicht:

- pünktliche Abgabe der Produkte   ➡ Anzahl der Reklamationen

- der Bescheid enthält nunmehr die Informationen, die der Kunde wünscht und die erforderlich sind   ➡ Anzahl der Rückfragen

---

__Abb. 50__: Qualitative Nutzeffekte (ReoTe)

Aufgrund vielfältiger Abstimmungsprozesse erstreckt sich die Haushaltsaufstellung über einen längeren Zeitraum. Die Klärung der Frage, ob das Projekt in den Haushaltsplan tatsächlich auch aufgenommen wird, erfordert Zeit. In dieser Zeitspanne kann z. B. das Arbeitspaket 4.2 (Qualifizierung bzgl. neuer Aufgaben) abgearbeitet werden. Mit der Erarbeitung des DV-Konzeptes möchte man noch nicht beginnen, da noch unklar ist, ob die gewünschten Finanzmittel überhaupt bewilligt werden.

Monate später ist der nächste Meilenstein erreicht: die Finanzmittel werden genehmigt, jedoch nicht in der gewünschten Höhe. Aufgrund des Wertes, der durch den beschlossenen Haushaltsplan vorgegeben ist, erfolgt die Konzeptionierung des zukünftigen DV-Systems nach der Design-to-cost-Methode[127]. Die Abschätzung der Machbarkeit erfolgt durch den DV-Beauftragten, der als Mitglied des Projektteams in das Projekt eingebunden ist.

Alle weiteren Arbeitspakete werden sukzessive abgearbeitet. Die Meilenstein-Trendanalyse unterstützt die Projektsteuerung. Das Projektteam prognostiziert regelmäßig, hier alle drei Monate, die Termine von ausgewählten Meilensteinen neu.

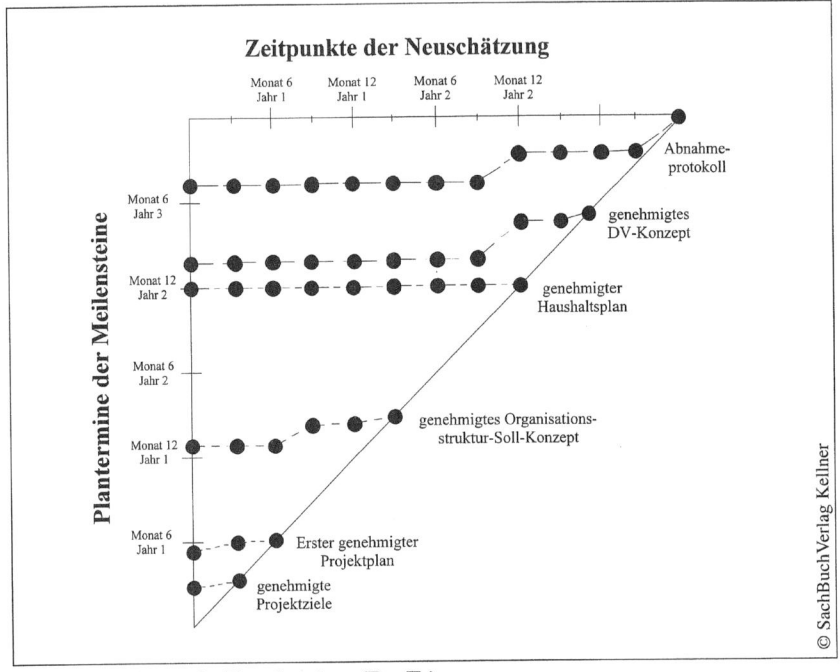

Abb. 51: Meilenstein-Trendanalyse (ReoTe)

Das Projektteam hat rechtzeitig erkannt, daß die Installation des DV-Systems aufgrund technischer Schwierigkeiten deutlich länger dauern wird als ursprünglich angenommen. Daher konnte es das Referat und den Auftraggeber auf das spätere Projektende hinweisen.

---

[127] siehe Teil IV "Methodenkoffer"

Projektabschluß

Da die Testläufe innerhalb des nächsten Monats voraussichtlich beendet sein werden, nimmt die Projektkoordinatorin die Arbeitspakete "Projektabschlußbericht", "Erfolgsbewertung", "Folgemaßnahmen" und "Abbau der Projektorganisation" als Themen auf die Tagesordnung für die nächste Sitzung des Projektteams.

In den nächsten Besprechungen werden die Inhalte für den Projektabschlußbericht festgelegt und zum Schreiben auf die Projektteammitglieder verteilt sowie die tatsächlichen Kosten für das Projekt zusammengestellt und ausgewertet. Um den gesamten Projektablauf zu analysieren, wird ein letzter Projekt-Workshop, an dem möglichst alle Referatsmitglieder teilnehmen sollten, geplant. In diesem Workshop sollen auch die ersten Erfahrungen mit der neuen Organisationsstruktur aufgearbeitet werden. Das Team wählt die Projektkoordinatorin Frau Müller als Ansprechpartnerin für die Nutzer in den kommenden drei Monaten, da sie den besten Einblick in das gesamte Projekt hat. Termine mit der Abteilungsleitung und dem Personalrat werden geplant, um abschließend über das gesamte Projekt zu berichten.

Das Arbeitspaket 2.3.6 schrieb vor, daß die Schnittstellen zu anderen Dienststellen zu beachten sind. Daraus resultierte eine breite, dienststellenübergreifende Kommunikation. Als Folgemaßnahmen sollen nun dienststellenübergreifende Arbeitsgruppen eingesetzt werden, die die Arbeitsabläufe zwischen den Dienststellen vereinfachen sollen. Das Projektteam übernimmt die ersten koordinierenden Aufgaben, damit sich die Arbeitsgruppen konstituieren können. Ferner hat die Definition von Produkten dazu angeregt, dienststellenintern eine Kosten- und Leistungsrechnung aufzubauen. Dazu soll nach einer sechswöchigen Pause mit einem Folgeprojekt begonnen werden. Die Referatsleiterin wird sich um die Initiierung kümmern. Die Abteilungsleitung stimmt dem neuen Projekt zu und unterstützt die dienststellenübergreifenden Maßnahmen.

Um letztendlich den Erfolg des Projektes bewerten zu können, sollen in einem halben Jahr und dann noch einmal in einem Jahr Kosten und Nutzen des Projektes untersucht werden. Bisher sind dazu geplant: Interviews, Befragung der Kunden und Erfassung der tatsächlich laufenden Kosten.

Die Auflösung der Projektorganisation bereitet wenig Probleme, da das Projektteam nur mit einem Teil seiner Arbeitszeit im Projekt gebunden ist, im Durchschnitt nur mit 5 Stunden pro Woche. Da das gesamte Referat in das Projekt eingebunden wurde, treten nur geringe Akzeptanzprobleme auf, wenn die neuen Arbeitsformen auf die tägliche Arbeit übertragen werden.

Teil IV - Methodenkoffer

1. Auswahl von Projekten

Die Verwaltungspraxis sieht sich häufig mit der Situation konfrontiert, daß viele Projektwünsche vorliegen, die zu ihrer Umsetzung erforderlichen Finanzmittel jedoch begrenzt sind. Die Finanzmittel reichen in aller Regel für die Durchführung **aller** Projekte nicht aus. Daher ist es erforderlich, aus der Vielzahl von Projekten die "richtigen" herauszufinden. Die im folgenden beschriebene Methode zur Auswahl von Projekten orientiert sich an dem Wunsch der Verwaltungspraxis nach einfach zu handhabenden Methoden. Sie führt **näherungsweise** zu einem optimalen Projektbündel.

Ausgangsbasis sind sämtliche Projektwünsche und ggf. auch laufende Projekte, sofern sie zur Disposition stehen. Ziel ist es nun, die Projekte in eine Rangfolge zu bringen. Projekte auf den vorderen Rängen genießen eine (sehr) hohe Priorität, z. B. bei der Vergabe begrenzter Finanzmittel. Um sie in eine bestimmte Rangfolge bringen zu können, ist es erforderlich, die einzelnen Projekte anhand geeigneter Kriterien zu bewerten. Und hierbei tauchen die ersten Probleme auf: Da es in der öffentlichen Verwaltung die unterschiedlichsten Arten von Projekten gibt, wird es häufig nicht gelingen, für alle Projekte universell anwendbare Bewertungskriterien zu finden. Daher muß die Gesamtheit der zur Auswahl stehenden Projekte in Teilmengen zerlegt werden. In jeder Teilmenge befinden sich immer gleichartige Projekte, an die man identische Bewertungskriterien anlegen kann.

Anhand des folgenden Beispiels soll eine mögliche weitere Vorgehensweise demonstriert werden. Nehmen wir einmal an, daß sechs gleichartige, sich nicht gegenseitig ausschließende Projekte um ein bestimmtes Finanzmittelvolumen konkurrieren. Und es sei nicht möglich, aus diesem Topf alle Projekte zu finanzieren. Es werden folgende Bewertungskriterien an die sechs Projekte angelegt:

- Der Realisierungszeitraum soll möglichst kurz sein, d. h. Umsetzungserfolge sollen möglichst schnell sichtbar sein.

- Der Finanzmittelgeber hat mehrere weitere Bewertungskriterien vorgegeben, die alle nicht monetär sind.

Die Arbeitsgruppe zur Auswahl der zu realisierenden Projekte möchte die Bewertung der Projekte unter Zuhilfenahme der Portfolio-Technik vornehmen (siehe Kapitel 3.2 im "Methodenkoffer").

In einem Koordinatensystem mit x- und y-Achse, auf denen die Bewertungsmaßstäbe dargestellt sind, werden die Projekte entsprechend dieser Bewertungsmaßstäbe geordnet. Im vorliegenden Fall stellt eine Achse die - innerhalb der Arbeitsgruppe grob abgeschätzte - Realisierungzeit dar. Für die weiteren Bewertungskriterien bleibt nun nur noch die andere Achse übrig. In diese Achse wird der Nutzwert der Projekte eingetragen. Die Projektgruppe bewertet die einzelnen Projekte mittels der Nutzwertanalyse[128]. Grundlage dafür bilden die vom Finanzmittelgeber vorgegebenen Bewertungskriterien. Für jedes Projekt wird geschätzt, in welchem Maße es die einzelnen Bewertungskriterien erfüllt. Das Ergebnis wird zum sogenannten Nutzwert aggregiert, der dann die Position auf der Achse angibt.

In der nachfolgenden Abbildung ist ersichtlich, wie das Projekt-Portfolio aussehen könnte.

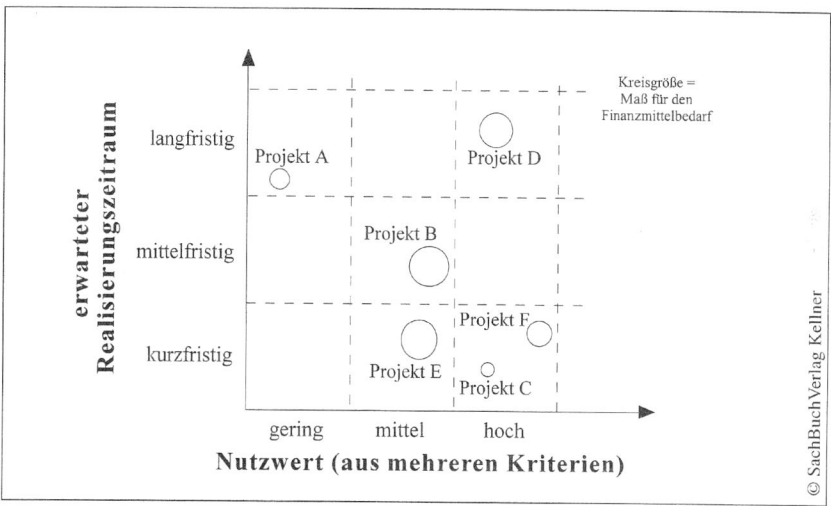

Abb.52: Beispiel für ein Projekt-Portfolio

Zusätzliche Informationen gewinnt man durch die Darstellung der Projekte innerhalb der Ebene. In unserem Beispiel ist die Größe der Kreise ein Maßstab dafür, wieviel Finanzmittel voraussichtlich durch das jeweilige Projekt in Anspruch genommen werden.

Projekte unten rechts (hier: Projekt F und C) weisen einen hohen Nutzwert auf und sind kurzfristig realisierbar. Sie entsprechen in besonderem Maße den Zielvorstellungen der Auswahlgruppe und erhalten deshalb die höchste Priorität. Sie werden auf jeden Fall finanziert. Projekte oben links (hier: Projekt A) weisen dagegen lange Realisierungszeiten und einen geringen Nutzwert auf. Sie erhalten dementsprechend die niedrigste Priorität.

---

[128] Die Nutzwertanalyse wird an anderer Stelle im "Methodenkoffer" näher beschrieben.

Wenn nun über die Projekte F und C hinaus noch Finanzmittel zur Verfügung stehen, kämen die Projekte B, D und E in Frage. Aus dem Portfolio ist ersichtlich, daß Projekt E kurzfristig realisiert werden kann[129]. Da dieses Kriterium besonders wichtig zu sein scheint, entscheidet sich die Arbeitsgruppe unter den dreien für dieses Projekt.

Zusammenfassend kommt die Arbeitsgruppe zu folgendem Ergebnis:

Priorität	sehr hoch	hoch	mittel	gering
Projekt	F, C	E	B, D	A
Freigabe zur Realisierung	ja	ja	nein	nein

2. Erfassung des Ist-Zustandes

Zur Erhebung des Ist-Zustandes gibt es eine ganze Reihe von Methoden, die nutzbringend eingesetzt werden können. Es würde den Rahmen des "Methodenkoffers" bei weitem sprengen, wenn alle aufgeführt und beschrieben würden. An dieser Stelle werden deshalb nur die Befragungstechniken "Interview" und "Fragebogen" skizziert.[130] Ziel der Erfassung des Ist-Zustandes ist es, den Ausgangspunkt für die Projektarbeit zu ermitteln und für alle transparent zu machen.

2.1 Interview

Sachverhalte oder Meinungen werden durch persönliche Befragungen ermittelt. Dabei können drei Interview-Arten unterschieden werden:

• das standardisierte Interview

• das halbstandardisierte Interview

• das nicht-standardisierte Interview.[131]

---

[129] zusätzliche Literatur:
vgl. dazu Kästel/Witt (1994), Schelle (1992) und Schmidt (1994)
[130] Bezüglich weiterer Erhebungstechniken wie z. B. Beobachtung, Dokumentenstudium oder Selbstaufschreibungen sei der interessierte Leser beispielsweise auf Schmidt (1995) verwiesen.
[131] Unberücksichtigt bleibt hier das Intensiv (Tiefen-)Interview.
Der interessierte Leser sei auf Friedrichs (1990) verwiesen.

Standardisierte Interviews sind mündliche Befragungen nach einem festen Schema. Es liegt ein fest vorgegebener Fragebogen vor, den der Interviewer in einer vorgegebenen Reihenfolge wörtlich abliest. Standardisierte Interviews werden häufig eingesetzt, wenn unerfahrene Erheber als Interviewer tätig werden. Beim **halbstandardisierten Interview** ist die **Reihenfolge** der Fragen flexibel auf die Auskunftsbereitschaft des Interviewten anpaßbar; die Fragen als solche stehen fest. Dem **nicht-standardisierten Interview** liegt ein Interviewleitfaden zugrunde. Die Fragen sind stichpunktartig als Merkhilfen aufgelistet. Abhängig vom Gesprächsverlauf und den -inhalten entscheidet der Interviewer situationsabhängig, welche Fragen in welcher Formulierung und welcher Reihenfolge gestellt werden. Ggf. werden auch Fragen weggelassen (weil sich die Frage erübrigt hat), oder es werden zusätzliche Fragen gestellt (weil bislang nicht bedachte Aspekte auftauchen). Diese Interviewform wird aufgrund ihrer guten Anpassungsfähigkeit an unvorhergesehene Wendungen und aufgrund der Berücksichtigung neu auftauchender Aspekte besonders in Organisationsprojekten eingesetzt. Bei zahlreichen Erhebungen werden Mischformen angewandt, da bestimmte Sachverhalte sehr gut standardisiert werden können (z. B. Anzahl der technikunterstützten Arbeitsplätze in einer Organisationseinheit) und andere sinnvollerweise in nicht-standardisierter Form aussagefähigere Ergebnisse liefern (z. B. Qualifikationsniveau in der Organisationseinheit).[132]

Hinsichtlich der Fragetechnik bei nicht standardisierten Interviewfragen hat sich die Einhaltung der sogenannten KROKUS-Regeln[133] bewährt.

KROKUS = **K**urze und einfache Fragen stellen
Redundante (überflüssige) Fragen vermeiden
Offene Fragen stellen[134]
Konkrete Fragen
Unterfragen und Frageketten vermeiden
Suggestivfragen vermeiden

Das Interview sollte möglichst in der vertrauten Umgebung des zu Befragenden abgehalten werden und nicht über eine Stunde hinausgehen. Es enthält drei grundsätzliche zeitliche Abschnitte:

* **Einleitung**
Ziel der Einleitung ist es, eine aufgelockerte Gesprächsatmosphäre zu erzeugen. Sachlich-fachliche Aspekte werden noch nicht behandelt, sondern beispielsweise aktuelle Themen. Die Erläuterung der Projektziele und der Zielsetzung der Untersuchung bildet den Übergang zur eigentlichen Erhebung.

---

[132] Es bietet sich an, den Fragenkatalog einem Pretest zu unterziehen, um die Fragen auf Verständlichkeit, Eindeutigkeit, etc. zu überprüfen. So kann erheblich Zeit bei der weiteren Erhebung gespart werden.

[133] vgl. Schmidt (1994), S. 164f.

[134] Bei offenen Fragen sind keine Antwortkategorien wie z. B. Ja/Nein vorgegeben.

- **Erhebung**
  Sachverhalte, Probleme, mögliche Lösungsansätze usw. werden erfragt. Der Interviewer sollte keine eigenen Stellungnahmen abgeben, um den Interviewpartner nicht zu beeinflussen. Der Interviewer faßt immer wieder Teilergebnisse zusammen, damit er überprüfen kann, ob alles Wesentliche auch richtig verstanden wurde.

- **Ausklang**
  Der Interviewer wird versuchen, die positive Atmosphäre weiter auszubauen. Dies ist sinnvoll, weil sich oftmals im weiteren Projektverlauf erneute Kontakte ergeben. Die zukünftige Zusammenarbeit wird dadurch positiv beeinflußt.

Ganz wichtig ist es, die Inhalte des Gesprächs festzuhalten. Hierfür gibt es mehrere Möglichkeiten. Während des Interviews kann stichwortartig mitgeschrieben und kurz nach dem Interview ein ausführliches Protokoll erstellt werden. Dem Interviewten soll dann jedoch die Möglichkeit zur Einsichtnahme und ggf. zur Korrektur gewährt werden. Es ist aber auch möglich, daß das Ergebnis nach jeder gestellten Frage mit dem Interviewten abgestimmt und festgehalten wird. Eine weitere Möglichkeit besteht darin, das gesamte Interview auf Tonband aufzuzeichnen und im nachherein ein Protokoll zu erstellen, daß wiederum mit dem Interviewten abgestimmt werden muß. So kann kein Detail verlorengehen. Für Tonbandaufzeichnungen ist in jedem Fall vor dem Interview die ausdrückliche Zustimmung des zu Befragenden einzuholen, sowie ein Datenschutzkonzept für die Verwendung, Verwahrung und die Löschungsfristen der Informationen zu erstellen.

2.2 Fragebogen

Im Gegensatz zum Interview erfolgt die **Befragung und Beantwortung in schriftlicher Form.** Der Fragebogen wird dem Befragten zugesandt. Ein Interviewer, der bei etwaigen Unklarheiten zusätzliche Erklärungen zu den Fragen geben könnte, steht somit nicht zur Verfügung. Hieraus resultieren zwei wesentliche Anwendungsvoraussetzungen für eine Erhebung mittels Fragebogentechnik:

1. Die Fragebogentechnik sollte nur eingesetzt werden, wenn eher einfache Tatbestände zu ermitteln sind und ein einheitlicher Informationsbedarf besteht.

2. Einer guten Vorbereitung des Fragebogens kommt eine besondere Bedeutung zu.

Wichtige Regeln zur Erhebung mittels Fragebogen sind:

- Vor seinem Einsatz sollte der Fragebogen immer einem Pretest unterzogen werden, um die Verständlichkeit der Fragen, ihre Eindeutigkeit usw. mit einer kleinen Gruppe von Testpersonen abzuklären.

- Geschlossene Fragen, d. h. Fragen mit vorgegebenen Antwortmöglichkeiten (z. B. Ja/Nein) stehen - im Unterschied zum Interview - aufgrund der besseren Auswertbarkeit im Vordergrund.

- Es sollten nicht zu viele Fragen gestellt werden, da sonst die Bereitschaft zur Beantwortung sinkt.

- Der Fragebogen sollte kurz und klar gegliedert sein; schwierige oder mißverständliche Fragen sind zu vermeiden.

- Ein seriöses Anschreiben sollte beigefügt sein.

- Der Nutzen, den die Erhebung für die zu Befragenden bietet, sollte dargelegt werden.

Man darf sich allerdings keine Illusionen über die Anzahl der Rückläufe bei einer Fragebogenaktion machen, sofern die Beantwortung freiwillig ist. Für die Beurteilung von Fragebogen-Rückläufen kann von folgenden Werten ausgegangen werden:

Rücklaufquote	Bewertung
< 30 %	sehr niedrig
30 - 50 %	tolerabel
50 - 70 %	gut
70 - 90 %	sehr gut
> 90 %	gelogen

Abb.53: **Bewertungsschema für Fragebogen-Rückläufe**

Die wichtigsten Vor- und Nachteile der beschriebenen Befragungstechniken sind in der folgenden Tabelle dargestellt.

Befragungsart	Vorteile	Nachteile
schriftlich	• breitere Datenbasis • relativ wenig Erhebungsaufwand	• keine Möglichkeit für evtl. Rückfragen • großer Vorbereitungsaufwand
mündlich	• zielgruppengenaue Fragen • Flexibilität • Verständnisprobleme können geklärt werden	• sehr hoher Zeitaufwand • kostenintensiv, wenn die Interviewten geographisch weit verstreut sind

Abb.54: **Vor- und Nachteile von schriftlichen und mündlichen Befragungstechniken**

Häufig lassen sich die besten Erhebungsergebnisse bei einem **Methodenmix** realisieren, d. h. es wird sowohl eine Interview- als auch eine Fragebogenaktion durchgeführt.

Die Fragebogentechnik kann auch angewendet werden, um schwer meßbare Faktoren, wie z. B. die Akzeptanz des Projektes bei den Betroffenen, zu ermitteln oder latente Ängste aufzuspüren (Stimmungsbarometer!), aber auch, um Informationsbedarfe zu ermitteln. Da hier aber oftmals nicht direkt gefragt werden kann, müssen die Fragen so gestellt werden, daß Rückschlüsse auf die oben genannten Faktoren möglich sind (Indikatoren).

3. Aufbereitung von Informationen

3.1 ABC-Analyse

Ziel der ABC-Analyse ist es, **Untersuchungsschwerpunkte** (im Rahmen der Ist-Analyse) oder **Gestaltungsschwerpunkte** (im Rahmen der Konzeptionierung) zu identifizieren. Die ABC-Analyse ermittelt, wie sich eine bestimmte Eigenschaft (z. B. Kosten, Bearbeitungsdauer) auf einzelne Elemente einer betrachteten Menge (z. B. Bescheide) konzentriert. Es gilt, Wichtiges von Unwichtigem zu trennen. Es gibt drei Kategorien:

A   wichtig, dringend

B   weniger wichtig

C   unwichtig

Die ABC-Analyse ist einfach zu handhaben. Die Voraussetzung für ihre Anwendung ist, daß die zu untersuchenden Sachverhalte **mengenmäßig** erfaßbar sind. Dies können Häufigkeiten wie Anzahl der Bescheide, Menge der beschafften Teile, Häufigkeit des Aufgabenanfalls und die Gegenüberstellung mit den zu ihrer Erstellung bzw. Beschaffung anfallenden Kosten, der Bearbeitungsdauer o. ä. sein.

Die nachfolgende Abbildung zeigt die ABC-Analyse für eine große Dienststelle, die eine Vielzahl von Büromaterialien verbraucht. Man erkennt, daß durch nur 20 % der Positionen schon über 50 % der gesamten Beschaffungskosten verursacht werden.

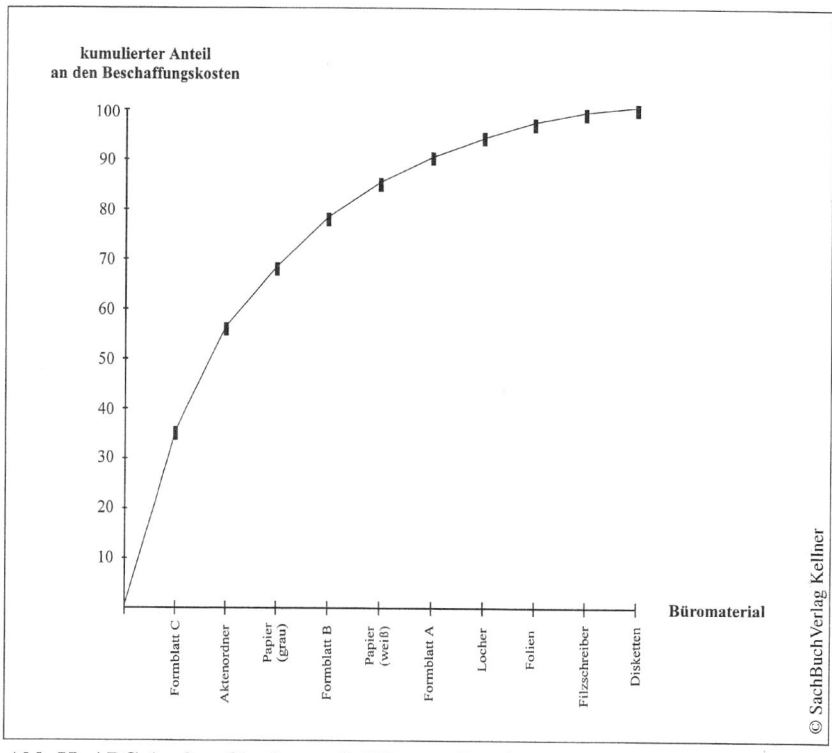

Abb.55: ABC-Analyse für eine große Dienststelle mit hohem Verbrauch einer Vielzahl von Büromaterialien

Die Vorgehensweise bei der Erarbeitung einer ABC-Analyse ist an folgendem Beispiel ersichtlich:

Arbeitsschritt 1: Ermittlung der Beschaffungskosten (absolut und relativ)
Für alle Büromaterialarten (= Positionen) wird die Verbrauchsmenge festgestellt, die in der betrachteten Periode angefallen ist. Im allgemeinen nimmt man die verbrauchte Menge des abgelaufenen Jahres. Denkbar ist aber auch, die prognostizierten Bedarfe für das laufende Jahr als Basis zu wählen. Für jede Position (Büromaterialart) werden die Kosten für die Beschaffung ermittelt. Sie werden als absolute Werte und als relativer Anteil an den Gesamtkosten ausgedrückt. Der Positionsanteil gibt den Anteil der Position (Büromaterialart) an der Gesamtanzahl der Positionen (hier 10) an.

lfd. Pos.-Nr.	Büro- materialart	Positions- anteil [%]	Verbr.-menge [Gebinde p.a.]	Besch.-kosten [DM / Geb.]	Kosten p.a. [DM]	Kosten p.a. [%]
1	Folien	10	390	48,00	18.720	3
2	Filzschreiber	10	600	26,00	15.600	3
3	Locher	10	350	63,00	22.050	4
4	Aktenordner	10	3.400	37,00	125.800	21
5	Papier (weiß)	10	2.700	16,81	45.387	8
6	Papier (grau)	10	4.200	17,34	72.828	12
7	Disketten	10	600	9,10	5.460	1
8	Formblatt A	10	400	67,28	26.912	4
9	Formblatt B	10	4.500	12,87	57.915	10
10	Formblatt C	10	8.400	25,32	212.688	35
	Summe				**603.360**	**100**

Abb.56: ABC-Analyse: Arbeitsschritt 1

Arbeitsschritt 2: Ordnen
Die Positionen werden entsprechend des relativen Anteils an den Gesamtkosten in absteigender Reihenfolge sortiert. Anschließend werden die Kosten summiert.

Pos.-Nr.	Büro- materialart	Positions- anteil [%]	Kosten p.a. [DM]	Kosten p.a. kumuliert [DM]	rel. Anteil an ges. Kosten, kum. (%)	Pos.anteil kum. (%)
10	Formblatt C	10	212.688	212.688	35	10
4	Aktenordner	10	125.800	338.488	56	20
6	Papier (grau)	10	72.828	411.316	68	30
9	Formblatt B	10	57.915	469.231	78	40
5	Papier (weiß)	10	45.387	514.618	85	50
8	Formblatt A	10	26.912	541.530	90	60
3	Locher	10	22.050	563.580	93	70
1	Folien	10	18.720	582.300	97	80
2	Filzschreiber	10	15.600	597.900	99	90
7	Disketten	10	5.460	603.360	100	100

Abb.57: ABC-Analyse: Arbeitsschritt 2

Arbeitsschritt 3: Auswerten
Die untersuchten Sachverhalte (z. B. Büromaterial, Bescheide, Aufgaben) werden der A-, B- oder C-Kategorie zugeordnet:

- **A-Kategorie:** Ihre Anzahl (summierter Positionsanteil) ist klein (z. B. 20 - 30 %). Sie machen aber den größten Teil des Wertes aus (z. B. 60 - 80 %).
- **B-Kategorie:** Sie liegen nach Anzahl (summierter Positionsanteil) und Wertanteil zwischen der A- und C-Kategorie.
- **C-Kategorie:** Zu ihnen gehören sehr viele der Positionen (summierter Positionsanteil z. B. 50 %). Sie bringen es aber nur auf einen kleinen Anteil am Gesamtwert (z. B. 10 %).

Die Abgrenzung zwischen A-, B- und C-Kategorie ist in bestimmten Grenzen eine Ermessensfrage.

A-Kategorie	Formblatt X Aktenordner	20 % Positionsanteil 56 % der Kosten
B-Kategorie	Papier grau Formblatt Y	30 % Positionsanteil 30 % der Kosten
C-Kategorie	Folien Filzschreiber Locher Disketten Formblatt Z	50 % Positionsanteil 14 % Kosten

Abb.58: ABC-Analyse: Auswertung

Konsequenzen:

Maßnahmen, die z. B. auf eine Kostenreduzierung abzielen, sollten sich auf die Sachverhalte der A-Kategorie konzentrieren. Ggf. wäre auch die B-Kategorie einzubeziehen. Den Hebel für eine Kostenreduzierung bei Sachverhalten der C-Kategorie anzusetzen, würde nur geringe Auswirkungen haben und sich daher kaum lohnen.

Das Ergebnis des vorhergehenden Arbeitsschrittes kann - wie bereits zu Beginn der Methodenbeschreibung dargestellt - in grafischer Form (als sog. Lorenzkurve) veranschaulicht werden.

3.2 Portfolio-Technik[135]

Bei der Portfolio-Technik handelt es sich um eine zweidimensionale Rastertechnik. Sie erlaubt es, Informationen zu verdichten. Der Einsatz der Portfolio-Technik als Kommunikationsmittel vereinfacht die Diskussion. In den Teilkapiteln "Risikomanagement" und "Auswahl von Projekten" sind Anwendungsgebiete der Portfolio-Technik mit jeweils einem Beispiel dargestellt. Deshalb werden an dieser Stelle eher allgemeingültige Kennzeichen der Technik beschrieben:

- Zwei relevante Beurteilungsparameter (z. B. Risiko, Vorzugswürdigkeit) stellen die horizontale bzw. vertikale Achse dar. Wichtig ist, daß die richtigen Beurteilungskriterien herangezogen werden. Häufig bietet es sich an, sie in Gruppenform zu ermitteln. Damit wird die Gefahr reduziert, daß wichtige Gesichts-

---

[135] vgl. Kästel/Witt (1994), Schelle (1992)

punkte vernachlässigt werden und als Folge möglicherweise Fehlentscheidungen getroffen werden.[136] Durch die Verwendung multidimensionaler Bewertungsmethoden (z. B. Nutzwertanalyse) können mehr als zwei Bewertungskriterien berücksichtigt werden.

- Die beiden Achsen mit den Beurteilungsdimensionen werden üblicherweise dichotom - also zweigeteilt skaliert. Hierzu einige Beispiele:
  - die Dimension "Risiko" in niedrig - hoch,
  - die Dimension "Realisierungszeitraum" in kurz - lang ,
  - die Dimension "Aufgabenstruktur" in strukturiert - unstrukturiert,
  - die Dimension "Mitarbeiter-Vorgesetzten-Beziehung" in gut - schlecht,
  - die Dimension "Arbeitszufriedenheit" in niedrig - hoch.

  Das Ergebnis ist eine 4-Felder-Matrix. Die Skalierung kann aber auch feiner erfolgen, z. B. durch eine Einteilung in niedrig - mittel - hoch (ergibt eine 9-Felder-Matrix) oder durch eine Einteilung von 1 - 10.

- Die zu beurteilenden Lösungsalternativen oder Betrachtungsgegenstände (z. B. alternative Projekte) werden einem Matrix-Feld zugeordnet.

- Die Portfolio-Darstellung hat lediglich **ergänzenden, strukturierenden** Charakter. Auch sollte beachtet werden, daß divergierende Meinungen (und damit eventuelle Unsicherheitsfaktoren) im Portfolio nicht mehr sichtbar sind, weil sich die Gruppe auf "einen Platz" geeinigt hat.

3.3 Abschätzung zukünftiger Entwicklungen, Szenario-Writing

Beim Szenario-Writing werden in einem kreativen Prozeß Bilder einer möglichen, das Projekt beeinflussenden Zukunft entworfen. Szenario-Writing wird häufig dann eingesetzt, wenn neben quantitativen auch **qualitative, schwer faßbare** Informationen einbezogen werden sollen. Bei mathematisch-analytischen Methoden[137] wird nur auf Basis quantifizierter Vergangenheitsdaten auf die Zukunft geschlossen.

Die Szenario-Methode findet u. a. Anwendung im Rahmen von Machbarkeitsstudien und Kostenschätzungen. Sie ist auch einsetzbar bei der Entwicklung von Zukunftsbildern im sozio-kulturellen Bereich, bei dem demographische Merkmale sowie vorherrschende Wertmuster und insbesondere das frühzeitige Erkennen eines sich abzeichnenden Wandels von Bedeutung sind. Z. B. spielen bei einem Projekt mit

---

[136] Dies ist jedoch kein Nachteil der Methode an sich, sondern ein generelles Problem bei verdichteten Informationen.

[137] Wie beispielsweise die Regressions- und Korrelationsanalyse oder die exponentielle Glättung. Erläuterungen zu den genannten Verfahren findet der interessierte Leser beispielsweise bei Daenzer (1994).

wohnungsmarktpolitischer Fragestellung wirtschaftsstrukturelle, politisch-rechtliche und technologische Faktoren eine Rolle. Sozio-kulturelle Bewegungskräfte und Einflußfaktoren könnten z. B. sein: wachsende Mobilität, kleinere Familien, späteres Heiratsalter, Kinder zum späteren Zeitpunkt, mehr Scheidungen, mehr Doppelverdiener, mehr "Singles", mehr eheähnliche Lebensgemeinschaften usw.

Ausgehend von existenten oder fiktiven Situationen werden mehrere mögliche zukünftige Entwicklungen durchgespielt. Fachexperten der betroffenen Dienststellen erarbeiten in Gruppenarbeit Beschreibungen und Beurteilungen **spekulativen Charakters** von komplexen zukünftigen Situationen. Die Entwicklung von Szenarien erfolgt in mehreren Arbeitsschritten. Wichtige Arbeitsschritte sind dabei:

* Prognosegegenstand eingrenzen

* die relevanten Bewegungskräfte und Einflußfaktoren sowie deren Entwicklung (Trends und "Trendbrüche") ermitteln

* die Querverbindungen zwischen den Einflußkräften analysieren

* Chancen und Gefahren bestimmen, z. B. mittels Brainstorming

* fehlendes und nicht zu beschaffendes Datenmaterial durch Annahmen ersetzen

* alternative Szenarien entwickeln.

In einem ersten Schritt werden die relevanten Bewegungskräfte herausgearbeitet und die wesentlichen Charakteristika und Trends identifiziert (z. B. Zeitpunkte, zu denen wichtige Entscheidungen - z. B. im Projektumfeld - anfallen und die auf das Projekt Auswirkungen haben). Anschließend steht die Frage im Vordergrund, wie sich die Trends und Muster in den nächsten Jahren entwickeln werden und/oder ob es Anzeichen für potentielle Trendbrüche gibt. In Abhängigkeit der Entscheidungen sind die daraus resultierenden zukünftigen alternativen Entwicklungswege abzuschätzen. Die potentiellen Querverbindungen zwischen den Einflußfaktoren müssen berücksichtigt werden: Ein prognostiziertes Ereignis kann die Geschwindigkeit oder die Richtung eines Trends eines anderen Einflußfaktors stark beeinflussen. Hohe Rohölpreise z. B. dämpfen nicht nur den Benzinabsatz, sondern auch die Nachfrage nach PKWs mit hohen Verbrauchswerten.

In einem nächsten Schritt wird versucht, die vielen gesammelten Informationen zu bündeln und daraus ein Zukunftsbild - ein Szenario - zu entwerfen. Die vielfältigen Einflüsse und Kräfte, die in der Analyse herausgearbeitet worden sind, werden zu einem überschaubaren plausiblen Bild der Zukunft verdichtet.

Um aussagefähige Bilder zu erhalten, müssen **mehrere (mindestens zwei) Szenarien** auf dieser Grundlage entwickelt werden. Dies kann beispielsweise der Vergleich eines optimistischen mit einem pessimistischen oder eines progressiven mit einem konservativen Szenario sein.

Im Rahmen des Szenario-Writing beschäftigt sich die Gruppe ganz bewußt mit alternativen, in sich konsistenten **Zukunftsbildern**. Dadurch steigt die Prognosesicherheit.

Auf Basis dieser Szenarien kann dann abgeleitet werden[138],

- welche Strategien oder Aktionen bei welchen Entscheidungen vorzusehen sind (Eventualpläne) und/oder
- welche Maßnahmen **im Vorfeld der Entscheidungen** erforderlich bzw. welche zu unterlassen sind.

4. Suche nach neuen Ideen

4.1 Brainstorming[139]

Brainstorming ist die bekannteste und am häufigsten angewandte Methode, um neue Ideen, mögliche Lösungsansätze u. a. m. zu finden. Durch einen ungehemmten Ideenstrom werden kreative Leistungen erbracht. **Erst nachdem die Ideenerzeugung abgeschlossen ist, erfolgt eine kritische Bewertung der Ideen.** Diese Trennung ist für den Erfolg der Methode außerordentlich wichtig. Sie ist Voraussetzung dafür, daß innerhalb kurzer Zeit eine Fülle von Ideen zusammengetragen werden kann. Beim Brainstorming sind nur einige wenige, jedoch ungemein wichtige Regeln zu beachten:

- *Je mehr Ideen jeder einzelne beiträgt, desto besser.*
- *Kritik ist verboten.*
- *Die bisher gefundenen Ideen werden zur Anregung von weiteren sichtbar gemacht.*
- *Die Fortentwicklung, Verfremdung oder Variierung bereits geäußerter Ideen ist erlaubt und erwünscht ("Dabei kommt mir ein Gedanke ...").*
- *Ungewöhnliche und unkonventionelle Ideen sind willkommen.*

---

[138] nicht mehr Bestandteil der Methode
[139] Brainstorming und Morphologie zählen zu den Kreativitätstechniken.
Eine Reihe von Kreativitätstechniken findet sich in Knieß (1995)

Ein Moderator achtet darauf, daß die vorgenannten Regeln eingehalten werden. Ganz bewußt muß auf die Einhaltung des Kritikverbotes geachtet werden. Häufige "Ideenkiller-Phrasen" sind:

* Damit kommen wir nicht durch.
* Wenn Sie es so gut finden - warum hat es dann noch kein anderer gemacht?
* Dafür haben wir keine Zeit.
* Dafür haben wir kein Geld.
* Dafür haben wir kein Personal.
* Das haben wir schon immer (noch nie) so gemacht.
* Das ist woanders geeignet, aber nicht bei uns.
* Dafür ist die Zeit noch nicht reif.
* Damit sind schon ganz andere hereingefallen.

Die Teilnehmer äußern ihre Ideen. Der Moderator oder eine andere Person hält - für alle Anwesenden gut sichtbar - alle vorgebrachten Ideen fest (Flip-Chart, Tageslicht-projektor, ...). Vorteilhaft kann aber auch sein, wenn die Teilnehmer zunächst ihre Ideen **auf Karten** schreiben (Pro Idee eine Karte!) und an einer (Stell-)Wand befestigen (Brainwriting). Die Zahl der Brainstormer kann bis zu zwölf reichen. Meist ist es vorteilhaft, wenn die Teilnehmer aus unterschiedlichen Fachgebieten kommen. Gerade Personen, die nicht so tief in der Materie stecken, können neue Aspekte aufspüren.

Als zeitliche Obergrenze für eine Sitzung gelten etwa 30 bis 45 Minuten. Erfahrungsgemäß ebbt dann der Ideenfluß ab. In einer separaten Auswertungsrunde werden anschließend die einzelnen Ideen systematisiert, gruppiert und bewertet, z. B. mit Hilfe der Morphologie. Die Brainstorming-Gruppe insgesamt oder nur ein Teil von ihr führt die Auswertung durch. Ggf. können Fachleute, die nicht an der Runde beteiligt waren, für die Auswertung hinzugezogen werden.

4.2 Morphologie

Mit Hilfe der Morphologie wird auf systematisch-analytischem Wege das Problem in seiner Gesamtheit erfaßt. Eine lückenlose Lösungssuche führt zu einer Vielzahl von Lösungsmöglichkeiten.[140] Die Morphologie kann von Einzelpersonen und von Gruppen angewendet werden. Um sämtliche Aspekte und Lösungsansätze zu entwickeln, empfiehlt sich die Gruppenarbeit. Die Gruppe sollte sich aus Personen mit unterschiedlichen, aber fundierten Fachkenntnissen zusammensetzen. Ferner ist es notwendig, daß die Problemstellung schon vor Beginn der Sitzung bekannt ist oder durch Brainstorming gefunden wird.

---

[140] Morphologie eignet sich auch zur Prognose technischer Entwicklungen.

Kern des Verfahrens ist der sog. Morphologische Kasten in Form einer Matrix. In der ersten Spalte werden Merkmale des Untersuchungsgegenstandes (nicht mehr als sieben) aufgeführt. Zu jedem Merkmal werden verschiedene mögliche Merkmals-ausprägungen aufgeführt (mindestens zwei). Wichtig ist, daß die verschiedenen Ausprägungen sich wesentlich unterscheiden, konkret sind und mit der Zielsetzung übereinstimmen. Besonders schwierig, aber wichtig ist die richtige Festlegung der Merkmale und ihrer Ausprägungen. Hierfür bietet sich die Ermittlung in Gruppen-arbeit an. Zuerst werden z. B. mittels Brainstorming alle denkbaren Merkmale und ihre Ausprägungen genannt. Diese werden dann in weiteren Schritten sinnvoll grup-piert und selektiert.

Die nachfolgende Abbildung zeigt für ein behördenübergreifendes Informations- und Kommunikationsnetz einen möglichen Morphologischen Kasten.

Behördenübergreifendes Informations- und Kommunikationsnetz			
Merkmal	**Merkmalsausprägungen**		
Softwareprodukt	Produkt A	Produkt B	
Betriebssystem	System X	System Y	System Z
Netztopologie	Bus	Ring	Stern
Kabel	Glasfaser	Koax-Kabel	Twisted-Pair
Datenhaltung	verteilt	zentral	

Abb.59: Morphologischer Kasten (Beispiel)

In der Matrix werden anschließend die einzelnen Merkmalsausprägungen mitein-ander kombiniert. Jede denkbare Kombination der einzelnen Merkmalsausprägungen führt zu einer Lösungsvariante. In der nachfolgenden Abbildung werden durch die Linien zwei beispielhafte Kombinationen symbolisiert.

Merkmal	**Merkmalsausprägungen**		
Softwareprodukt	Produkt A	Produkt B	
Betriebssystem	System X	System Y	System Z
Netztopologie	Bus	Ring	Stern
Kabel	Glasfaser	Koax-Kabel	Twisted-Pair
Datenhaltung	verteilt	zentral	
	L1	L2	

Abb.60: Morphologischer Kasten mit Lösungsvarianten

Die Lösungsvariante L1 besteht aus der Kombination "Produkt A - System Y - Bus - Koax-Kabel - verteilte Datenhaltung". Die Lösungsvariante L2 besteht aus der Kombination "Produkt B - System Z - Stern - Twisted-Pair-Verkabelung - zentrale Datenhaltung". Zur Bewertung der Lösungsalternativen sind in einem nächsten Schritt andere Methoden heranzuziehen (z. B. Nutzwertanalyse, Kosten-Nutzen-Analyse).

5. Bewertung und Entscheidung

Bewertungsmethoden haben immer dort ihren Platz, wo zwischen verschiedenen Alternativen ausgewählt werden muß und die Entscheidung nicht auf subjektiven Vorlieben einzelner Personen oder Interessengruppen beruhen soll. Lösungsalternativen schafft u. a. die Methode der Morphologie. Zu den am häufigsten eingesetzten Methoden der Bewertung von Alternativen gehört die **Nutzwertanalyse**. Sie hat zum Ziel, aus mehreren Lösungsalternativen die insgesamt beste zu ermitteln. Die Nutzwertanalyse eignet sich vor allem, wenn

- zur Bewertung der Lösungsalternativen eine **Vielzahl von entscheidungsrelevanten Kriterien** zu berücksichtigen sind und

- bei der Beurteilung auch **nicht monetäre Bewertungskriterien** zugrundegelegt werden.

Über die Nutzwertanalyse hinaus gibt es noch weitere Ansätze. Hier sind insbesondere die Verfahren zur Wirtschaftlichkeitsrechnung zu nennen. Auf diese soll an dieser Stelle jedoch nicht näher eingegangen werden.[141]

5.1 Nutzwertanalyse

Die Nutzwertanalyse erfolgt am besten **in Gruppenarbeit**. Die einzelnen Lösungsalternativen werden dadurch aus unterschiedlichen Blickwinkeln und Interessenlagen heraus bewertet. Unter den Teilnehmern sollten grundsätzlich auch die späteren Anwender vertreten sein. Ausgangsbasis für die Nutzwertanalyse sind mehrere, prinzipiell brauchbare Lösungsmöglichkeiten, die unterschiedlich ausgeprägte Vor- und Nachteile aufweisen.

Nachfolgend wird der idealtypische Ablauf der Nutzwertanalyse aufgezeigt und anhand eines stark vereinfachten Beispiels dargestellt.

---

[141] Der interessierte Leser sei hier auf die Veröffentlichung des Senators für Finanzen der Freien Hansestadt Bremen (1995) hingewiesen.

Definition von Zielen und die Zerlegung der Ziele in meßbare Bewertungskriterien

In einem ersten Arbeitsschritt werden alle zu berücksichtigenden Bewertungskriterien aufgestellt. Die Bewertungskriterien leiten sich von den Projektzielen ab, insbesondere aus den Leistungszielen.[142] Die am Anfang noch sehr allgemeinen (Ober-) Ziele werden schrittweise immer weiter so konkretisiert und operationalisiert, daß am Ende meßbare Bewertungskriterien zur Verfügung stehen. Wichtig ist dabei, bislang nicht ausgesprochene oder noch nicht berücksichtigte Ziele mit aufzunehmen. Es ist darauf zu achten, daß

- die Bewertungskriterien vollständig sind,
- die Bewertungskriterien voneinander unabhängige Aspekte messen (Vermeidung von Mehrfachzählungen unter anderen Begrifflichkeiten),
- keine Zielwidersprüche (= Ziele, die sich gegenseitig ausschließen) aufgenommen werden.

Beispiel: Bei der Bewertung und Auswahl von zwei Informations- und Kommunikationssystemen[143] können z. B. die folgenden Kriterien im ersten Arbeitsschritt ausgewählt werden:

1. Leistungsfähigkeit
2. Service
3. Zuverlässigkeit
4. Ausbaufähigkeit
5. Bedienerfreundlichkeit.

Verteilung von Gewichtungsfaktoren

Im nächsten Arbeitsschritt werden die Bewertungskriterien gewichtet. Es gibt Bewertungskriterien, die besonders wichtig sind, und solche, die zwar zu berücksichtigen sind, denen aber keine große Bedeutung zukommt. Die Bedeutung der einzelnen Bewertungskriterien wird durch den sogenannten Gewichtungsfaktor zum Ausdruck gebracht. Je größer die Bedeutung eines Bewertungskriteriums ist, desto größer ist der Gewichtungsfaktor. Die Summe der Gewichtungsfaktoren kann mit 1 oder 100 % festgelegt werden. Gerade bei diesem Arbeitsschritt treffen die

---

[142] siehe Teilkapitel "Zielplanung", wonach Ziele u. a. eine Bewertungsfunktion erfüllen und somit als Kriterien zur Bewertung heranzuziehen sind.

[143] Der interessierte Leser sei insbesondere auf folgende Veröffentlichung verwiesen, wo zahlreiche Empfehlungen zur Ausschreibung und Bewertung aufgeführt sind: Der Bundesminister des Innern (1988).

unterschiedlichen Interessenlagen aufeinander. Die Konfrontation mit anderen Standpunkten ist aber durchaus gewollt,

- damit die unterschiedlichen Interessenlagen thematisiert, begründet und diskutiert werden und
- weil dadurch eine gesamtheitliche, d. h. möglichst alle Aspekte umfassende Bewertung erreicht wird.

Das Ergebnis dieses Arbeitsschrittes könnte für das Beispiel so aussehen:

Kriterium	Gewichtung		
1. Leistungsfähigkeit	0,3	oder	30 %
2. Service	0,1		10 %
3. Zuverlässigkeit	0,2		20 %
4. Ausbaufähigkeit	0,1		10 %
5. Bedienerfreundlichkeit	0,3		30 %
	1,0		100 %

Bewertung nach Erfüllungsgrad

Im nächsten Arbeitsschritt wird beurteilt, in welchem Maße (wie gut) die einzelnen Lösungsmöglichkeiten die Bewertungskriterien erfüllen. Hierzu ist es zunächst erforderlich, den Maßstab für den jeweiligen Zielerfüllungsgrad festzulegen. Der Erfüllungsgrad gibt an, wie gut das vorgegebene Bewertungskriterium durch die jeweilige Lösungsalternative erreicht wird. Er wird in Punkten ausgedrückt; jede Lösung erhält also eine "Gütenote" für jedes Bewertungskriterium. Auf diese Weise wird der Erfüllungsgrad ermittelt. Denkbar ist das folgende Urteilsschema:[144]

Erfüllungsgrad	Punkte
unbefriedigend	0 - 1
noch tragbar	2 - 3
ausreichend	4 - 5
gut	6 - 7
sehr gut	8 - 9

---

[144] in Anlehnung an Patzak (1982), S. 299

Anhand des Beispiels zeigt nachfolgende Tabelle, wie das Ergebnis dieses Arbeitsschrittes aussehen kann:

Kriterium	Gew.	Erfüllungsgrad	
		Alternative A	Alternative B
Leistungsfähigkeit	0,3	5	8
Service	0,1	3	5
Zuverlässigkeit	0,2	7	8
Ausbaufähigkeit	0,1	4	3
Bedienerfreundlichkeit	0,3	7	6

Abb.61: Nutzwertanalyse: Bewertung der Alternativen

Berechnung von Teil- und Gesamtnutzwerten

Im nächsten Arbeitsschritt werden die Nutzwerte berechnet: Durch Multiplikation des Gewichtungsfaktors mit dem Erfüllungsgrad ergibt sich für jede Lösungsalternative der jeweilige Teilnutzwert. Sämtliche Teilnutzwerte einer jeden Alternative werden zunächst berechnet. Die Summe aller Teilnutzwerte einer Alternative ergibt anschließend den Gesamtnutzwert dieser Alternative. Die Variante mit dem höchsten Gesamtnutzwert wird als die beste angesehen. Ihr wird Rang 1 zugewiesen.

Fortsetzung des Beispiels:

Kriterium	Gew.	Erfüllungsgrad		Nutzwert	
		Alternative A	Alternative B	Alternative A	Alternative B
Leistungsfähigkeit	0,3	5	8	1,5	2,4
Service	0,1	3	5	0,3	0,5
Zuverlässigkeit	0,2	7	8	1,4	1,6
Ausbaufähigkeit	0,1	4	3	0,4	0,3
Bedienerfreundlichkeit	0,3	7	6	2,1	1,8
Gesamtnutzwert				5,7	6,6
Rangfolge				2	1

Abb.62: Nutzwertanalyse: Auswertung

Ergebnis: B ist die beste Lösungsalternative - gemäß den in der Nutzwertanalyse erfaßten Kriterien und der vorgegebenen Gewichtung.

Vorteile der Nutzwertanalyse

Die Nutzwertanalyse ist ein ausgezeichnetes Kommunikationsmittel. Die Entscheidungssituation wird transparent. Die Methode zwingt alle Beteiligten dazu, sich über ihre Wertvorstellungen Gedanken zu machen und sie ins Gespräch zu bringen. Die Abbildung und Gewichtung mehrdimensionaler Zielsetzungen wird unterstützt, wobei insbesondere nicht monetäre Beurteilungskriterien Berücksichtigung finden.

5.2   Sensitivitätsanalyse

Eine Nutzwertanalyse sollte um eine Sensitivitätsanalyse erweitert werden. Ziel dieser Methode ist es, zu überprüfen, wie stabil die bisher gefundene Lösungsalternative bleibt. Durch Veränderung von Gewichtungen oder gar Kriterien läßt sich erkennen, ab welcher Veränderung eine andere Lösungsalternative zur besseren wird. Um die Sensitivitätsanalyse schnell ausführen zu können, bietet sich Nutzwertanalyse-Software an.

Für das obige Beispiel könnte folgende Situation eintreten. Bei der Gewichtung der Kriterien hat es unterschiedliche Ansichten hinsichtlich der Gewichtung des Bewertungskriteriums "Service" gegeben. Die späteren Anwender wollten aufgrund ihrer Erfahrungen den Service mit einem Gewicht von 0,2 und Leistungsfähigkeit auch mit 0,2 versehen. Ihre Argumentation war: "Was bringt eine höhere Leistungsfähigkeit von Rechnern, wenn es keinen Service für die immer wieder auftretenden Probleme gibt. Die beste Leistungsfähigkeit hilft dann nichts, wenn die Rechner nicht laufen." Die Mitarbeiter der EDV-Dienststelle konnten sich jedoch mit der Gewichtung von 0,1 für Service und 0,3 für die Leistungsfähigkeit durchsetzen. Damit es nicht zur Unzufriedenheit bei den späteren Anwendern kommt, ist nach Ermittlung des Nutzwertes mit den oben angegebenen Gewichten noch eine Sensitivitätsanalyse durchgeführt worden. Dabei wurden die Komponenten wie folgt verändert: Der Service erhielt eine Gewichtung von 0,2 und die Leistungsfähigkeit wurde auch mit 0,2 gewichtet. Nach der erneuten Berechnung zeigte sich zur Zufriedenheit aller Beteiligten, daß die Alternative B trotz der Veränderungen der Gewichtung die optimale Lösung bleibt - sie ist insoweit stabil.

6. Risikomanagement

Jedes Projekt enthält Risiken. Im folgenden wird dargestellt, wie in Projekten mit Risiken umgegangen werden kann.[145]

Identifikation, Analyse und Behandlung von Risiken ergibt zusammen das Risikomanagement. Es sollte grundsätzlich bei jeder Art von Projekten und möglichst frühzeitig angewandt werden. Dies bedeutet, daß die Projektgruppe sich spätestens im Stadium der Projektplanung mit risiko-orientierten Fragestellungen beschäftigt. Im weiteren Projektverlauf ist die **periodische Wiederholung** der dargestellten Arbeitsschritte für ein wirkungsvolles Risikomanagement unbedingt erforderlich.

Im Rahmen des Risikomanagements sind Faktoren, die für das Projekt eine Gefahr bedeuten können, auszuweisen sowie zu bewerten und zu klassifizieren. Ferner sind Gegenmaßnahmen einzuleiten. Basis der Risikobetrachtungen sind die Projektziele. Risiken sind zu verstehen als **mögliche negative Zielabweichungen**.

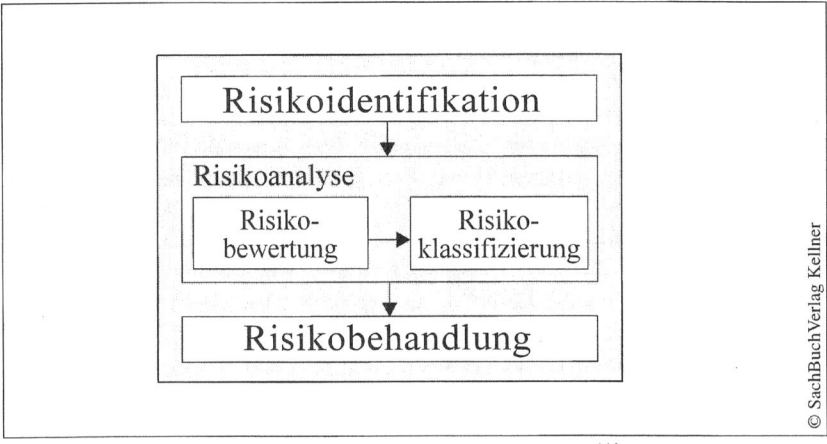

Abb. 63: Arbeitsschritte im Rahmen des Risikomanagements[146]

Vorstehende Abbildung skizziert den Prozeß von der Risikoidentifikation bis hin zur Risikobehandlung. In den folgenden Abschnitten werden die einzelnen Arbeitsschritte beschrieben.

---

[145] Zugrunde gelegte Literatur (in alphabetischer Reihenfolge): Avots/Dworatschek (1990), Daenzer (1994), Franke (1984), Franke/Fürnrohr (1994), Janßen (1996), Kielkopf/Meyer (1991), Rinza (1994), Schnorrenberg/Göbels/Rassenberg (1996)
[146] nach Schnorrenberg/Göbels/Rassenberg (1996)

Identifikation von Risiken

Im ersten Schritt werden potentielle Störfaktoren ermittelt. Anhand der Arbeitspakete des Projektstrukturplans ist es möglich und sogar empfehlenswert, Risiken zu identifizieren. Sämtliche Arbeitspakete des Projektes werden zunächst aufgelistet. Für jedes einzelne Arbeitspaket wird untersucht, ob

- Schwierigkeiten bezüglich der Sachaufgaben auftreten können (**sachliches Risiko**)
- Terminschwierigkeiten auftreten können (**terminliches Risiko**)
- die finanziellen Mittel besonders knapp (kalkuliert) sind (**finanzielles Risiko**).

Falls dies bei einem Arbeitspaket zutrifft, sind die Auswirkungen auf andere Arbeitspakete ebenfalls zu ermitteln. Diese Untersuchung sollte in Teamarbeit erfolgen, damit zu jedem Arbeitspaket unterschiedliche fachliche Aspekte einfließen können. Die Ergebnisse der Risikoidentifikation können im folgenden Formular festgehalten werden (Spalten 1-5):

Arbeits- paket	Risiken			Auswirk. auf AP-Nr.	mögliche Ursachen	vorbeugende Maßnahmen
	sachlich	terminlich	finanziell			

Abb. 64: Arbeitsblatt zum Risikomanagement[147]

Eine weitere, häufig gewählte Methode zur Identifikation von Risiken stellen Checklisten dar. Risikochecklisten enthalten eine Zusammenstellung von Risiken der unterschiedlichen Risikoarten, die als Orientierungshilfe bei der Identifikation von Risiken hinzugezogen werden. Risikochecklisten können mit Hilfe von Brainstorming und/oder Brainwriting-Methoden erstellt werden[148]. Sie können aber auch aus der Erfahrung mit bereits durchgeführten Projekten erstellt werden. Für Teile des Projektes können wiederum spezielle Checklisten vorliegen, die von den zuständigen Fachleuten bzw. dem AP-Verantwortlichen beantwortet werden. Der Einsatz von Risikochecklisten ist ein einfaches und effektives Verfahren zur Erkennung von Risiken. Da jederzeit Erkenntnisse aus neuen Projekten in die Risikocheckliste eingehen können, ist die Möglichkeit einer fortwährenden Aktualisierung gegeben. Von einer Vollständigkeit der Listen kann allerdings nicht ausgegangen werden.

---

[147] in Anlehnung an Kielkopf/Meyer (1991), S. 836
[148] siehe in Teil IV, Kapitel 4

Risikobewertung

Aufgabe der Risikobewertung ist es, die identifizierten projektspezifischen Risiken zu quantifizieren. Dabei sind insbesondere folgende Fragen zu beantworten:

* Wie groß ist die Wahrscheinlichkeit für das Eintreten der jeweiligen potentiellen Störung?

* Unter der Annahme, daß die Störung eintritt, wie groß sind dann die Auswirkungen, bezogen auf die Kosten?

Die Antworten hierauf müssen durch einen oder mehrere Experten geschätzt werden. Die im "Methodenkoffer" unter "Kostenschätzverfahren" beschriebenen Möglichkeiten (Einzelschätzung, Gruppenschätzung, Delphi-Verfahren) können auch hier nutzbringend angewendet werden.

Die kostenorientierten Auswirkungen können

* **monetär** (in DM) und/oder

* **mit Hilfe von Punktwerten**

quantifiziert werden. Darüber hinaus kann die Riskobetrachtung auch einen nichtquantifizierbaren (qualitativen) Anteil beinhalten, bei dem die Risiken lediglich verbal beschrieben werden.[149]

Bei Risikoeintritt kann es als eine mögliche Folge zu einem Terminverzug kommen. Auch ein eventueller Terminverzug ist kostenmäßig zu bewerten. Wenn z. B. eine geplante Effizienzverbesserung mehrere Monate später als geplant wirksam wird, resultiert daraus für diesen Zeitraum ein **entgangener Nutzen**[150].

Beide oben aufgezeigten Varianten zur quantifizierten Risikobewertung werden im folgenden exemplarisch durchgespielt.[151]

a) Quantifizierung mit Hilfe von Punktwerten

Zur Benotung der Wahrscheinlichkeit des Eintretens eines Riskofalles kann beispielsweise eine Skala von null bis zehn verwendet werden:

0 bedeutet: der Risikofall tritt nicht ein

5 bedeutet: die Eintrittswahrscheinlichkeit ist mittelgroß

10 bedeutet: der Risikofall tritt mit sehr hoher Wahrscheinlichkeit ein.

---

[149] vgl. Franke (1984), S. 23, Rinza (1994), S. 70
[150] vgl. Janßen (1996).
In der Betriebswirtschaftslehre wird ein entgangener Nutzen auch als "Opportunitätskosten" bezeichnet.
[151] Die in der Risikoanalyse angegebenen Werte stellen Beispiele dar, die in der Verwaltungspraxis an dienststellenspezifische Erfordernisse angepaßt werden können (und müssen).

Die Tragweite, mit der im Falle des Eintritts des Risikofalles gerechnet werden muß, kann ebenfalls mittels einer Skala von null bis zehn ausgedrückt werden:

0   bedeutet: keine Auswirkung
5   bedeutet: mittlere Auswirkung
10   bedeutet: große Auswirkung.

Arbeitspaket	Risikofall	Wahrscheinlichkeit des Eintretens	Tragweite	Risiko-bewertung[152]
Arbeitspaket X	R1	2	3	6
Arbeitspaket Y	R2	2	10	20
Arbeitspaket Z	R3	8	7	56
Arbeitspaket X	R4	2	1	2
Arbeitspaket X	R5	4	2	8
Arbeitspaket Z	R6	2	2	4

Abb. 65: Risikobewertung (Beispiel 1)

b) monetäre Quantifizierung

Arbeitspaket	Risikofall	Wahrscheinlichkeit des Eintretens	geschätzter Schaden [DM]	Risiko-bewertung[153]
Arbeitspaket X	R1	0,1	30.000	3.000
Arbeitspaket Y	R2	0,1	100.000	10.000
Arbeitspaket Z	R3	0,4	70.000	28.000
Arbeitspaket X	R4	0,1	10.000	1.000
Arbeitspaket X	R5	0,2	20.000	4.000
Arbeitspaket Z	R6	0,1	20.000	2.000

Abb. 66: Risikobewertung (Beispiel 2)

Auf Basis der Risikobewertung wird im nächsten Schritt eine Risikoklassifikation vorgenommen.

---

[152] = Spalte 3 mal Spalte 4
[153] = Spalte 3 mal Spalte 4

Risikoklassifikation

Aufgabe der Klassifizierung ist es, die Risiken nach ihrer "Behandlungsbedürftigkeit" zu sortieren. Es sprechen zwei Gründe dafür, nicht alle Risiken, sondern nur ausgewählte zu behandeln:

* knappe Ressourcen (Zeit, Personal und Geld),
* die Wahrung der Verhältnismäßigkeit zwischen Schadenshöhe und Beseitigungs- oder Minderungseinsatz.

Durch die Sortierung wird die Auswahl der Risiken, die in die Risikobehandlung eingehen müssen, wesentlich erleichtert.

Die bisherigen Beispiele sollen weiterentwickelt werden, um die Klassifikation von Risiken zu veranschaulichen. Als unterstützende Methoden werden hier die ABC-Analyse sowie die Portfolio-Technik eingesetzt.[154]

Risikoklassifikation mittels ABC-Analyse (Weiterentwicklung von Beispiel 1)

Risiken, sortiert entspr. Bewertung	Risiko- bewertung	kumulierte Werte	kumulierte Werte in %
R3	56	56	58,3
R2	20	76	79,2
R5	8	84	87,5
R1	6	90	93,8
R6	4	94	97,9
R4	2	96	100,0

Abb. 67: Ergebnisse der ABC-Analyse bei Beispiel 1

---

[154] Auf eine Beschreibung dieser Methoden wird in Teil IV, Kapitel 3 eingegangen. Detailliertere Hinweise zum Einsatz der Methoden im Bereich des Risikomanagements findet der interessierte Leser beispielsweise bei Schnorrenberger/Göbels/Rassenberg (1996).

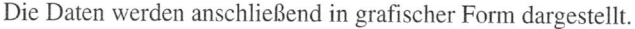

Die Daten werden anschließend in grafischer Form dargestellt.

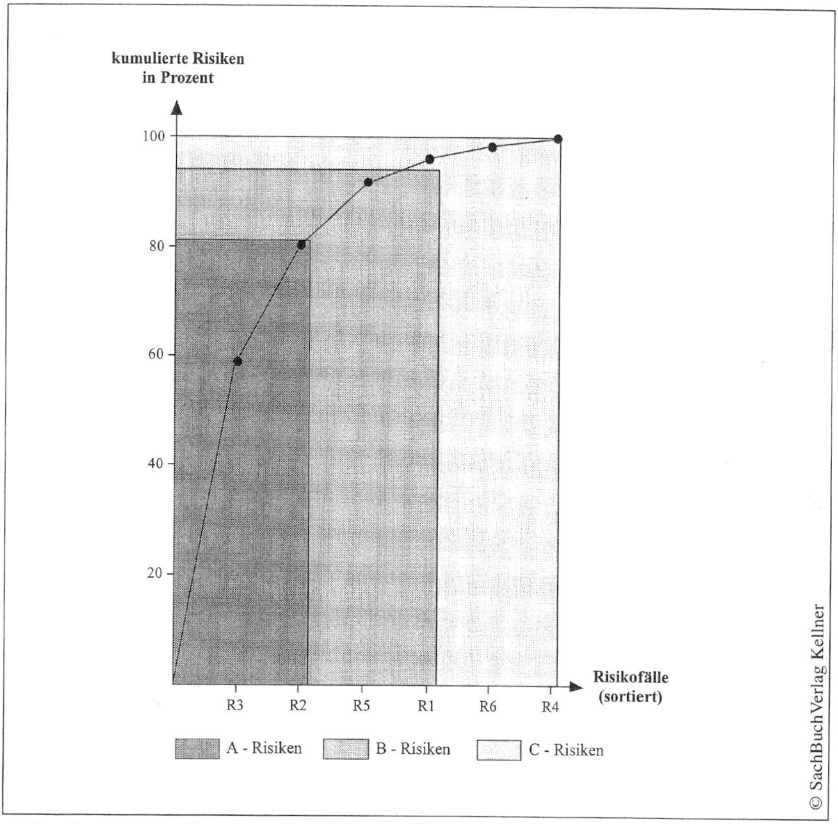

**kumulierte Risiken
in Prozent**

[Diagramm mit kumulierten Risiken in Prozent (100, 80, 60, 40, 20) auf der y-Achse und Risikofällen (sortiert) R3, R2, R5, R1, R6, R4 auf der x-Achse. Legende: A - Risiken, B - Risiken, C - Risiken]

Risikofälle
(sortiert)

© SachBuch Verlag Kellner

Abb. 68: **ABC-Analyse in grafischer Form**[155]

Zwei der sechs Risikofälle (= 33,3 %) verursachen eine Schadenshöhe von fast 80 %. Die Risikofälle R2 und R3 sind somit dem A-Bereich zuzuordnen und erfordern eine eingehende Behandlung. Der Risikofall R5 gehört der Kategorie B an; er sollte also in begrenztem Umfang behandelt werden. Bezüglich der Risikofälle R1, R6 und R4 ist aufgrund ihrer Zuordnung zur Kategorie C eine genauere Betrachtung nicht zwingend erforderlich.

---

[155] Darstellungsform in Anlehnung an Schnorrenberg/Göbels/Rassenberg (1996)

Risikoklassifikation mittels der Portfolio-Technik (Weiterentwicklung von Beispiel 2)

Die Klassifikation von Risiken mit Hilfe der Portfolio-Technik ist sehr einfach anwendbar. Durch Teilung der Achsenlängen entstehen vier Rechtecke, in die sich die Risiken in Abhängigkeit ihrer jeweiligen Schadenshöhe und Eintrittswahrscheinlichkeit einordnen lassen.

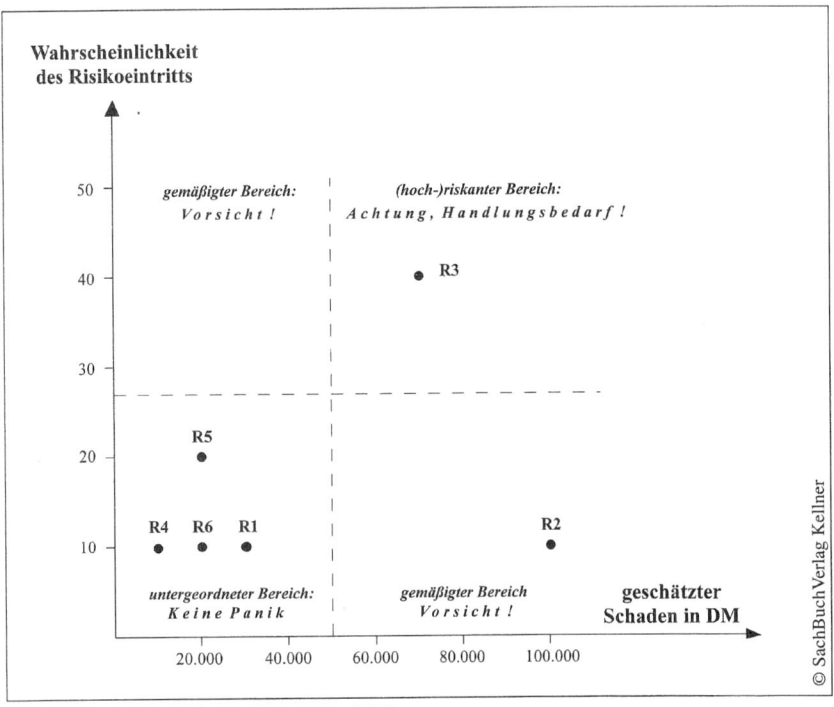

Abb. 69: Portfolio-Darstellung von Risiken

Risikobehandlung

Im folgenden Arbeitsschritt "Risikobehandlung" wird untersucht und festgelegt, wie mit den Risiken umgegangen werden soll. Es ist zu fragen, welche vorbeugenden Maßnahmen geeignet sind, identifizierte bedeutsame Risiken zu vermeiden.

Die Ergebnisse werden in dem bereits - in Abb. 64, S. 203 - vorgestellten Arbeitsblatt zum Risikomanagement eingetragen (vorbeugende Maßnahmen).

An vorbeugenden Maßnahmen stehen die folgenden Alternativen zur Auswahl:

- **Eliminierung von Risiken**
  Die Eliminierung von Risiken bietet zwar die größte "Sicherheit", wird aber häufig hohe Kosten verursachen und in vielen Fällen schlichtweg unmöglich sein. Trotz der verlockenden Aussicht auf Risikofreiheit muß also - neben der Machbarkeit - das Kosten-Nutzen-Verhältnis überprüft werden. Je geringer die Eintrittswahrscheinlichkeit und der mögliche Schaden und je höher der Eliminierungsaufwand, desto unwirtschaftlicher ist die Eliminierung eines Risikos.

- **Verminderung von Risiken**
  Die Verminderung von Risiken bezieht sich auf vorbeugende (präventive) Maßnahmen, die Risiken verringern - nicht aber eliminieren - können. Eigens zur Risikominderung können Arbeitspakete definiert werden. Ein Beispiel hierfür ist die Erstellung einer Machbarkeitsstudie oder die Erstellung eines Gutachtens.

- **Versicherung von Risiken**
  Bestimmte Risiken können versichert werden, so daß im Falle des Risikoeintritts der Schaden erstattet wird. Voraussetzung hierfür ist natürlich die grundsätzliche Versicherbarkeit. Wenn sie gegeben ist, muß zwischen Eintrittswahrscheinlichkeit und Risikoschaden einerseits und dem Versicherungsbeitrag andererseits abgewogen werden. Hier gilt: Je höher die Eintrittswahrscheinlichkeit und der mögliche Schaden und je geringer der Versicherungsbeitrag, desto lohnender ist die Versicherung des Risikos.

- **Übertragung von Risiken**
  Risiken können durch Vereinbarungen - z. B. Verträge - auf andere übertragen werden. Eine Übertragung von Risiken ist nicht immer möglich. Es gibt die Möglichkeit, Risiken auf (Unter-)Auftragnehmer zu verlagern. Bei einer großen Zahl von interessierten potentiellen (Unter-)Auftragnehmern ist eine Risikoübertragung eher durchsetzbar als bei einer geringeren Zahl.

Akzeptierung von Risiken

Das Akzeptieren von (gewissen) Risiken wird in vielen Projekten unvermeidlich sein. Es entstehen - zunächst(!) - keinerlei Kosten für die Risikobehandlung. Sollte das Risiko aber eintreten, entsteht der Schaden in voller Höhe. Es ist deshalb hilfreich, sofern die Risiken nicht minimiert werden können, sie nach außen offen zu benennen. Dadurch wird Außenstehenden oftmals erst die Risikoträchtigkeit des Projektes bekannt oder (wieder) bewußt.

Treten trotz vorheriger Risikovorsorgeplanung Risiken ein, so ist die Projektplanung zu überarbeiten, und eventuell müssen steuernde Maßnahmen[156] eingeleitet werden.

---

[156] zu den steuernden Maßnahmen, siehe Teil IV, Kapitel 12.4

7. Unterstützung der Zielformulierung

Wesentliche Hinweise zu den Funktionen von Zielen, den Prozeß der Zielfindung und darüber, welche Personengruppen bei diesem Prozeß mitwirken, wurden bereits im Teil II "Zielplanung" gegeben. Bereits an der Stelle wurde darauf hingewiesen, wie wichtig **operationale Ziele** sind und welchen Schaden **Zielwidersprüche** anrichten. Diese Aspekte stehen bei der nachfolgenden Beschreibung unterstützender Methoden im Rahmen der Zielplanung im Vordergrund.

Operationalisierung der Ziele und Ziel-Mittel-Denken

Ziele sollten möglichst operational beschrieben werden. Ein Ziel gilt als operational, wenn die folgenden Merkmale beschrieben sind:

* **Welcher Bereich / was** soll verändert werden? (Projektgegenstand)
* **Was** soll erreicht werden? (Zielinhalt)
* **Wieviel** soll erreicht werden? (Zielausprägung, z. B. Verringerung um 30 %)
* **Wann** soll es erreicht werden? (Meilenstein, Zeitraum)
* **Wo** soll es wirksam werden? (z. B. Bestimmung einer Dienststelle)

Der Prozeß, von zunächst allgemein gehaltenen Zielen zu operationalen Zielen zu kommen, wird als **Operationalisierung** bezeichnet. Die Operationalisierung von Zielen kann insbesondere mittels des Ziel-Mittel-Denkens methodisch unterstützt werden. Das Ziel-Mittel-Denken ist ebenso einfach wie wirkungsvoll. Man stellt ganz einfach die Frage

"Mit welchen Mitteln kann man das Oberziel erreichen?"

Hierdurch erhält man Unterziele (= Mittel zur Erreichung des Oberziels), die das Oberziel konkretisieren.

Es ist zu beachten, daß ein Ziel zunächst **nicht zu eng** gesetzt wird, weil dadurch der Lösungsspielraum unzulässig stark begrenzt wird. Ein häufiger Fehler in der Verwaltungspraxis lautet beispielsweise "Ziel dieses Projektes ist die Einführung des DV-Systems XYZ". Dabei wird übersehen, daß die Einführung des DV-Systems nur ein Mittel zur Erfüllung eines übergeordneten Zieles ist, wie z. B. die Effizienzverbesserung. Durch das zu eng gesetzte Ziel werden andere, ebenfalls grundsätzlich mögliche und eventuell noch besser geeignete Mittel zur Zielerreichung ausgeblendet. Gegen eine derartige Blickverengung schützt man sich am besten durch die Frage nach dem "Wozu" eines Zieles. Es ist deshalb zweckmäßig, das Ziel-Mittel-Denken **in beide Richtungen** anzuwenden: Zu der o. g. Frage

"Mit welchen Mitteln ...?" kommt für die andere Richtung die Frage "Wozu dieses Ziel?" hinzu. Damit wird nach übergeordneten Zielen gesucht, um dadurch andere Mittel aufzuspüren, mit denen das übergeordnete Ziel ebenfalls und möglicherweise kostengünstiger erreicht werden kann. Dieses Prinzip wird gelegentlich auch als **Weitwinkelprinzip** bezeichnet.

Beispiel für eine Zieloperationalisierung: Verbesserung der Effizienz

• durch Technikeinsatz,

• durch verbesserte Anreizsysteme und

• durch ablauforganisatorische Verbesserungen.

Auf diese Unterziele kann wiederum das Ziel-Mittel-Denken angewendet werden. Beispielsweise kann "Ablauforganisatorische Verbesserungen" weiter untergliedert werden in die Punkte:

• durch weniger Schnittstellen im Arbeitsablauf,

• durch eine andere Bearbeitungsreihenfolge.

Das Teilziel "weniger Schnittstellen im Arbeitsablauf" läßt sich nun relativ einfach operational beschreiben. Beispiel: "Bei der Erstellung des Bescheides XYZ 30 % weniger Schnittstellen im Arbeitsablauf innerhalb eines Jahres bei der hiesigen Behörde A."

8. Projektstrukturierung mittels Projektstrukturplan

Projekte sind meist komplex und relativ unübersichtlich. Sie erfordern deshalb eine Strukturierung als Voraussetzung zur erfolgreichen Abwicklung. Die Aufstellung eines Projektstrukturplanes (PSP) hat das Ziel, eine vollständige und strukturierte Übersicht über alle im Projekt anfallenden Aufgaben zu erhalten. Durch die Zerlegung in einzelne Elemente wird das Projekt "kleingekocht" und damit planbar, steuerbar und überwachbar, im Sinne von Controlling.

Der Projektstrukturplan wird in unterschiedlichen Projektarten und in Projekten verschiedener Größe angewendet. Mit steigender Komplexität des Vorhabens werden die Anwendung und die Formalisierung des PSP intensiver. Da Projekte neue Sachverhalte realisieren sollen, können naturgemäß zu Beginn nicht alle Einzelheiten feststehen und im PSP aufgenommen sein. Deshalb müssen die zu Beginn des Projektes erstellten Strukturpläne der Weiterentwicklung des Projektes angepaßt werden. Die Bearbeitung des PSP ist somit ein projektbegleitender Prozeß mit fortlaufender Detaillierung, da in den frühen Phasen des Projektes die Strukturierung häufig nur grob sein kann.

Die Projektstrukturierung mittels Projektstrukturplan ist ein iterativer, über mehrere Zwischenstufen erfolgender Prozeß der Verfeinerung und Detaillierung der Projektaufgaben.

Diese Top-Down-Strukturierung, vom Groben zum Feinen, führt dazu, daß die Teilaufgaben mit zunehmender Gliederungstiefe und entsprechendem Kenntnisstand immer kleiner und homogener werden.

Die sachlich zusammengehörenden und nicht mehr zu teilenden Tätigkeitsbündel stellen die Arbeitspakete dar. Sie werden im PSP nicht weiter untergliedert. Jedes Arbeitspaket kann an einzelne Organisationseinheiten oder Personen (Dienststellen oder externe Auftragnehmer) zur verantwortlichen Bearbeitung abgegeben werden. Erst auf dieser Ebene ist es sinnvoll und möglich (durch Reduktion der Komplexität), eine Ablauf- und Terminplanung zu erstellen und die erforderlichen Aufwendungen (Kapazitäten von Personal, Sachmitteln und Kosten) zu schätzen. Die Summe aller Arbeitspakete bildet dann die Grundlage zur Ermittlung der voraussichtlichen Projektdauer und der geschätzten Gesamtprojektkosten.

Für die Erarbeitung eines PSP gibt es keinen optimalen Weg. Die o. g. Darstellung ist eine mögliche Vorgehensweise. Es wird empfohlen, den PSP von einer nicht an dem Entwicklungsprozeß beteiligten fachlich kompetenten Person hinsichtlich folgender Punkte überprüfen zu lassen:[157]

- Sind alle Objekte und/oder Funktionen, die zur Zielerreichung notwendig sind, erfaßt worden?

- Ist der Detaillierungsgrad der Projektgröße und -komplexität sowie dem Kenntnisstand angemessen?

- Enthalten die Arbeitspakete weitgehend homogene Aufgaben und können sie einem Verantwortlichen zur Bearbeitung übergeben werden?

Wichtig ist darüber hinaus die Dokumentation und die Verabschiedung des Plans durch den Auftraggeber, damit der Plan gültig ist und zur Basis der weiteren Arbeit werden kann.

Projektstrukturpläne lassen sich nach drei verschiedenen Gliederungsprinzipien erarbeiten:

- im Hinblick auf das Objekt (objektorientierer PSP),

- im Hinblick auf die Funktion (funktionsorientierter PSP) und

- als gemischtorientierter PSP.

---

[157] vgl. hierzu Rucker (1993), S. 19

Objektorientierter PSP

Ausgangspunkt für die objektorientierte Projektstrukturierung ist die Struktur des zu gestaltenden Projektgegenstandes. Der Projektgegenstand wird in seine Komponenten, Baugruppen und Einzelteile, aber auch nach Regionen, Dienststellen o. ä. gegliedert. Immer bleiben die Komponenten faßbare Objekte. Mit einem rein objektorientierten PSP lassen sich jedoch nicht alle Teilaufgaben eines Projektes erfassen, vor allem nicht solche, die sich auf den Projektgegenstand als Ganzes beziehen oder Teilsysteme höherer Gliederungsebenen (Gesamtkonzeption, Service, das Projektmanagement selbst etc.) sind. Die Struktur des Projektgegenstandes liefert zwar gute Anhaltspunkte für die Aufgaben, die im Projekt anfallen, sie ist jedoch nicht mit der Projektstruktur identisch. Deshalb ist die Aufgabe "Projektmanagement" als existentieller Bestandteil eines Projektes in einen objektorientierten PSP als Funktion aufzunehmen.

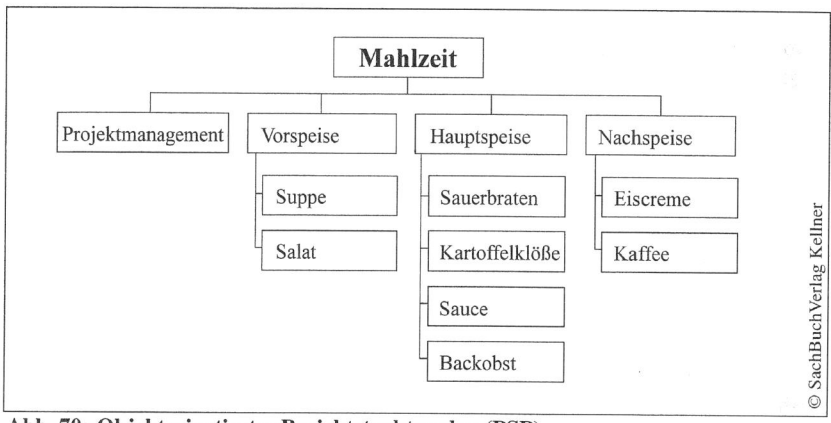

Abb. 70: Objektorientierter Projektstrukturplan (PSP)

Funktionsorientierter PSP

Bei der funktionsorientierten Herangehensweise wird das Projekt in verschiedene Tätigkeiten[158] zerlegt. Diese Gliederung enthält Funktionen wie Entwicklung, Erstellung, Planung oder Ausführung. Bei der weiteren Zerlegung in dieser Gliederungsweise besteht die Möglichkeit, organisatorische und räumliche Gegebenheiten zu berücksichtigen. Dennoch ist die rein funktionsorientierte Gliederung bei der Projektstrukturierung nicht durchgängig machbar, da man bei der Funktions-

---

[158] in der Fachliteratur häufig auch als Verrichtungen bezeichnet

zerlegung immer wieder auf Funktionen trifft, die sich auf Teilsysteme des Projektgegenstandes beziehen.

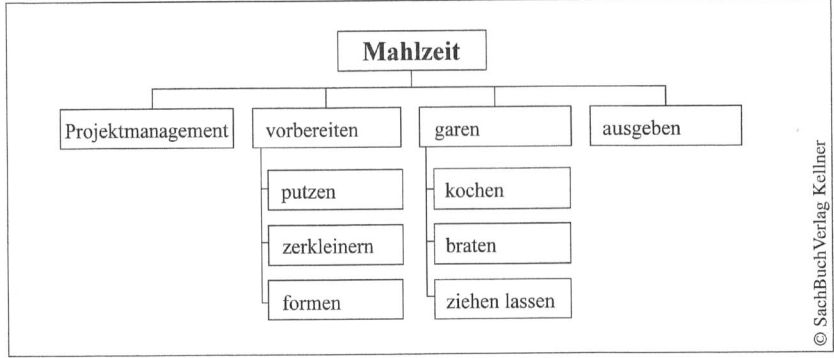

Abb. 71: Funktionsorientierter Projektstrukturplan (PSP)

Funktionsorientierte PSPs werden überwiegend bei Dienstleistungsprojekten eingesetzt, bei denen eine Analyse des Projektes ergibt, daß bereits die erste Gliederungsebene reine Tätigkeiten und keine "an"faßbaren Produkte aufweist.

Gemischtorientierter PSP

In der Praxis hat sich eine Gliederungsweise des Projektstrukturplans durchgesetzt, die eine Mischform aus der rein objektorientierten und der rein funktionsorientierten Projektstrukturierung darstellt. Dabei wird die obere Gliederungsebene objektorientiert aufgebaut, während weiter unten im PSP zur funktionsorientierten Darstellungsweise übergegangen wird.

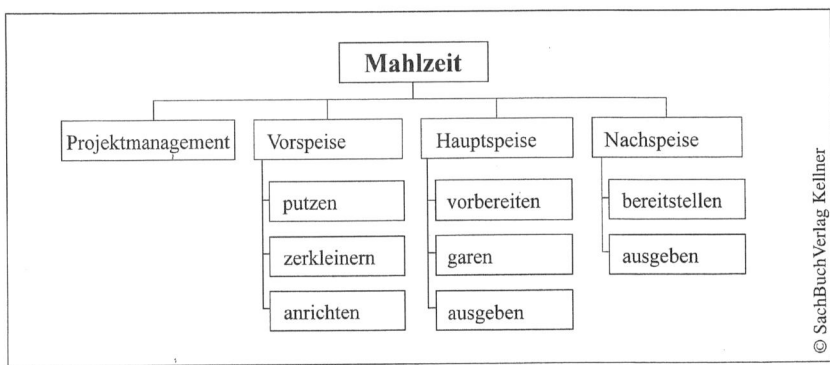

Abb. 72: Gemischtorientierter Projektstrukturplan (PSP)

Projektstrukturpläne sollten graphisch dargestellt werden. So hat jeder Beteiligte einen Überblick über die gesamten, im Projekt anfallenden Aufgaben und/oder die Objekte des Projektes. Enthält der PSP zu viele Arbeitspakete, um diese übersichtlich darzustellen, können mehrere Pläne erstellt werden. Der erste Plan enthält alle Teilaufgaben, die weiteren Pläne die Arbeitspakete, bezogen auf die einzelnen Teilaufgaben.[159]

Um die Projektdokumentation, den Bezug von Daten zu und von verschiedenen Projektplänen, sowie den Einsatz von TuI-Werkzeugen zu erleichtern, wird der PSP codiert. Die häufigste Art der Codierung ist das dekadische Nummernsystem. Mit diesem System läßt sich anhand des Codes eines Arbeitspaketes eindeutig bestimmen, zu welcher Teilaufgabe, zu welcher Aufgabe und zu welchem Subprojekt es gehört. Der Einsatz von Projektmanagement-Software erleichtert zusammen mit dieser Form der Codierung den Sortier- und Selektionsprozeß während der Bearbeitung von Projektdaten und die selektive Erstellung und Verteilung von Berichten.

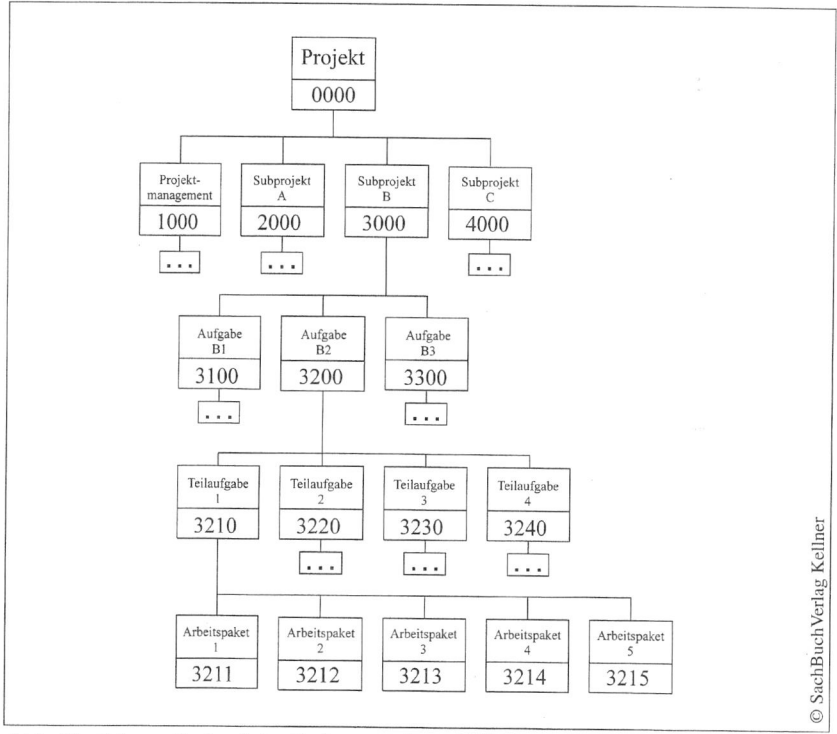

Abb. 73: Schematische, dekadisch numerierte PSP-Darstellung

© SachBuch Verlag Kellner

---

[159] vgl. hierzu den PSP in Teil III "Fallstudie"

9. Ablauf- und Terminplanung

Die Methoden zur Projektablaufplanung orientieren sich am Projektumfang und können deshalb unterschiedlich sein. Die bekannteste Methode zur Ablauf- und Terminplanung ist die in verschiedenen Varianten angewendete Netzplantechnik.[160] **Die Begriffe "Netzplantechnik" und "Projektmanagement" werden oft synonym verwendet. Dies führt häufig zu Mißverständnissen. Netzplantechnik ist eine Methode, die es ermöglicht, einen Teil des Projektmanagements abzudecken.**

Die Entscheidung, welche Methode eingesetzt wird, hängt neben den persönlichen Kenntnissen über die Anwendung einzelner Methoden und neben der Darstellungsfähigkeit der einzelnen Methoden im wesentlichen davon ab, welche Daten verwendet und benötigt werden. Dabei sollte beachtet werden, daß bei Informationsüberfluß der Überblick über das Projekt erschwert werden kann. Auch aus diesem Grund stehen für die übersichtliche Darstellung des zeitlichen Projektablaufs, je nach Projektgröße und -komplexität, angepaßte Methoden zur Auswahl.

Grundlage für die Ablauf- und Terminplanung ist der PSP. Aus ihm werden alle Daten abgeleitet. Häufig wird die Planung auf Basis der Arbeitspakete vorgenommen. Bei risikoreichen APs können diese in die kleinste Planungseinheit, in sogenannte **Vorgänge**, gegliedert werden. APs und Vorgänge sind dabei "ein zeitforderndes Geschehen mit definiertem Anfang und Ende".[161] In den folgenden Erläuterungen wird von Vorgängen gesprochen. Die einzelnen Vorgehensweisen gelten aber auch für die Bearbeitung auf Basis der Arbeitspakete.

Folgende Methoden stehen für die Ablaufplanung zur Verfügung:

- die **Listen-** oder **Balkenplantechnik** für kleinere und wenig komplexe Projekte.

- die **Balken-** oder **Netzplantechnik** für übersichtliche, wenig innovative Projekte sowie Projekte mittlerer Größe.

- der **Netzplan** sowie die daraus abgeleiteten Balkenpläne, Terminlisten und Meilensteinpläne für umfangreiche und komplexe Projekte.

Für kleinere, nicht sehr komplexe Projekte sollte auf den arbeitsintensiven Einsatz von Netzplänen verzichtet werden. Statt dessen genügt es, die Listen- und/oder Balkenplantechnik zur Ablauf- und Terminplanung einzusetzen.

---

[160] Zur Unterstützung bei der Anwendung der Netzplantechnik werden unterschiedliche Softwareprodukte mit verschiedenen inhaltlichen Schwerpunkten angeboten, die je nach Projektschwerpunkt ausgewählt und eingesetzt werden sollten.

[161] siehe DIN 69 900

9.1   Listentechnik

Die Listentechnik (Vorgangsliste, Terminplan) zeigt die Vorgänge mit ihren Terminen in Form einer Liste, wobei die Vorgänge in der Regel nach aufsteigenden Terminen sortiert sind. Die Dauer des jeweiligen Vorgangs wird ausgewiesen, ebenso die Anfangs- und Endtermine. Diese Art der Terminplanung bereitet nur einen geringen Arbeitsaufwand und ist, da man keine weiteren Hilfsmittel benötigt, mit niedrigen Kosten verbunden.

Folgendermaßen kann vorgegangen werden:

*   Alle Vorgänge werden in einer Vorgangsliste zusammengefaßt und numeriert.

*   Die Abhängigkeiten zwischen den Vorgängen werden ermittelt, Vorgänger und Nachfolger werden in einer zweckmäßigen Reihenfolge ausgewiesen. Dazu gibt es zwei systematische Wege:

    Entweder: Es wird beim Projektanfang begonnen, und zu jedem Vorgang werden sämtliche Nachfolger ermittelt.

    Oder: Es wird beim Projektende begonnen, und zu jedem Vorgang werden sämtliche Vorgänger ermittelt.

    Praktischer Tip:
    Es hat sich herausgestellt, daß die Ermittlung der Abhängigkeiten vom Projektende aus der einfachere und praktischere Weg ist. Oft ist es leichter festzustellen, was unmittelbar vor einem Vorgang erledigt sein muß, als was unmittelbar nach einem Vorgang zu beginnen hat.

*   Aufgrund von Erfahrungen und Kenntnissen oder Schätzungen wird die Bearbeitungsdauer jedes Vorgangs festgelegt und eingetragen. Die Ermittlungsart der Bearbeitungsdauer sollte vermerkt werden, um später, z. B. bei einer Beurteilung, nachvollziehen zu können, wie stabil die einzelnen Daten sind.

*   Neben den bisher ermittelten bzw. vorhandenen Daten wird in dieser Zeitergebnisliste der spätestzulässige Endtermin eingetragen. Daraus ergeben sich für die einzelnen Vorgänge Pufferzeiten. Die Vorgänge ohne zeitlichen Puffer sind markiert und stellen in ihrer Ablaufreihenfolge den kritischen Weg dar (Erläuterung siehe unter Netzplantechnik).

*   Die zu erstellenden Terminpläne sind so zu strukturieren, daß eine Übereinstimmung mit dem Projektstrukturplan gewährleistet ist.

Struktur einer Listentechnik (Auszug)

Nr.	Vorgang / Aktivität	Vor- gänger- Nr.	Nach- folger- Nr.	Dauer in Tagen	An- fangs- termin	End- termin	spätester Anfangs- termin	spätester End- termin	zeitl. Gesamt- Puffer	Kriti- scher Weg	Ermittlung durch
3	Vorgang 3	1	5, 6	35	7.5.96	26.6.96	9.5.96	28.6.96	2		Berechnung
4	Vorgang 4	1	6, 7	36	7.5.96	27.6.96	7.5.96	27.6.96	0		Schätzung
5	Vorgang 5	2, 4	8	15	27.6.96	17.7.96	29.7.96	29.7.96	8		Vorgabe

© SachBuch Verlag Kellner

<u>Abb. 74</u>: Listentechnik

Die Listentechnik ist grundsätzlich in jeder Phase eines Projektes anwendbar, der Schwerpunkt liegt jedoch in den frühen Projektphasen. Sie kann für unterschiedliche Verwendungszwecke (z. B. können in der Darstellung auch schon Zuordnungen für die zuständigen Gremien und Bearbeiter erfolgen), aber auch bei allen Projektarten und -größen nutzbar eingesetzt werden.

9.2 Balkenplantechnik

Die Anwendung dieser Technik ermöglicht die graphische Darstellung eines Projektablaufs mit Hilfe von Balken, die über einer waagerechten Zeitachse eingetragen werden. Im allgemeinen handelt es sich bei einem Balkenplan um einen Kalender, der aus drei wesentlichen Teilen besteht:

- der horizontalen Zeitachse,

- der vertikalen Auflistung der zu verrichtenden Vorgänge sowie

- den entsprechenden, horizontal über der Zeitachse aufgetragenen Aktivitätenbalken.

Bei der Erstellung des Balkenplans wird jeder Vorgang eines Projektes durch einen Balken oder eine Linie dargestellt. Die Länge des Balkens gibt die Dauer des Vorgangs wieder; der Anfang des Balkens steht für den geplanten Vorgangsbeginn; das Ende für den geplanten Vorgangsabschluß. Für die Zeitachse gibt es zwei Skalierungsmöglichkeiten:

- kalenderunabhängiger Fristenplan, skaliert in Zeiteinheiten oder

- Kalender, d. h. das genaue Datum (u. U. Wochentag) ist ablesbar.

Der Balkenplan visualisiert dabei **nicht** die Abhängigkeit der Vorgänge untereinander.

Bei der Anwendung der Balkenplantechnik empfiehlt sich folgendes Vorgehen:

- Planung von Terminen, Abläufen oder Kapazitäten;
- Festlegung des zu betrachtenden Projektzeitraums;
- Festlegung der Reihenfolge der Vorgänge, d. h. Bestimmung der frühestmöglichen und spätestzulässigen Anfangs- und Endtermine aller Vorgänge und entsprechende Darstellung im Balkenplan;
- Kennzeichnung wichtiger Ereignisse als Meilensteine eines Projektes im Balkenplan;
- während der Integrierten Projektsteuerung werden die Solldaten entsprechend dem Balkenplan mit dem Ist-Stand des Projektes verglichen. Bei Abweichungen muß der alte Balkenplan aktualisiert werden.[162]

Prinzip des Balkenplans (auch Gantt'scher Planungsbogen)
hier: kalenderunabhängiger Fristenplan / Aufstellungsdatum: Woche 1

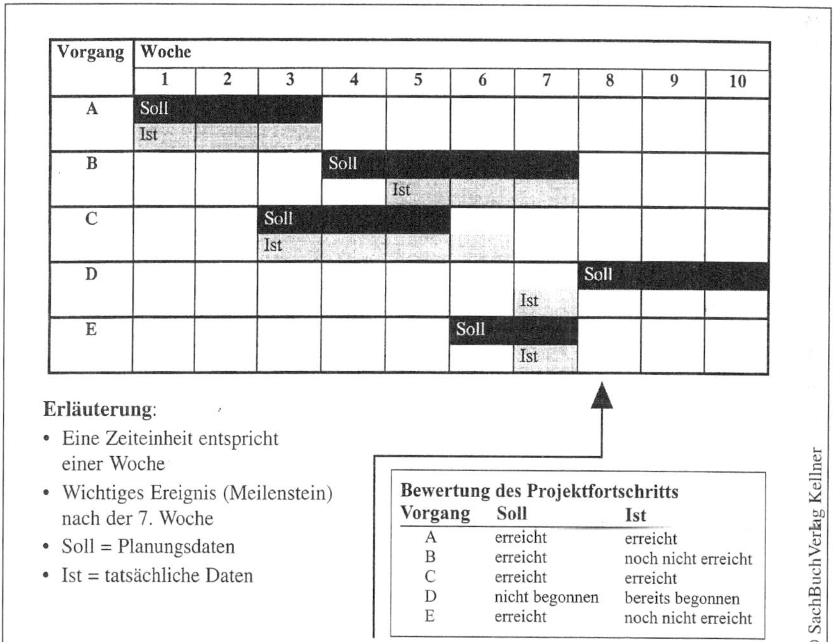

Vorgang	Woche									
	1	2	3	4	5	6	7	8	9	10
A	Soll / Ist									
B				Soll	Ist					
C			Soll / Ist							
D							Ist	Soll		
E						Soll	Ist			

Erläuterung:
- Eine Zeiteinheit entspricht einer Woche
- Wichtiges Ereignis (Meilenstein) nach der 7. Woche
- Soll = Planungsdaten
- Ist = tatsächliche Daten

Bewertung des Projektfortschritts		
Vorgang	Soll	Ist
A	erreicht	erreicht
B	erreicht	noch nicht erreicht
C	erreicht	erreicht
D	nicht begonnen	bereits begonnen
E	erreicht	noch nicht erreicht

© SachBuchVerlag Kellner

<u>Abb. 75</u>: **Kalenderunabhängiger Fristenplan**

---

[162] vgl. hierzu Teil II, Kapitel 5 "Integrierte Projektsteuerung"

Die Balkenplantechnik empfiehlt sich, wenn die Zahl der Vorgänge und die Vernetzung nicht zu groß sind. Ansonsten sollte die Netzplantechnik benutzt werden. Nicht zu empfehlen ist die Balkenplantechnik in den frühen Projektphasen, da zu diesem Zeitpunkt oft die zu berücksichtigenden Zeiteinheiten noch unbekannt sind.

Anwendungsgebiete können sein:

• Termin- und Ablaufplanung,

• Einsatzmittelplanung und -kontrolle,

• Berichterstattung über den Projektstand.

9.3   Netzplantechnik

Mit der Netzplantechnik (NPT) werden Methoden bezeichnet, mittels derer komplexe Arbeitsabläufe, logische Vernetzungen und terminliche Abhängigkeiten analysiert, geplant, gesteuert und überwacht werden können. Diese Methoden werden heute meist rechnergestützt, können aber auch manuell ausgeführt werden. Bei der Anwendung der NPT können Zeit, Kosten, Einsatzmittel und andere Einflußgrößen berücksichtigt werden.[163]

Das wichtigste Arbeitsmittel dieser Technik ist der Netzplan. Er wird aus dem Projektstrukturplan abgeleitet und bietet im Gegensatz zur Listen- und Balkenplantechnik die Möglichkeit, die komplexen Arbeitsabläufe schrittweise mit ihren logischen und terminlichen Abhängigkeit zu analysieren, zu verknüpfen, zu berechnen und zu optimieren. Der Netzplan bildet ein graphisches Modell des Projektablaufs und stellt die verschiedenen Vorgänge, in einem logisch, technisch oder organisatorisch erforderlichen Zusammenhang dar.

Zur graphischen Darstellung können im wesentlichen **Vorgangspfeilnetze (VPN), Vorgangsknotennetze (VKN)** und **Ereignisknotennetze (EKN)** angewendet werden. In der Praxis hat sich die Vorgangsknotenmethode immer mehr durchgesetzt und ist inzwischen am weitesten verbreitet, weshalb auch die nachfolgende Beschreibung der Vorgehensweise auf dieser Methode basiert. Alle heute marktrelevanten PC-Programme[164] basieren auf der VKN-Methode.

---

[163] vgl. DIN 69 900
[164] siehe Dworatschek/Hayek (1992)

Darstellung eines einfachen Vorgangsknotennetzplanes, bestehend aus fünf Vorgängen.

Die Knoten (Rechtecke) stellen die Vorgänge, auch Aktivitäten genannt, dar. Die Pfeile zwischen den Knoten zeigen deren Abhängigkeiten, die sogenannten "Anordnungsbeziehungen" (AOB), untereinander. So können beispielsweise Vorgang 2 und Vorgang 3 beginnen, sobald Vorgang 1 abgeschlossen wurde (oder später).

Das abgebildete Netz stellt nun den Ablauf eines kleinen Projektes dar:

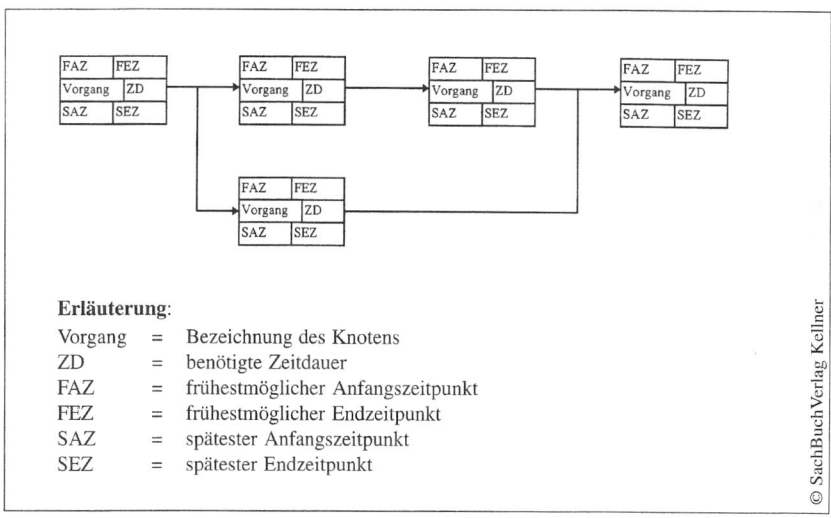

Erläuterung:

Vorgang	=	Bezeichnung des Knotens
ZD	=	benötigte Zeitdauer
FAZ	=	frühestmöglicher Anfangszeitpunkt
FEZ	=	frühestmöglicher Endzeitpunkt
SAZ	=	spätester Anfangszeitpunkt
SEZ	=	spätester Endzeitpunkt

__Abb. 76__: **Struktur eines Netzplans**

In einem Vorgangsknotennetz, das von einem definierten Anfang zu einem definierten Ende führt, dürfen keine Schleifen auftreten, d. h. Verbindungen dürfen niemals so gewählt werden, daß ein Vorgang zweimal durchlaufen werden kann.

Eine Terminplanung für ein Projekt kann nur vorgenommen werden, wenn die Dauer für jeden existierenden Vorgang geschätzt wurde (ZD). Errechnen lassen sich dann die Gesamtdauer des Projektes und jeweils die frühesten und spätesten Termine jedes einzelnen Vorgangs. Zusätzlich können die zeitlichen Puffer für jeden Vorgang berechnet werden.

Beispiel einer Berechnung mit 10 Vorgangsknotennetzen:

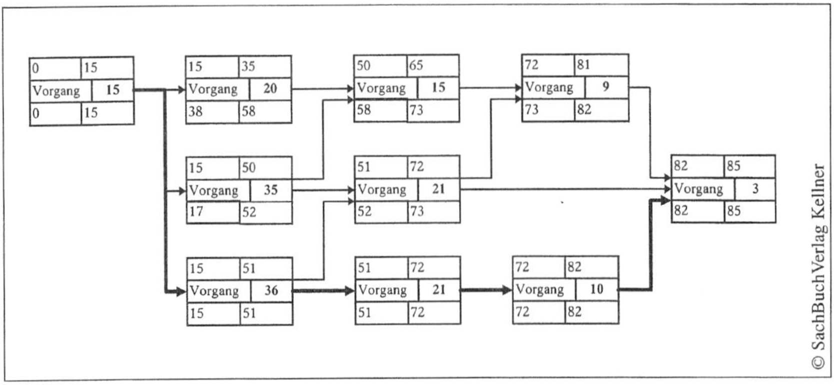

Abb. 77: Berechnung mit 10 Vorgangsknotennetzen

Vorgehensweise der Berechnung

Zunächst erfolgt die Vorwärtsrechnung zur Ermittlung der **frühestmöglichen Termine** (FAZ = frühestmöglicher Anfangszeitpunkt, FEZ = frühestmöglicher Endzeitpunkt) und der Gesamtdauer des Projektes.

Anschließend erfolgt die Rückwärtsberechnung zur Ermittlung, der **spätest zulässigen Termine,** der **Zeitpuffer** und des **kritischen Weges.**

Vorwärtsrechnung - Ermittlung der frühestmöglichen zeitlichen Lage und der gesamten Dauer eines Projektes

* Für Vorgang 1 ist eine Dauer von 15 Zeiteinheiten geschätzt worden. Vorgang 1 beginnt mit dem Zeitpunkt 0 und endet frühestens nach 15 Zeiteinheiten. *Für die Eintragung ergibt sich folgendes Vorgehen: FAZ [0]+ ZD [15] = FEZ [15]*

* Die durch Pfeile gekennzeichneten Nachfolger von Vorgang 1 (Vorgänge 2 bis 4) können beginnen, wenn Vorgang 1 abgeschlossen wurde, FAZ ist für alle Nachfolger also 15. *Für die Eintragung ergibt sich folgendes Vorgehen: Übernahme aus Vorgang 1, FEZ [15] in den FAZ der Nachfolge-Vorgänge 2, 3 und 4.*

* Die Endtermine dieser Nachfolger ergeben sich wiederum aus FAZ + ZD. Als FEZ ergeben sich für Vorgang 2 = 35, für Vorgang 3 = 50 und für Vorgang 4 = 51 Zeiteinheiten. *Für die Eintragung ergibt sich folgendes Vorgehen: FAZ + ZD = FEZ.*

- Vorgang 5 hat zwei Vorgänger. Mit ihm kann frühestens begonnen werden, wenn **beide** Vorgänger abgeschlossen sind. Es ist also der höchste Wert (**Maximum**) des FEZ von Vorgang 2 und Vorgang 3 als FAZ anzusetzen, in diesem Fall die FEZ von Vorgang 3 = 50.
  Für die Eintragung ergibt sich folgendes Vorgehen: Vergleich des FEZ der Vorgänger; Übernahme des höchsten Wertes.
- Die weiteren Vorgangsknoten werden analog der o. g. Vorgehensweise bis zum Ende des Netzes berechnet. Als frühestmöglicher Endzeitpunkt ergibt sich für das Beispiel eine Projektgesamtdauer von 85 Zeiteinheiten.
  Für die Eintragung ergibt sich folgendes Vorgehen: FEZ des (letzten) Vorganges 10 ist die Projektgesamtdauer.

Rückwärtsrechnung - Ermittlung der spätest zulässigen zeitlichen Lage und Grundlage zur Ermittlung der Zeitpuffer und des kritischen Weges
Hierbei erfolgt eine vom letzten Vorgang ausgehende Rückwärtsberechnung in den Feldern SEZ (spätest zulässiger Endzeitpunkt) und SAZ (spätest zulässiger Anfangszeitpunkt). Vom Prinzip her wird die gleiche Berechnung wie bei der Vorwärtsrechnung vorgenommen.

- Eingeleitet wird die Rückwärtsrechnung, indem der FEZ von Vorgang 10 = 85 dem SEZ von Vorgang 10 gleichgesetzt wird - da kein anderer vertraglicher Endtermin vorgegeben ist. Der späteste Anfangszeitpunkt eines Vorgangs errechnet sich nun aus dem spätesten Endzeitpunkt minus der Zeitdauer desselben.
  Für die Eintragung ergibt sich folgendes Vorgehen: Vorgang 10: Übertragung FEZ [85] nach SEZ [85]; Berechnung SEZ [85] minus ZD [3] = SAZ [82].
- Zur Ermittlung des SEZ bei Knoten mit mehreren existierenden Nachfolgern ist als niedrigstes (**Minimum**) der SAZ aller direkt folgenden Vorgänge heranzuziehen. Für den SEZ von Vorgang 6 ist als niedrigster Wert die SAZ von Vorgang 8 und Vorgang 10 anzusetzen. In diesem Fall SAZ von Vorgang 8 = 73.
  *Für die Eintragung ergibt sich folgendes Vorgehen. Vorgang 6: Vergleich SAZ der Nachfolger-Vorgänge 8 und 10; Übernahme des SAZ (weil **Minimum**) aus Vorgang 8 in den SEZ.*
- Die weiteren Vorgangsknoten werden analog der o. g. Vorgehensweise bis zum Anfang des Netzes berechnet. Als spätester Anfangszeitpunkt muß sich wieder 0 ergeben.

Puffer - Gesamtpuffer und freie Puffer

Nach Durchführung der Rückwärtsrechnung lassen sich die zeitlichen **Gesamtpuffer** der einzelnen Vorgänge ermitteln. Als Gesamtpuffer bezeichnet man die Differenz der jeweils frühesten bzw. spätesten Termine eines Vorgangs. So ist im genannten

Beispiel der Gesamtpuffer des Vorgangs 2 SAZ **[38]** - FAZ **[15]** = **23** bzw. SEZ **[53]** - FEZ **[30]** = 23. Wird der Gesamtpuffer eines Vorgangs vollständig in Anspruch genommen, führt dies dazu, daß **alle nachfolgenden Vorgänge nur noch in ihrer spätest zulässigen Lage** bearbeitet werden können. Zusätzlich ist ein neuer kritischer Weg entstanden.

Zur Ermittlung der **freien Puffer** genügen ausschließlich Daten der Vorwärtsrechnung. Der freie Puffer eines Vorgangs ist der Zeitraum, um den dieser Vorgang **ohne Auswirkungen** auf seine Nachfolger verzögert werden kann. Er ergibt sich aus dem niedrigsten Wert (Minimum) der FAZ **aller** seiner Nachfolger minus seinem eigenen FEZ.

Bezogen auf das Beispiel bedeutet dies, daß Vorgang 3 einen freien Puffer von 0 Zeiteinheiten aufweist. Berechnet wird er, indem zunächst von den Nachfolgern (Vorgang 5 und 6) das Minimum von der FAZ (in diesem Fall Vorgang 5 = 50) herangezogen wird und davon die FEZ von Vorgang 3 = 50 abgezogen wird. Bei nur einem Nachfolger ist die Berechnung entsprechend einfacher.

Vorgang	Gesamt-puffer	freier Puffer	Vorgang	Gesamt-puffer	freier Puffer
1	0	0	6	1	0
2	23	15	7	0	0
3	2	0	8	1	1
4	0	0	9	0	0
5	8	7	10	0	0

Abb. 78: **Darstellung der Pufferberechnung (Grundlage o. g. Beispiel)**

Die Berechnung der Pufferzeiten ist mehr ein Instrument der Steuerung und des Controllings. Mit den Pufferzeiten kann jederzeit bei Abweichungen eines Vorgangs beurteilt werden, welche Auswirkungen sich für die Gesamtplanung ergeben.

Kritischer Weg

Der kritische Weg in einem Netzplan ist die Kette von Vorgängen, bei denen der Gesamtpuffer gleich null ist. **Jede Verzögerung eines Vorgangs auf diesem Weg würde eine Verspätung des Endtermins des Projektes verursachen.** Im genannten Beispiel würde demnach der kritische Weg von Vorgang 1 über Vorgang 4, Vorgang 7, Vorgang 9 zu Vorgang 10 führen. Im Beispiel ist der kritische Weg mit den **fett** gedruckten Vorgangspfeilen gekennzeichnet.

9.4 Planung mit Arbeitstagen

Für den Projektplaner und erst recht für die Arbeitspaketverantwortlichen ist es von Bedeutung, die errechneten Daten auch in Form von Terminen unter Berücksichtigung der Wochenenden und Feiertage zur Verfügung zu haben. Diese Kalendrierung erfolgt durch laufende Fortschreibung der Projektarbeitstage (PT) in einem Terminkalender, angefangen mit Tag 1 des geplanten Projektbeginns. Nimmt man das obige Beispiel als Grundlage und betrachtet die darin enthaltenen Zeiteinheiten als Arbeitstage, ergibt sich bei einem Projektbeginn 15. April 1996 folgende Kalendrierung.

1. Schritt: Übernahme der Projektdauer von 85 Arbeitstagen in den tatsächlichen Kalender

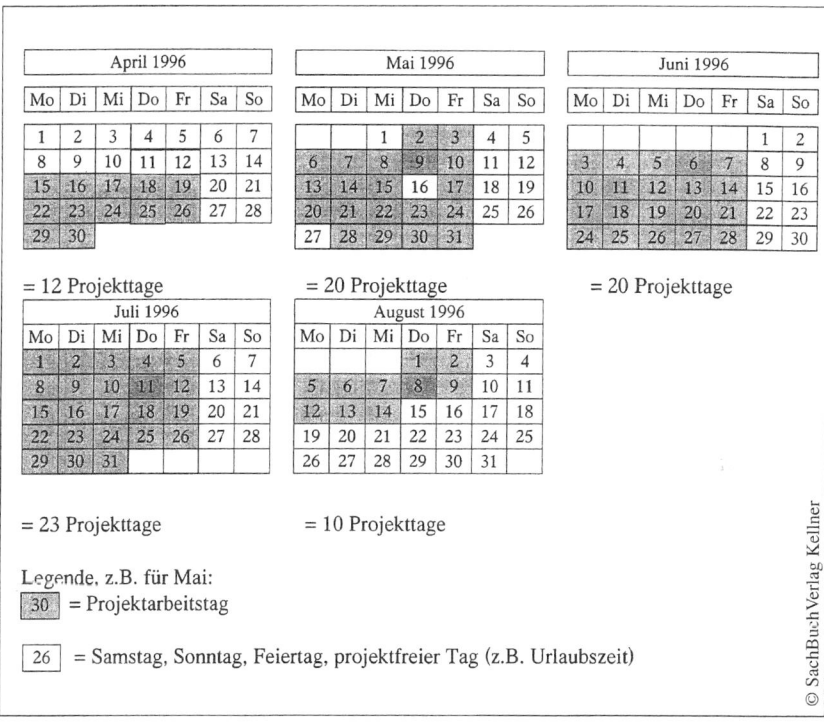

Abb. 79: Terminkalender für die laufende Fortschreibung der Projektarbeitstage (PT)

225

2. Schritt: Terminübertragung (Kalendrierung) auf die einzelnen Vorgänge im Rahmen der Netzplantechnik

Möglichkeit A)

Vorgang	FAZ	FEZ	SAZ	SEZ
1	15.04.96	06.05.96	15.04.96	06.05.96
2	07.05.96	05.06.96	11.06.96	08.07.96
3	07.05.96	26.06.96	09.05.96	28.06.96
4	07.05.96	27.06.96	07.05.96	27.06.96
5	27.06.96	17.07.96	09.07.96	29.07.96
6	28.06.96	26.07.96	01.07.96	29.07.96
7	28.06.96	26.07.96	28.06.96	26.07.96
8	29.07.96	08.08.96	30.07.96	09.08.96
9	29.07.96	09.08.96	29.07.96	09.08.96
10	12.08.96	14.08.96	12.08.96	14.08.96

Abb. 80: Terminübertragung (Kalendrierung) auf die einzelnen Vorgänge im Rahmen der Netzplantechnik (Möglichkeit A)

Möglichkeit B)

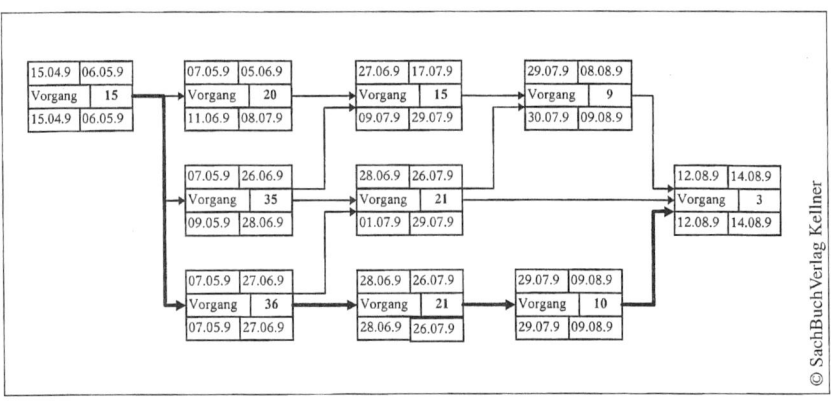

Abb. 81: Terminübertragung (Kalendrierung) auf die einzelnen Vorgänge im Rahmen der Netzplantechnik (Möglichkeit B)

226

3. Schritt: Darstellung in Form der Balkenplantechnik
(nicht vorgeschrieben, aber zur anschaulichen Darstellung sehr hilfreich)
Balkenplan Projekt: .... Beginn: 15.04.96   Ende: 14.08.96

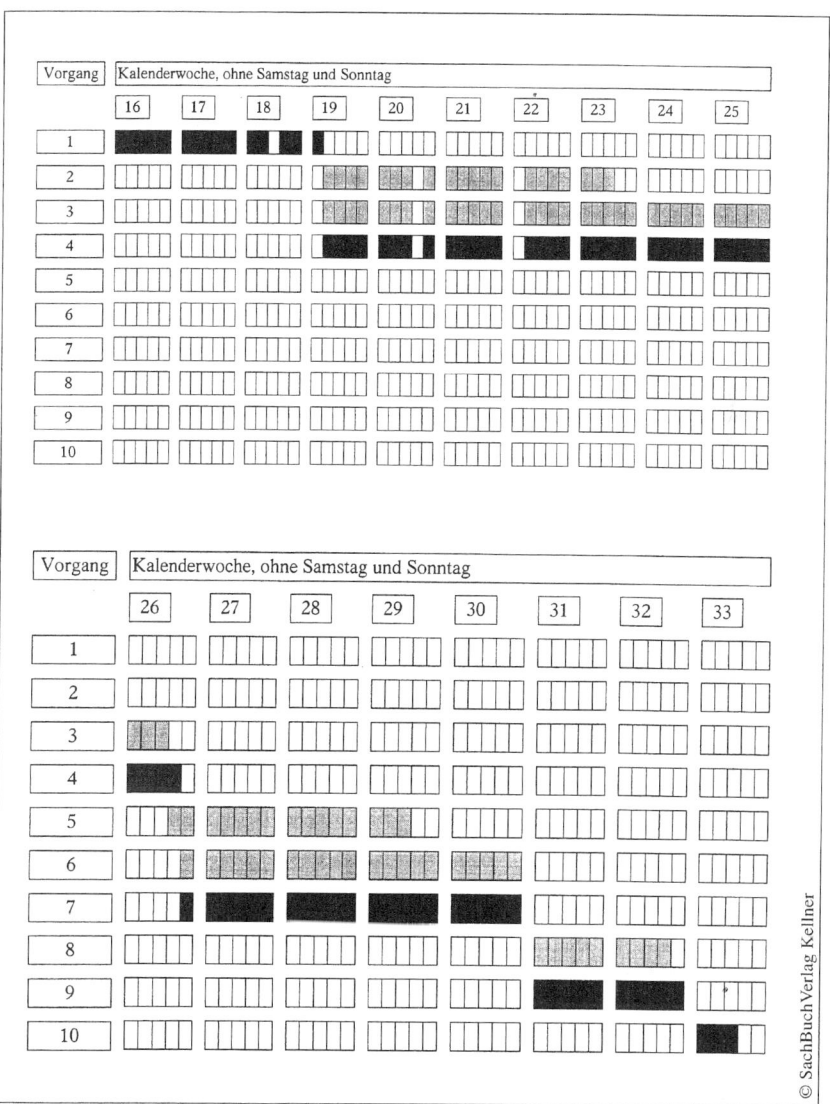

Abb. 82: Darstellung des Projektes in Form der Balkenplantechnik

Der kritische Weg sollte auch im Balkenplan gekennzeichnet werden. Hier im Beispiel mit dunklen Feldern. Ebenso ist es möglich, Pufferzeiten einzutragen, z. B. mit Linien.

Zu beachten ist, daß die Vorwärts- und Rückwärtsrechnung vom Zeitpunkt null aus über einen **ununterbrochenen** Zeitablauf vorgenommen wird. Auf das Beispiel bezogen bedeutet dies, Vorgang 1 hat als FAZ 0 den Beginn des 1 Arbeitstages (**15.04.96**). Der FEZ = 15 ist der Ablauf des 15. Arbeitstages (**06.05.96**). Vorgang 2 beginnt mit dem FAZ 15, in der Kalendrierung mit Beginn des 16. Arbeitstages (**07.05.96**).

4. Schritt: Projektoptimierung

Die bisherige Darstellung im Netzplan spiegelt die Ist-Situation aller Vorgänge und der gedachten Abhängigkeiten wieder. Mit einer kritischen Prüfung der Abhängigkeiten, der Zeitannahmen und der Abläufe - gegebenenfalls in Gegenüberstellung mit den vorhandenen Ressourcen - läßt sich anhand der Darstellung im Netzplan eine Optimierung des Projektablaufs vornehmen. Erst danach sollte der "endgültige Netzplan" zur Grundlage des weiteren Vorgehens benutzt werden.

Bereits an dieser Stelle zeigt sich, daß angesichts des Aufwandes, den man hat, um einen Netzplan zu berechnen, zu kalendrieren und zu optimieren, die Software-Nutzung geboten ist. Dies umso mehr, als noch weitere Verfeinerungen möglich sind, durch die der Netzplan besser an die realen Arbeitsprozesse anpaßt werden kann.

9.5 Realistische Verfeinerung des Netzplans

Einige häufiger wiederkehrende Bereiche der Netzplantechnik werden im weiteren erläutert. Im übrigen bietet die Netzplantechnik weitere vielfältige Möglichkeiten und Variationen. Insoweit wird auf einschlägige Fachliteratur verwiesen.

Minimale Wartezeit und maximale Vorziehzeit

Eine weitere Möglichkeit der differenzierten Darstellung von Projektabläufen stellen Zeitabstände dar. Dies können sowohl positive Abstände (Wartezeiten) als auch negative Zeitabstände (Vorziehzeiten) sein. Statt einer Wartezeit zwischen zwei Vorgängen, z. B. für das "Verleimen eines Stuhles" und "Lackieren", könnte auch ein Vorgang/AP "Trocknen" eingefügt werden. Dies würde aber den Netzplan unnötig überfrachten. Außerdem verursacht der Vorgang im Grunde keine direkt zurechenbaren Kosten und verbraucht keine Ressourcen, die für die weiteren Planungsschritte der Kapazitäts- und Kostenplanung von Bedeutung wären. Eine Vorziehzeit (der Nachfolger kann bereits beginnen, wenn der Vorgänger noch nicht beendet ist) läßt sich nicht durch Einfügung eines Vorganges darstellen, Vorgänge mit negativen Dauern sind nicht definiert.

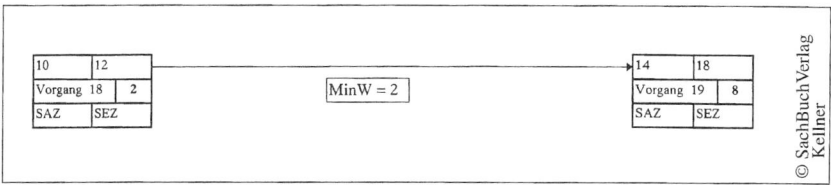

Abb. 83: **Minimale Wartezeit (MinW)**

Dieses Beispiel veranschaulicht, daß zwischen dem Ende des Vorgangs 18 (Verleimung eines Stuhles) und dem Beginn des Vorgangs 19 (Lackierung) wenigsten 2 Zeiteinheiten liegen müssen. Dafür muß nicht extra ein Vorgangsknoten gebildet werden.

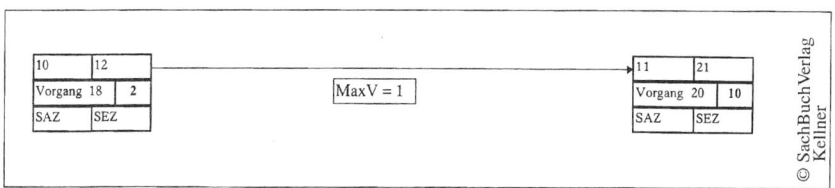

Abb. 84: **Maximale Vorziehzeit (MaxV)**

Dieses Beispiel zeigt, daß bereits eine Zeiteinheit vor dem Ende des Vorgangs 18 (Verleimung eines Stuhles) mit dem Vorgang 20 (Stoffbeschaffung) begonnen werden kann.

Darstellung von Beziehungen zwischen den einzelnen Knoten

In den aufgeführten Beispielen sind die Vorgangsknoten durch Pfeile so miteinander verbunden, daß ein Nachfolger beginnen kann, wenn seine Vorgänger beendet wurden. Z. B. kann ein Echteinsatz erst beginnen, wenn die Testphase abgeschlossen ist. Diese Verbindungen nennt man Ende-Anfang-Beziehungen oder einfach Normalfolgen, da sie in der Praxis am häufigsten vorkommen. Ein Vorteil der Vorgangsknotennetz-Pläne ist jedoch, auch andere Relationen möglich zu machen und darzustellen.

- Anfangsfolge (Anfang-Anfang-Beziehung): Der Anfang eines Vorgangs ist abhängig vom Beginn seines Vorgängers.

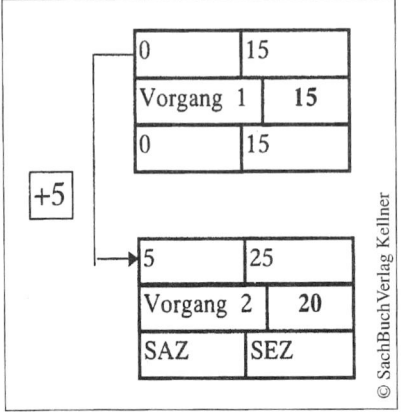

Mit Vorgang 2 kann frühestens 5 Zeiteinheiten nach Beginn von Vorgang 1 begonnen werden. Z. B. kann frühestens 5 Tage nach Beginn der Planungen (Vorgang 1) bereits mit Teilbeschaffungen (Vorgang 2) begonnen werden.

Abb. 85: Anfangsfolge

- Endfolge (Ende-Ende-Beziehung): Das Ende eines Vorgangs ist abhängig vom Ende seines Vorgängers.

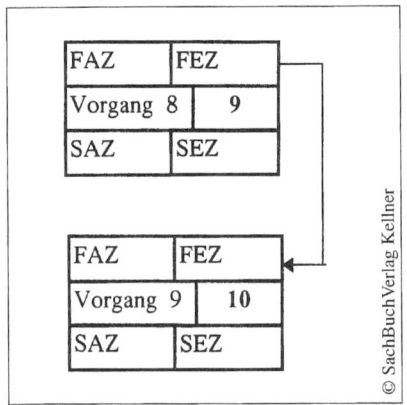

Vorgang 9 kann nicht früher beendet werden, als Vorgang 8 beendet wird. Die Stellenbewertung und Stellenbemessung (Vorgang 9) kann erst dann beendet sein, wenn die Beschreibung der neustrukturierten Arbeitsplätze (Vorgang 8) beendet ist.

Abb. 86: Endfolge

• Sprungfolge (Anfang-Ende-Beziehung): das Ende des Nachfolgers ist abhängig vom Anfang seines Vorgängers.

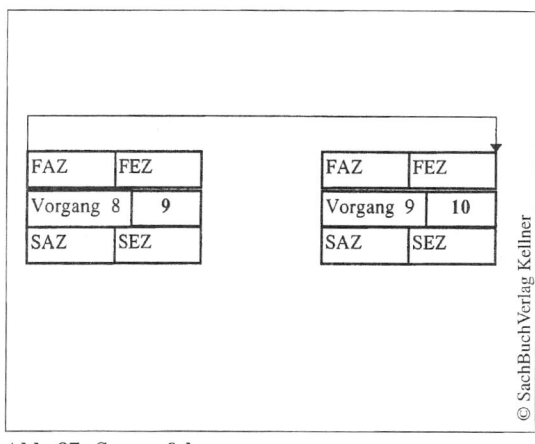

Vorgang 9 kann erst beendet werden, wenn Vorgang 8 begonnen hat. Z. B. kann das Notstromaggregat erst abgeschaltet werden, wenn die Hauptmaschine wieder läuft. Ein anderes Beispiel: Der Abschluß der Auftragsvergabe ist wegen der Bindefrist vom Beginn der Angebotseröffnung abhängig.

Abb. 87: Sprungfolge

Durch die Darstellung der Anordnungsbeziehungen werden dem Projektplaner weitere, realistischere Möglichkeiten der Darstellung von Abläufen in einem komplexen Projekt an die Hand gegeben.

9.6 Meilensteintechnik

Nicht alle Informationen, die diese Methoden bieten, sind für das Projektmanagement gleichermaßen wichtig. Deshalb wird bei wichtigen Ereignissen, die zeitlicher wie auch inhaltlicher Art sein können, die Informationen des Projektes selektiert verdichtet. Diese wichtigen Ereignisse (Meilensteine) und die Beziehungen zwischen ihnen, werden im Meilensteinplan dargestellt.

Die Meilensteintechnik ergänzt die zuvor beschriebenen Planungsmethoden (Listentechnik, Balkenplantechnik und Netzplantechnik) und stellt außerdem eine wirkungsvolle Methode zur Ergebniskontrolle dar. Als Meilensteine werden die Schlüsselereignisse eines Projektes bezeichnet, die zu festgelegten Terminen als kontrollfähige Ergebnisse vorliegen sollen. "Die Kontrollfähigkeit eines Meilensteins ist aber nur dann gegeben, wenn mit Abschluß des Meilensteins ein inhaltlich und qualitätsmäßig prüfbares Endprodukt, zum Beispiel ein spezifiziertes Hardware-Bauteil, ein Dokument oder ein Softwareprogramm, vorliegt"[165].

---

[165] siehe Madauss (1994), S. 200

Folgende Definitionskriterien für Meilensteine lassen sich unterscheiden:

• Start- und Abschlußereignisse (Freigaben und Endprodukte)

• Test- und Lieferereignisse (Test abgeschlossen und/oder Produkt abgeliefert)

• Planungsnahtstellen (wesentliche Planungsverknüpfungen zu anderen Plänen)

• Projektüberprüfungen (Meilensteine zur Überprüfung des Entwicklungsstands)

Meilensteinpläne lassen sich in Form von Listen (-plantechnik) darstellen - siehe o. g. Beispiel - als integrierte Teile von Balkenplänen oder in Form von hierarchischen Organigrammen, wo sie zu entsprechenden Meilensteinebenen zusammengefaßt sind.

Die Meilensteintechnik kann in allen Projektarten und in jeder Projektphase angewandt werden. Sie ist eine ideale Methode zur Planung, Steuerung und Überwachung, da sie, ohne auf Einzelheiten in Balken- oder Netzplänen einzugehen, über den Projektstand informiert.

Zur weiteren Verbesserung der Terminplanung, insbesondere aber der Terminüberwachung dient die Meilenstein-Trendanalyse (MTA). Die Erläuterung dieser Methode befindet sich in Teil II, Kapitel 5 "Integrierte Projektsteuerung".

10. Ressourcenplanung

In Teil II, Kapitel 4.4 "Ressourcenplanung" ist bereits erläutert worden, warum eine eigene Planung der Ressourcen notwendig ist und welches die entsprechenden Planungsschritte sind. Anhand des folgenden kleinen Beispiels soll der Kapazitätsabgleich noch einmal verdeutlicht werden.

Folgender Ablaufplan liegt vor. Er ist bereits berechnet worden, die Ergebnisse befinden sich in der nachfolgenden Zeitergebnisliste.

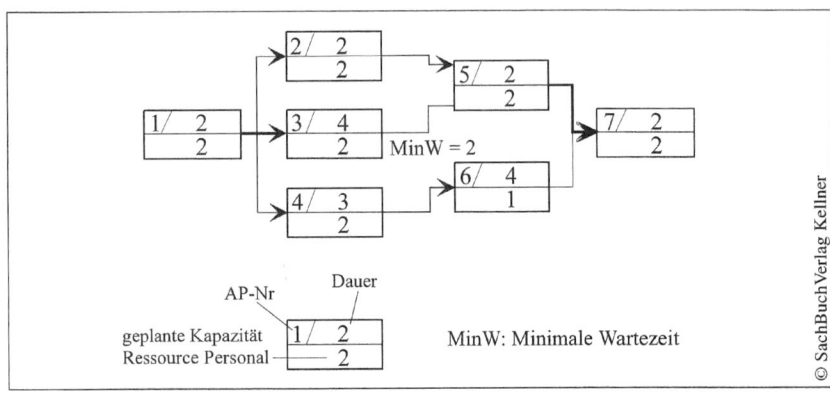

Abb. 88: Ablaufplan

Zeitergebnisliste für den obigen Ablaufplan:

AP-Nr.	frühester Anfangs- zeitpunkt	frühester Endzeit- punkt	spätester Anfangs- zeitpunkt	spätester End- zeitpunkt	Gesamt- puffer	freier Puffer
1	0	2	0	2	0	0
2	2	4	6	8	4	4
3	2	6	2	6	0	0
4	2	5	3	6	1	0
5	8	10	8	10	0	0
6	5	9	6	10	1	1
7	10	12	10	12	0	0

Abb. 89: Zeitergebnisliste

Auf der Grundlage des berechneten Ablaufplans kann nun der Bedarf der Ressource "Personal" (Annahme: alle Arbeitspakete benötigen dasselbe Personal) ermittelt werden. Die einzelnen Arbeitspakete sollten in folgender Reihenfolge auf die Zeitachse übertragen werden. Eine derartige Vorgehensweise erleichtert den manuellen Kapazitätsabgleich[166]:

APs auf dem kritischen Weg - hier: AP. Nr. 1, 3, 5 und 7. Zuerst muß sichergestellt werden, daß die Ressourcen für die APs auf dem kritischen Weg in ausreichender Anzahl und Qualität bzw. Qualifikation zur Verfügung stehen. Denn jede Verzögerung auf dem kritischen Weg verlängert das gesamte Projekt.

APs mit nur einem Gesamtpuffer, aber ohne freien Puffer - hier: AP. Nr. 4. Als nächstes werden die APs abgebildet, die nur Gesamtpuffer, aber keinen freien Puffer haben. Mit dem AP, das den kleinstenGesamtpuffer hat, wird begonnen.

APs mit freiem Puffer - hier: AP. Nr. 2 und 6. Die Arbeitspakete mit dem freien Puffer werden zum Schluß "oben auf" gelegt. Auch hier wird mit dem AP, das den kleinsten freien Puffer hat, begonnen.

---

[166] Auch wenn mit Projektmanagementsoftware gearbeitet wird, ist es wichtig zu wissen, wie das Programm vorgeht, um Statusmeldungen, Aktionen und Wirkungen von Änderungen zu verstehen.

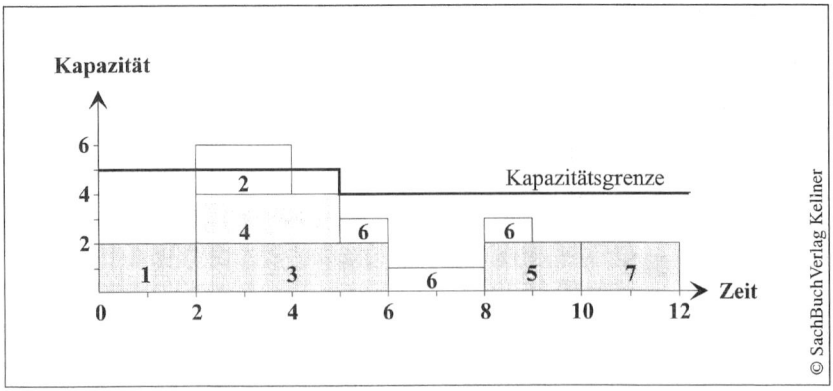

<u>Abb. 90</u>: **Histogramm für die Ressource "Personal" vor Kapazitätsabgleich (frühestmögliche Lage)**

Ergebnis ist ein sogenanntes Ressourcenhistogramm, das Aufschluß darüber gibt, zu welchem Zeitpunkt und für welche Zeitdauer die Kapazitäten benötigt werden. Die Verfügbarkeit wird in Form einer Linie - der Kapazitätsgrenze - eingezeichnet. Jetzt stellt sich heraus, ob die benötigte Kapazität überhaupt wie gewünscht zur Verfügung steht. In diesem Beispiel existiert in der frühestmöglichen Lage ein Kapazitätsengpaß in der dritten und vierten Woche. Betrachtet man die spätest zulässige zeitliche Lage der Vorgänge, dann sieht man, daß genügend Kapazität zur Verfügung steht, wie folgende Abbildung zeigt:

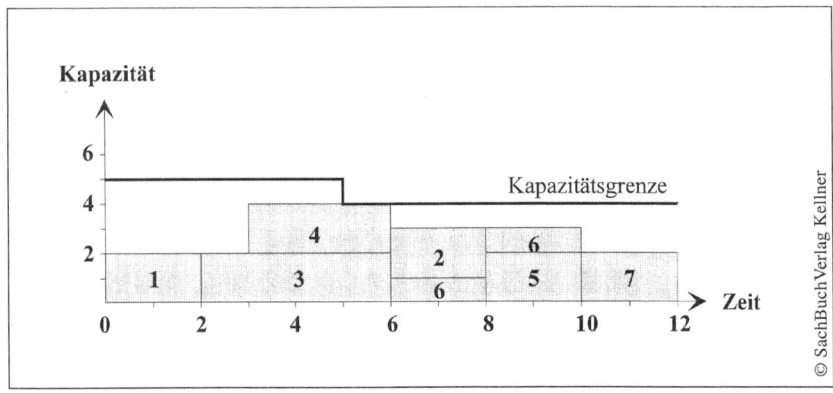

<u>Abb. 91</u>: **Histogramm für die Ressource "Personal" vor Kapazitätsabgleich (spätest zulässige Lage)**

234

Die Projektleitung hat jedoch ein neues, gravierendes Problem. Unter diesen Umständen sind alle Arbeitspakete kritisch. Eine zeitliche Verzögerung in einem der Arbeitspakete bewirkt sofort eine Verlängerung des gesamten Projektes. Deshalb muß versucht werden, in der frühestmöglichen Lage einen Kapazitätsabgleich im Rahmen von freien Pufferzeiten durchzuführen. Das AP mit dem größten freien Puffer ist AP 2. Unter der Voraussetzung, daß die inhaltliche Aufgabe des AP dieses zuläßt, gibt es zwei Möglichkeiten, die Kapazitäten abzugleichen: Das AP kann gestreckt oder verschoben werden, wie die unten stehende Abbildung zeigt; Stauchen oder Teilen des AP 2 sind in diesem Beispiel nicht möglich.

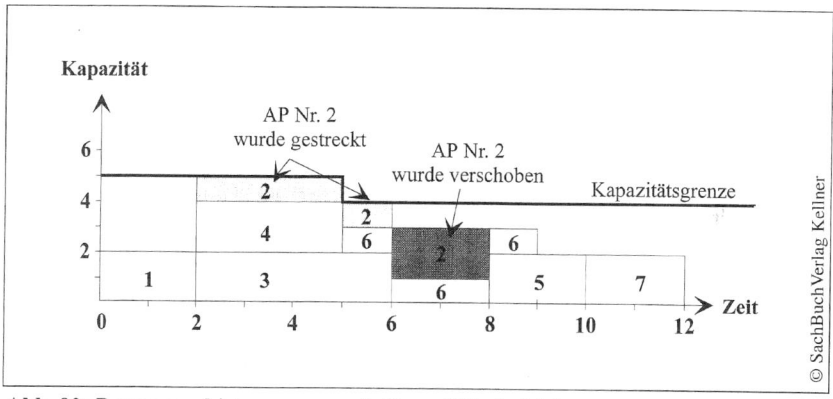

Abb. 92: Ressourcenhistogramm nach Kapazitätsabgleich

235

11. Kosten - Betrachtungsweisen und Schätzverfahren

11.1 Verschiedene Betrachtungsweisen von "Kosten"[167]

Je nach Situation ist der Umgang mit den anfallenden Kosten unterschiedlich. Es kann ein bestimmter Geldbetrag vorgegeben sein, aus dem der zu erbringende Leistungsumfang abgeleitet wird. Es kann aber auch ein Auftrag mit genau spezifizierten Leistungsmerkmalen vorliegen. Dann folgen daraus die Kostensumme und damit das zu fordernde Budget. Im folgenden werden zwei unterschiedliche Betrachtungsweisen skizziert, die auch gleichzeitig auf ein Projekt angewendet werden können oder sollen.

Design-to-Cost-Ansatz

Beim Design-to-Cost-Ansatz wird für das Projekt von vornherein ein festes Budget vorgegeben. Die Einhaltung der Kosten hat beim Design-to-Cost-Ansatz eine hohe Priorität. Der Leitgedanke dieses Ansatzes ist, daß eine vorgegebene Aufgabe mit sehr unterschiedlichem Kostenaufwand realisiert werden kann.[168]

Die Gesamtheit der Wünsche bzw. der Anforderungen an den zu entwickelnden Projektgegenstand hat sich an dem vorgegebenen Kostenrahmen zu orientieren. Charakteristisch für den Design-to-Cost-Ansatz ist, daß die zu erwartenden Kosten **nicht** aus den Anforderungen abgeleitet werden.[169] Dieser Ansatz kommt in der öffentlichen Verwaltung oftmals zur Anwendung, wenn akute Haushaltsengpässe vorliegen.

Lebenswegkosten-Ansatz

Jedes Projekt ist definitionsgemäß zeitlich befristet. Nach Abschluß eines Projektes befindet sich der Projektgegenstand in der Nutzungsphase. Erfahrungen, insbesondere aus der Luft-und Raumfahrt sowie aus der Wehrtechnik, haben gezeigt, daß die Summe der laufenden Kosten während der gesamten Nutzungsphase ein Vielfaches der Projektkosten ausmachen können. Es wächst die Erkenntnis, daß es möglich ist, bereits im Projekt die Kosten der späteren Nutzung günstig zu beein-

---

[167] Die Ausführungen zu "Kosten - Betrachtungsweisen und Schätzverfahren" sind einem bislang unveröffentlichten Dissertationsentwurf entnommen (Janßen, 1996) und innerhalb des Autorenteams überarbeitet worden.

[168] Beispielsweise ist in den USA bei Softwareprodukten ermittelt worden, daß mit ca. 20 % des programmierten Codes etwa 80 % der "notwendigen" Funktionen erfüllt werden; vgl. Mills (1976), zitiert bei Schelle (1994), S. 3

[169] vgl. Schelle (1994), S. 3

flussen. Bei der Entwicklung des Projektgegenstandes wird dann darauf hingearbeitet, daß die Folgekosten (nach Projektende) möglichst gering sind.

Im Rahmen des Lebenswegkosten-Ansatzes werden also nicht nur die Entwicklungs-, Herstellungs- und Beschaffungskosten, sondern **zusätzlich** die laufenden Kosten während der Nutzungsphase (Betriebs- und Instandhaltungskosten) betrachtet und darüber hinaus auch die Kosten für die Außerdienststellung. Es geht um die Gesamtwirtschaftlichkeit, bezogen auf den gesamten Lebensweg, einschließlich der Außerdienststellung. Gesucht sind Maßnahmen, deren einmaliger Mehraufwand geringer ist als die damit erreichte Kostenreduzierung zu späteren Zeitpunkten.[170] Die Betrachtung der Lebenswegkosten gewinnt für die öffentliche Hand eine immer größere Bedeutung.[171] Beispielsweise hat der Bundesrechnungshof in neuerer Zeit gefordert, bei der Planung öffentlicher Gebäude nicht nur das Ziel der Minimierung der Baukosten zu betrachten, sondern bereits in der Planungsphase auf die späteren laufenden Kosten Rücksicht zu nehmen.[172]

Die Beeinflussungmöglichkeit der Lebenswegkosten ist in frühen Projektphasen groß. Um eine effektive Reduktion der Lebenswegkosten zu erzielen, muß daher frühzeitig und gezielt eine entsprechende Planung vorgenommen werden.[173] Dennoch setzt sich der Lebenswegkosten-Ansatz teilweise leider nur sehr zögernd durch. Das liegt zum einen an der Problematik der Schätzung der Lebenswegkosten, insbesondere bei Projekten mit hohem Neuheitsgrad. Zum anderen sind Ersteller und spätere Nutzer/Anwender oftmals nicht identisch, die Ersteller haben also größeres Interesse an einer kostengünstigen Erstellung als an einer kostengünstigen Nutzung, bei den Anwendern ist es umgekehrt. Ein weiterer Hinderungsgrund, speziell im Kontext der öffentlichen Verwaltung, besteht darin, daß die Ausgaben für die Erstellung aus anderen Haushaltstiteln bestritten werden als die Ausgaben für die Nutzung.[174]

Bei zahlreichen Projekten wird es vorkommen, daß eine Obergrenze des Budgets vorgegeben ist, so daß die Design-to-cost-Betrachtung nötig ist. Aber im Rahmen dieses vorgegebenen Mittelvolumens ist es wiederum möglich und bei vielen Projekten auch sinnvoll, eine Betrachtung nach dem Lebenswegkostenansatz vorzunehmen (z. B. bei Bauprojekten, Technikprojekten, aber auch Organisationsprojekten). So können längerfristige Kosten minimiert werden.

---

[170] vgl. Burghardt (1993), S. 261
[171] vgl. Madauss (1994), S. 68
[172] vgl. Schelle (1994), S. 14f.
[173] vgl. Madauss (1994), Burghardt (1993), S. 261
[174] vgl. Schelle (1994), S. 14f.

11.2 Spannungsverhältnis zwischen frühzeitiger Entscheidung und geringem Informationsstand

In einem Projekt sind zu unterschiedlichen Zeitpunkten Aussagen bzgl. zukünftig anfallender Kosten zu treffen. Die Qualität der Kostenprognose verbessert sich mit zunehmendem Projektfortschritt. Zu Anfang eines Projektes müssen wichtige, in starkem Maße kostenbeeinflussende Entscheidungen getroffen werden. Der Informationsstand ist zu diesem Zeitpunkt jedoch oftmals sehr gering. Die Problematik der Kostenschätzung liegt darin, daß sie einerseits so früh wie möglich durchgeführt werden soll, andererseits aber auch eine gewisse Qualität im Sinne von Prognosesicherheit aufweisen soll.

Im nachfolgenden werden einige Kostenschätzverfahren dargestellt, die in der Praxis eingesetzt werden. Sie stellen in den frühen Projektphasen eine methodische Hilfestellung für die Kostenprognose dar (Kostenannahme, Kostenschätzung). Es sei ausdrücklich darauf hingewiesen, daß auch bei einem Design-to-Cost-Ansatz Kostenschätzverfahren zur Anwendung kommen. Um festzustellen, ob man sich überhaupt noch im Kostenrahmen bewegt, müssen die gewünschten Funktionalitäten kostenmäßig bewertet werden.

Es gibt Kostenschätzmethoden

(1) **ohne** explizite Angabe der Kosteneinflußfaktoren und solche

(2) **mit** expliziter Information über die Kosteneinflußfaktoren.

11.3 Kostenschätzverfahren ohne explizite Angabe von Kosteneinflußfaktoren (Expertenbefragungen, Delphi- Methoden)

Expertenbefragung: Befragung einer Einzelperson (Einzelschätzung)

Die Einzelschätzung ist die häufigste Form der Expertenbefragung.[175] Die Kosten werden durch eine einzelne Person geschätzt. Deren Erfahrungsschatz ist von maßgeblicher Bedeutung für die Schätzgenauigkeit. Die Einzelbefragung ist zwar mit einem verhältnismäßig geringen Aufwand verbunden, birgt jedoch auch Gefahren, wenn z. B. mögliche Schwierigkeiten oder Risiken nicht erkannt oder falsch eingeschätzt werden.

---

[175] vgl. Burghardt (1993), S. 185

Expertenbefragung: Befragung mehrerer Personen

Weniger Gefahren, aber auch mehr Aufwand, entstehen bei der Befragung mehrerer Personen. Ziel ist es, bei dieser Befragung möglichst viele Meinungen von verschiedenen Experten zu erhalten. Dadurch wird fast immer eine Verringerung des Vorhersagefehlers erreicht. Aus den Schätzwerten der befragten Experten wird der Durchschnittswert gebildet.

Delphi-Methoden

Die Delphi-Methoden[176] zeichnen sich durch eine systematische Vorgehensweise bei der Befragung von Experten für die Kostenschätzung aus. Der grundsätzliche Ablauf ist aus nachfolgender Abbildung ersichtlich.

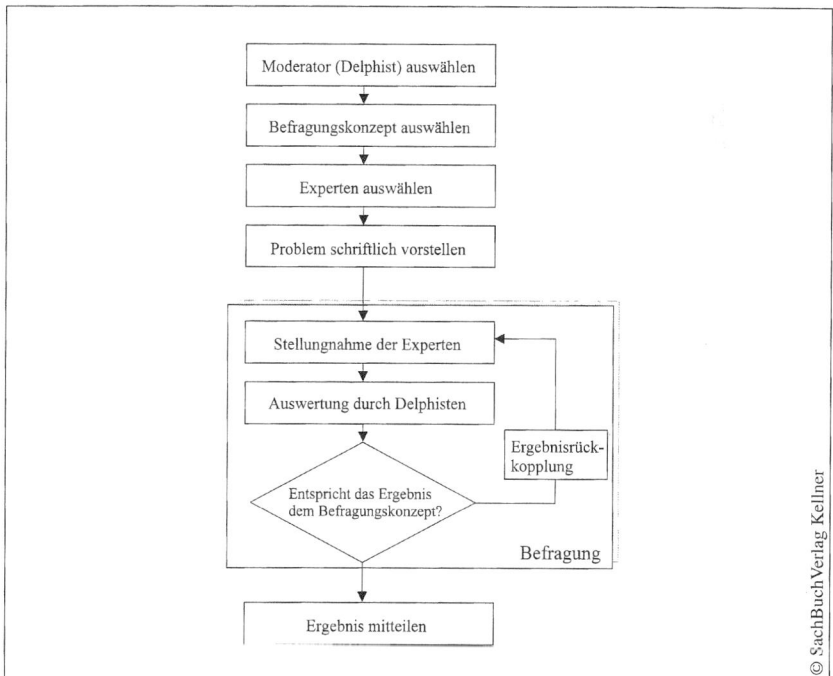

Abb. 93: Grundsätzlicher Ablauf bei den Delphi-Methoden[177]

---

[176] Die Delphi-Methoden haben neben der Kostenprognose noch weitere Anwendungsgebiete, z. B. im Bereich des Risikomanagements, siehe diesbezüglich z. B. Schnorrenberg/Göbels/ Rassenberg (1996), mit zahlreichen Formularen und Literaturnachweisen.

[177] Quelle: Schnorrenberg/Göbels/Rassenberg (1996)

Die Befragung der einbezogenen Experten nach den Delphi-Methoden erfolgt **anonym** und **schriftlich**. Dadurch werden sog. Mitläufereffekte minimiert bzw. ausgeschaltet. Durch die methodenbedingte Wahrung der Anonymität wird darüber hinaus die Scheu der Befragten vor nicht angenehmen (z. B. weil politisch nicht opportunen) Prognosen oder Kostenschätzungen genommen. Die Delphi-Methode ergibt eine **relativ genaue Einschätzung durch Experten**. Das Ergebnis kann - durch die Wiederholung der Befragung - als zuverlässig angenommen werden. Ein weiterer Vorteil ist, daß die Experten nicht gleichzeitig an einem bestimmten Ort sein müssen.

Als Experten für die Befragung kommen z. B. in Frage:

• Projektbeteiligte,

• Personen aus anderen Dienststellen oder Städten, wo bereits ähnlich gelagerte Projekte durchgeführt wurden oder aktuell bearbeitet werden,

• externe Fachexperten, die sich auf Vertragsgrundlage an der Befragung beteiligen.

Bei den Delphi-Methoden werden folgende Varianten unterschieden:

• Standard-Delphi-Methode

• Breitband-Delphi-Methode.

Im folgenden wird jeweils die prinzipielle Vorgehensweise dargestellt. Innerhalb der einzelnen Methoden sind aber auch Abwandlungen möglich.

Standard-Delphi Methode

Jedem Experten wird aus Gründen der geforderten Anonymität einzeln das gestellte Problem erläutert. Die Experten schätzen unabhängig voneinander die Kosten für die verschiedenen Positionen des Projektstrukturplans. Alle Antworten werden statistisch ausgewertet. Falls ein Experte in seiner Schätzung weit vom Mittelwert abweicht, wird er vom Befragungsleiter um eine Begründung gebeten. Die Darstellung der Einzelergebnisse, der Mittelwert und die Begründungen werden **anonymisiert** an alle Experten rückgemeldet. Jeder kann nun seine eigenen Antworten aufgrund der neuen Informationen noch einmal überdenken und ggf. revidieren sowie die Schätzungen der anderen begründet kritisieren.

Dieser Prozeß muß unter Umständen mehrmals durchlaufen werden. Er wird solange wiederholt, bis nach Ansicht des Befragungsleiters eine genügende Konvergenz, also ein stabiles Meinungsbild, erreicht wurde.[178]

---

[178] vgl. Schelle (1994), S. 7 sowie Burghardt (1993), S. 493

Die Nachteile der Standard-Delphi-Methode liegen darin, daß die Befragung ein relativ langwieriger Prozeß ist und daß bei einer nur geringen Zahl qualifizierter Schätzer eine vollständige Anonymität meist nicht gewährleistet ist. Eine größere Anzahl von Schätzern erhöht den Aufwand für die Schätzung. Deshalb bietet es sich an, die Breitband-Delphi-Methode zu verwenden, wenn wenig Zeit zur Verfügung steht.

Breitband-Delphi-Methode

Die Breitband-Delphi-Methode enthält eine wichtige Modifikation gegenüber der Standard-Delphi-Methode. Jeder Experte schätzt zwar zunächst für sich allein. Das ausgewertete und zusammengefaßte Ergebnis aller Einzelschätzungen wird dann aber - im Gegensatz zur Standard-Delphi-Methode - in der Gruppe unter den Experten diskutiert. Auch bei diesem Verfahren können mehrere Durchgänge erforderlich werden. Der Aufwand ist jedoch, insbesondere bei einer größeren Anzahl von Schätzern, erheblich geringer.

Insgesamt erfordern beide Delphi-Verfahren für das Einholen der Expertenschätzungen einen hohen Zeitaufwand, der zudem bei mehreren Durchläufen linear ansteigt. Für Bewertungen, die schnell vorliegen müssen, ist die Methode daher ungeeignet. Darüber hinaus kann ein Motivationsmangel bei den Experten dadurch erzeugt werden, daß speziell bei der Standard-Delphi-Methode die Experten nichts voneinander wissen, und somit auch nicht vom Erfahrungsschatz der anderen profitieren können.

Schätzklausur

Die Schätzklausur geht dagegen für das gesamte Schätzverfahren von einer Gruppenarbeit aus. Hier ist **keine** Anonymität gegeben. Die Betonung der Gruppendiskussion ist ein hervorstechendes Merkmal. Teilnehmer der Schätzklausur sind Moderator, Projektleiter, Arbeitspaket-Verantwortliche sowie ggf. projektneutrale Experten. Die Hinzuziehung der Arbeitspaket-Verantwortlichen wird dringend empfohlen, da sie bei der späteren Projektdurchführung für die Erbringung der in der Arbeitspaket-Beschreibung spezifizierten Ergebniserwartung verantwortlich zeichnen.

Schätzklausuren beinhalten eine ganze Reihe von bewährten Elementen, die auch bei anderen Kostenschätzverfahren auftauchen. Hier ist insbesondere die Analyse zugrundegelegter Annahmen oder das iterative Schätzen besonders kritischer Komponenten des Projektgegenstandes zu nennen. Grundphilosophie ist die Erkenntnis, daß sich einzelne Elemente leichter schätzen lassen als das Ganze. Zu schätzen sind daher die Kosten der einzelnen Arbeitspakete. Die Schätzgenauigkeit wird dadurch größer. Wesentliche Voraussetzung für die Durchführung einer Schätzklausur ist das Vorhandensein des Projektstrukturplans und möglichst genauer Arbeitspaket-Beschreibungen.

Falls die Einzelschätzwerte der Schätzer für die Arbeitspakete sehr weit auseinanderliegen, begründen die betreffenden Schätzer ihre Schätzung. Nachdem die 1. Schätzung durchgesprochen wurde, erfolgt eine erneute Schätzung von allen teilnehmenden Experten. Alle haben die Möglichkeit, ihre Prognosen offen zu korrigieren. Im Gegensatz zu den Delphi-Methoden erfolgt die Überarbeitung der individuellen Schätzungen also nicht anonym.[179] Falls unter den Experten - ggf. erst nach mehreren Schätzrunden - keine Einigung zu erreichen ist oder wenn man den Genauigkeitsgrad erhöhen möchte, können die Arbeitspakete weiter bis auf die Vorgangsebene zerlegt werden, auf der dann die Schätzungen stattfinden.[180]

Um insgesamt den Aufwand für die Schätzungen zu minimieren, kann man für einen bestimmten Teil des PSP, der möglichst viele Vorgänge enthält, die auch in anderen Arbeitspaketen enthalten sind, eine sehr detaillierte Schätzung bis auf Vorgangsebene vornehmen. Anschließend werden mit Bezug darauf die restlichen Arbeitspakete geschätzt.[181] Die Kosten für die einzelnen Arbeitspakete werden entsprechend der Hierarchie des Projektstrukturplanes zu den Projekt-Gesamtkosten aufsummiert (Bottom-Up-Verfahren).

Im folgenden Überblick werden die verschiedenen Methoden der Expertenbefragung hinsichtlich ihrer besonderen und wichtigsten Merkmale dargestellt.

Merkmal Form	Delphi-Methoden	Schätzklausur
Anonymität der einzelnen Schätzung	ja	nein
Kommunikation zwischen den Experten	kaum bzw. gar nicht	ja
Mitläufereffekt möglich?	kaum	ja
Identifikation mit dem Schätzergebnis	mittel	groß

Abb. 94: Methoden der Expertenbefragung im Überblick[182]

---

[179] vgl. Burghardt (1993), S. 188
[180] vgl. Schelle (1994), S. 8
[181] vgl. Burghardt (1993), S. 188
[182] Quelle: in teilweiser Anlehnung an Burghardt (1993), S. 189

11.4 Verfahren mit expliziter Information über die Kosteneinflußfaktoren

Wenn für Projekte explizite Informationen über Kosteneinflußfaktoren vorliegen, können die Kostenschätzungen anhand der vorliegenden Werte berechnet werden. Wichtig ist dabei: Es handelt sich trotzdem um Schätzungen und nicht um exakt berechnete Kostengrößen.

Die Verfahren basieren auf einer systematischen Untersuchung der Kostenstruktur abgeschlossener, vergleichbarer Projekte (= Kostenanalyse). Die hieraus gewonnenen Erfahrungswerte werden für zukünftige Kostenschätzungen ähnlich gelagerter Projekte oder Projektphasen nutzbar gemacht. Die Kosten werden auf der Grundlage von Kosteneinflußfaktoren ermittelt. Die zu erwartenden Kosten werden anhand einer mathematischen Funktion, der sog. Schätzgleichung, bestimmt:

Zu erwartende Kosten = f (x_1, x_2, ...)

Die x_i stellen signifikante Kosteneinflußfaktoren dar.

Die Kostenschätzgleichung ist aber nur dann anwendbar, wenn die Charakteristika des neu zu entwickelnden oder zu modifizierenden Objektes mit den Charakteristika der Referenzobjekte, die bei der Aufstellung der Schätzgleichung zugrundegelegt worden sind, übereinstimmen.[183]

---

[183] Der interessierte Leser sei z. B. auf Schelle (1994) verwiesen.

12. Integrierte Projektsteuerung

Ziel eines jeden Projektteams ist es, innerhalb des geplanten Zeitraums und unter Einhaltung des Budgets die geforderte Leistung in der geplanten Qualität zu erbringen. Das Team und alle anderen am Projekt Beteiligten müssen jedoch mit einer gewissen Unsicherheit umgehen können. Ungenauigkeiten in den Schätzungen und den Entwicklungen im Projektumfeld führen zu Abweichungen im geplanten Projektablauf. Aufgabe der Projektleitung und des Projektteams ist es, diese Abweichungen zu erkennen und steuernd einzugreifen.

Auf die generelle Vorgehensweise der Projektsteuerung ist bereits in Teil II, Kapitel 5 eingegangen worden. Schwerpunkt dieses Kapitels ist die Darstellung wichtiger Methoden und Instrumente der Projektsteuerung.[184]

12.1 Ermittlung des Terminfortschritts

Grundlage für die Ermittlung des Terminfortschritts sind die genehmigten Terminpläne in Form von Listen-, Balken,- und/oder Meilensteinplänen.[185]

Ablaufplanorientierte Terminfortschrittsanalyse

Auf Grundlage der Ablaufplanung, des Netzplans, können die zeitlichen Auswirkungen von Terminabweichungen eines Arbeitspaketes (AP) auf die nachfolgenden APs und auf das gesamte Projekt ermittelt werden. Die Netzpläne müssen hinsichtlich der **tatsächlichen Anfangs- und Endtermine**, der noch **verbleibenden Restdauer** von Arbeitspaketen und **geänderter Fixtermine** aktualisiert werden. Projektsoftware erleichert das Neuberechnen von Ablaufplänen. Steht keine entsprechende Software zur Verfügung, sollte zumindest auf aggregierter Ebene der Ablaufplan für das gesamte Projekt neu berechnet werden.[186] Der Vergleich zwischen dem alten und dem aktuellen Ablaufplan gibt Aufschluß darüber,

* ob es Auswirkungen auf den kritischen Weg gibt und sich dadurch die Dauer des gesamten Projekts verlängert,

* ob Termine für Meilensteine beeinflußt werden und

---

[184] vgl. zu diesem Kapitel Kielkopf/Meyer (1991), S. 782 ff. und die von Oliver Arndt am Institut für Projektmanagement und Wirtschaftsinformatik der Universität Bremen entwickelte Lernsoftware (Computer Based Training) "Integrierte Projektsteuerung"

[185] Auf die einzelnen Pläne soll an dieser Stelle nicht mehr genauer eingegangen werden, da dies bereits in Teil IV, Kapitel 9 erfolgt ist.

[186] Sollte die Anzahl der Arbeitspakete für eine manuelle Berechnung zu hoch sein, können Teilnetzpläne auf Basis von Teilaufgaben oder Teilprojekten (oberste Ebene im PSP) erstellt werden. Der Ablaufplan für das gesamte Projekt enthält dann "nur noch" die Teilaufgaben und/oder Teilprojekte des gesamten Projektes.

- ob sich Verschiebungen durch Ausnutzung von Gesamtpuffern ergeben haben, es dadurch zu neuen Anfangszeiten für die Nachfolger kommt und eventuell ein zusätzlicher kritischer Weg entstanden ist.

Balkenplanorientierte Terminfortschrittsermittlung

Balkenpläne sind **die schnelle, leicht zu deutende Übersicht für alle** internen und externen Projektbeteiligten. Planungsvorsprung und Planungsverzug können schnell und unkompliziert eingetragen und leicht interpretiert werden.[187]

Problematisch wird es, wenn der Balkenplan nicht auf einem Netzplan beruht. Die Ermittlung des genauen Projektfortschritts ist dann wesentlich schwieriger. Verzögerungen, die sich auf andere Arbeitspakete auswirken, können nicht direkt abgelesen werden.[188] Trotzdem gilt:

Ein für alle zugänglicher, an der Wand befestigter und per Hand aktualisierter Balkenplan zeigt jedem Beteiligten den derzeitigen Stand seiner Aktivität.
So kann jeder seinen Verzug oder Vorsprung gegenüber den geplanten Daten erkennen, ohne ausdrücklich darauf aufmerksam gemacht zu werden.

Einschätzung der weiteren Entwicklung des Projektes - die Meilenstein-Trendanalyse

Für die **Einschätzung der weiteren Entwicklung** des gesamten Projektes empfiehlt sich die in der Praxis erprobte Meilensteintrendanalyse (MTA). Hier wird periodisch anhand der vorher definierten Meilensteine die zukünftige Entwicklung des Projektes prognostiziert. An jedem festgelegten Berichtszeitpunkt wird das geplante Erreichen der Meilensteine wieder neu in Frage gestellt. Die "neuen" Trends können z. B. in Workshops oder Projektstatuskonferenzen im Projektteam ermittelt werden. Damit können und sollen auch sog. weiche Daten, d. h. die nicht exakt

---

[187] siehe hierzu die Erläuterungen zur Balkenplantechnik in Teil IV, Kapitel 9.2
[188] Ist der Balkenplan die Ableitung eines mit einer Projektmanagement-Software erstellten Netzplanes, wird bei Eingabe der Veränderungen eines AP der gesamte Balkenplan neu berechnet und aktuell angezeigt. Einige Software-Pakete liefern "vernetzte Balkenpläne" mit Anordnungsbeziehungen.

ermittelbaren, die umfeldabhängigen sowie die organisationsabhängigen Daten, in die Prognosen einfließen. Wenn notwendig, können für einzelne Meilensteine auch Schätzungen von Experten herangezogen werden.

Beispiel einer Anwendung der Meilenstein-Trendanalyse

Für ein Projekt mit einer angenommenen Laufzeit von 5 Monaten wurden vier Meilensteine wegen des allmonatlichen Mittelnachweises jeweils am Ende eines Monats definiert und gesetzt. Beginn des Projektes: 1. April 1996.

Die Darstellung erfolgt in Form eines rechtwinkligen, gleichschenkligen Dreiecks. Die Meilensteine werden an der senkrechten Achse (Planungsachse) eingetragen. An der waagerechten Achse (Terminachse) werden die monatlichen Berichtstermine eingetragen.

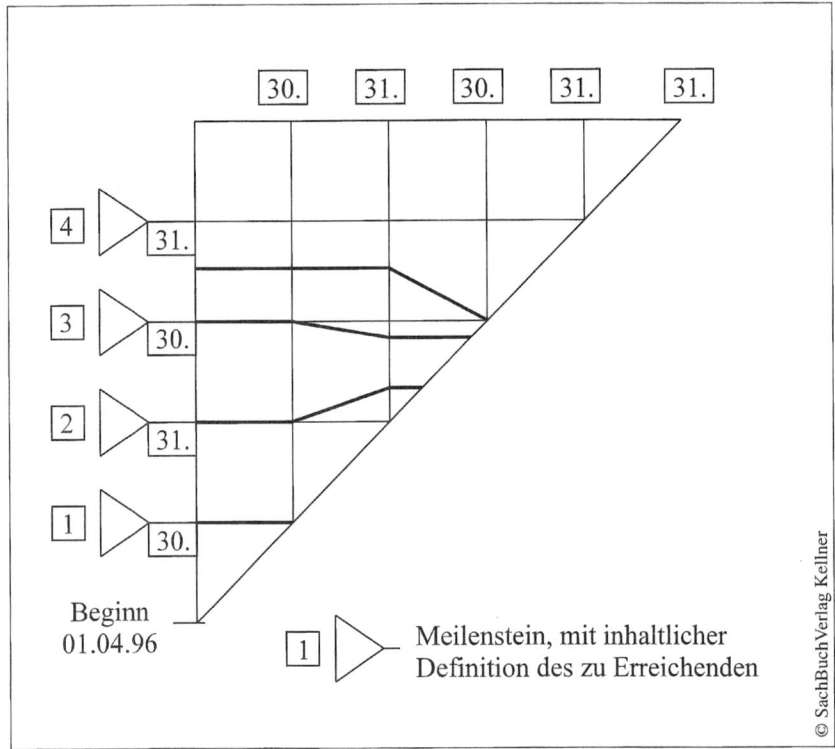

© SachBuchVerlag Kellner

Abb. 95: Meilensteintrendchart

Beurteilung:

Erste Projektstatuskonferenz am 30.4.96: die Planschätzungen für alle vier Meilensteine haben noch Gültigkeit (waagrechter Kurvenverlauf).

Zweite Projektstatuskonferenz am 31.5.96: Meilenstein 1 ist termingerecht abgeschlossen, für Meilenstein 2 wird eine Verspätung prognostiziert (steigende Kurve). Der Meilenstein 3 wird optimistisch geschätzt (fallende Kurve) - das Erreichen wird nun früher, als ursprünglich geplant, erwartet. Der Meilenstein 4 ist noch stimmig.

Dritte Projektstatuskonferenz am 30.6.96: Meilenstein 2, 3 und 4 sind abgeschlossen, die Zielerreichung erfolgte früher als geplant.

Die Anwendung der Meilenstein-Trendanalyse geschieht in folgenden Schritten:

1. Aus einem bereits existierenden Meilensteinplan werden die für den Projektfortschritt relevanten Meilensteine ausgewählt.

2. Es folgt die Festlegung der Berichtstermine und -intervalle.

3. Zu den Berichtszeitpunkten werden die Schätzungen für jeden Meilenstein überprüft und, soweit der Meilenstein nicht erreicht und damit abgeschlossen wurde, das Erreichen prognostiziert.

4. Bei Planabweichungen müssen die Ursachen und Auswirkungen auf nachfolgende Meilensteine analysiert und geeignete Steuerungsmaßnahmen ergriffen werden. Sollten sich negative Entwicklungen über mehrere Perioden fortsetzen, ist zum einen zu prüfen, ob die gewählten Steuerungsmaßnahmen tatsächlich die geeigneten sind. Zum anderen ist zu überlegen, ob der Fehler nicht bei den Schätzungen liegt, z. B. daß grundsätzlich zu optimistisch geschätzt wurde.

5. Die Prognosen werden in der verwendeten MTA-Graphik fortgeschrieben und die abgebildeten Entwicklungen schriftlich dokumentiert. Dies ist notwendig, um bei kommenden Sitzungen zu wissen, auf welchen Annahmen die Schätzungen und Steuerungsmaßnahmen beruhen.

Die Meilensteintrendanalyse ist ein einfaches Mittel, um die gesamte zukünftige Projektentwicklung im Auge zu behalten. Es bedarf keiner besonderen Hilfsmittel, sie durchzuführen, Pack- oder Flipchartpapier reicht aus. Für die Präsentation, z. B. im Projektstatusbericht, sollte die Analyse jedoch auf die entsprechende Größe übertragen werden.

12.2 Steuerung der Kosten

Um die Plan- mit den Ist-Kosten vergleichen zu können, müssen die tatsächlichen Kosten auch auf der Ebene erfaßt werden, auf der sie geplant wurden. D. h., wenn die Kosten auf Basis der einzelnen Arbeitspakete geplant worden sind, müssen auch die Ist-Kosten auf Basis der einzelnen APs ermittelt werden. Erfaßt werden neben den **tatsächlich ausgezahlten Geldern** auch die Mittel, für die **bereits Verpflichtungen (z. B. Bestellungen) eingegangen** worden sind, und die **Personalkosten.**[189]

Der Soll-Ist-Vergleich sollte zum einen bezogen auf die **Erfassungsperiode** und zum anderen für die bis zu diesem Zeitpunkt **insgesamt aufgelaufenen Kosten** (kumulierten Kosten) durchgeführt werden. Anhand der kumulierten Kosten läßt sich die Entwicklung der Kosten und die Effektivität der eingeleiteten Steuerungsmaßnahmen ableiten.

Die Kostenüberwachung erfolgt sowohl für **einzelne Arbeitspakete** als auch für das **gesamte Projekt**. Um Abweichungen präziser bestimmen zu können, werden die Kosten nach einzelnen Kostenarten erfaßt. Der Soll-Ist-Vergleich kann mit Hilfe von einfach zu erstellenden Formblättern durchgeführt werden, die folgende Tabelle zeigt ein mögliches Aussehen:

Arbeitspaket bzw. Projekt (Unzutreffendes bitte streichen)	Name:		Kostenbetrachtung	
PSP-Code:		Stand		
Soll-Ist-Vergleich				
Kostenart	Soll	Ist	Abweichung	Beurteilung
• Personal				
• Sachmittel				
• Externe Beratungsfirma				
• Eigenbetrieb				
• Literatur				
• Reisen				
• usw.	-	-	-	-
AP-Verantwortlicher:				

Abb. 96: Arbeitshilfe für einen Soll-Ist-Kosten-Vergleich

---

[189] Zur Ermittlung der Ist-Kosten siehe unter Teil II, Kapitel 5.2

Auch hier gilt, daß bei Abweichungen die **Ursachen analysiert** und wenn notwendig, entsprechende **Steuerungsmaßnahmen eingeleitet** werden. Dieses gilt nicht nur für **Kostenüberschreitungen**, sondern auch für **Kostenunterschreitungen**.

Ursache für Kostenüberschreitungen können u. a. sein:

*   Ausweitung des zu erbringenden Leistungsumfangs,
*   erhöhter Einsatz von Kapazitäten, um Termine einzuhalten,
*   Definition von zusätzlich notwendigen Arbeitspaketen, die bei der Planung vergessen wurden,
*   Fehlbuchungen oder
*   tatsächlich zu niedrig angesetzte Plankosten.

Zu Kostenunterschreitungen, die nicht immer eine Kosteneinsparung bedeuten, führen z. B.

*   ein noch nicht gebuchter Mittelabfluß,
*   nicht korrekt geführte Erfassung der Personalkosten,
*   eine Verschiebung von geplanten Aktivitäten,
*   ein besserer Fortschritt in der Leistungserstellung als geplant oder
*   in den Planungen zu hoch angesetzte Kosten.

12.3 Kontrolle des Leistungsfortschritts

Eine isolierte Überwachung von Kosten und Terminen kann den Projektfortschritt verfälschen. Ergibt der Soll-Ist-Vergleich der Kosten für ein Arbeitspaket eine Einsparung, können folgende Ursachen zugrunde liegen:

*   Die erbrachte Leistung ist in der geforderten Qualität und zum gesetzten Termin erbracht worden. Die Kosten sind bei der Planung des Budgets tatsächlich zu hoch angesetzt worden, eine echte Einsparung liegt vor.
*   Die erbrachte Leistung ist zwar zum gesetzten Termin fertig geworden, aber nicht in der geplanten Qualität. Es ist an der falschen Stelle gespart worden.
*   Die eingesparten Kosten spiegeln den tatsächlichen Arbeitsfortschritt wieder. Der Arbeitsfortschritt erfolgt zeitlich nicht wie geplant. Es muß eventuell mit zeitlicher Verzögerung gerechnet werden. Eine tatsächliche Einsparung liegt demnach nicht vor.

Die alleinige Kostenkontrolle durch Vergleich der Plan- und Ist-Kosten gibt also keine Auskunft darüber,

- **ob sich Plan- und Ist-Kosten überhaupt auf eine identische Leistung beziehen und**
- **was die tatsächlich erbrachte Leistung nach Plan hätte kosten dürfen.**

Um den tatsächlichen Projektfortschritt ermitteln zu können, benötigt das Projektteam Methoden, **Termine, Kosten und Leistungen im Zusammenhang zu betrachten.** Mit den folgenden Methoden können zum jeweiligen Berichtszeitpunkt der Leistungsfortschritt und die Kosten im Zusammenhang betrachtet werden. Ausgangspunkt für diese Methoden sind auch hier wieder die Arbeitspakete.

Ermittlung des Fertigstellungsgrades und des Fertigstellungswertes[190]

- Für die einzelnen Arbeitspakete werden vom Projektteam in Zusammenarbeit mit den Arbeitspaketverantwortlichen Zwischenergebnisse, bezogen auf die Berichtsperioden, festgelegt.[191]
- Für die Zwischenergebnisse lassen sich dann Fertigstellungsgrad und Fertigstellungswert bestimmen. Der **Fertigstellungsgrad** gibt das Verhältnis der für dieses Zwischenergebnis erbrachten Leistung zu der insgesamt zu erbringenden Leistung des Arbeitspaketes an. Bei Vorliegen einer detaillierten Termin- und Kostenplanung kann jeder Berichtsperiode ein geplanter **Fertigstellungswert** (bewerteter Fertigstellungsgrad) zugeordnet werden.

Beispiel: In einem Reorganisationsprojekt sollen während der Ist-Analyse anhand des Laufzettelverfahrens die Liegezeiten von Akten ermittelt werden. Dazu ist die Auswertung von 150 Laufzetteln notwendig. Das Projektteam geht davon aus, daß das Arbeitspaket vier Wochen dauert. Für das Arbeitspaket wird die Anzahl der zu bearbeitenden Laufzettel pro Berichtsperiode als Zwischenergebnis festgelegt. Bezogen auf die gesamte Menge ergibt sich pro Berichtsperiode der jeweilige relative Fertigstellungsgrad. Es werden für das gesamte Arbeitspaket Personalkosten in Höhe von DM 2.250 geschätzt. Bewertet man den Fertigstellungsgrad mit Kosten, ergibt sich der Fertigstellungswert.

---

[190] Eine detaillierte Darstellung verschiedener Methoden befindet sich in Kielkopf/Meyer (1991), S. 801ff.

[191] Die kommenden Verfahren beziehen sich nur auf Arbeitspakete, die sich über mehrere Berichtsperioden hinziehen.

Arbeitspaket	Werte in den Perioden				
Nr. 410	1	2	3	4	Σ
analysierte Laufzettel pro Periode	20 Stck.	30 Stck.	50 Stck.	50 Stck.	150 Stck.
relativer Fertigstellungsgrad	13,34 %	20 %	33,34 %	33,34 %	100 %
zugeteilter Fertigstellungswert	300 DM	450 DM	750 DM	750 DM	2.250 DM
kumulierter Fertigstellungswert	300 DM	750 DM	1.500 DM	2.250 DM	

Abb. 97: Mengen-Proportionalität

Eine andere Technik beruht auf der Definition von Meilensteinen. Sie kann angewendet werden, wenn definierbare Zwischenergebnisse entstehen, die terminiert und mit Kosten bewertet werden können. Beispiele hierfür sind Arbeitspakete, die Leistungen wie Tests, Entwicklungsarbeiten, Entwurfsarbeiten oder z.T. auch Beratungstätigkeiten zum Inhalt haben.

Arbeitspaket	Werte in den Perioden				
Nr. 3100	1	2	3	4	Σ
Meilenstein	M1	M2	M3	M4	
relativer Fertigstellungsgrad	30 %		40 %	30 %	100 %
Fertigstellungswert der Meilensteine	1.800		2.400	1.800	6.000
kumulierter Fertigstellungswert	1.800		4.200	6.000	

Abb. 98: Meilensteintechnik

Leider lassen sich nicht für alle Arbeitspakete Zwischenergebnisse festlegen, deren Erreichen objektiv geprüft werden kann. Für viele Leistungen wie z. B. administrative Tätigkeiten oder Managementtätigkeiten ist es schwieriger, Zwischenergebnisse zu definieren. Problematisch ist auch das Prüfen, ob die geplanten Zwischenergebnisse tatsächlich erreicht worden sind, da das Projektteam hier auf Aussagen der Mitarbeiter angewiesen ist. Trotzdem sollte das Projektteam auch für derartige Arbeitspakete Kontrollwerte festlegen.

Eine Möglichkeit wäre die Zeitproportionalität. Hier wird eine Art Fertigstellungswert, anteilig zur verbrauchten Zeit, berechnet. Angenommen, für ein Arbeitspaket sind 20 Tage und Kosten von DM 1.800 eingeplant worden, dann beträgt der Fertigstellungswert für den Berichtszeitpunkt nach acht Tagen somit DM 720.

Vergleich von Ist-Kosten, aktuellem Fertigstellungsgrad und geplantem Fertigstellungswert

Anhand des Vergleichs zwischen - z. B. durch Rückmeldelisten ermitteltem - aktuellem Fertigstellungsgrad, den ermittelten Ist-Kosten und dem geplanten Fertigstellungswert kann das Projektteam erkennen,

- ob der aktuelle Arbeitsfortschritt dem geplanten Fertigstellungsgrad entspricht;
- ob, um den aktuellen Arbeitsfortschritt zu erreichen, die Kosten eingehalten, über- oder unterschritten worden sind.

Treten Abweichungen auf, müssen diese analysiert und die entsprechenden Maßnahmen eingeleitet werden.

Kostentrendanalyse

Die Kostentrendanalyse zeigt, wie sich die geschätzten Projektgesamtkosten auf Grundlage des bisherigen Arbeitsfortschritts bis zum Endtermin entwickeln werden. Sie sollte immer dann durchgeführt werden, wenn ein Statusbericht erstellt werden soll (z. B. monatlich). Durch EDV-Unterstützung lassen sich die folgenden Schritte ohne großen Aufwand durchführen[192]:

1. Die in der Projektplanung geschätzten **Projektgesamtkosten (PGK)** liegen vor.

2. Die bis zum Berichtszeitpunkt aufgelaufenen aktuellen Ist-Kosten pro Arbeitspaket werden vom Projektteam zusammengestellt und summiert. Daraus ergeben sich die **aktuellen Ist-Kosten** für das gesamte Projekt (**AIK**).

3. Der **aktuelle Fertigstellungswert (AFW)** ergibt sich aus den ermittelten Fertigstellungswerten der laufenden Arbeitspakete und den geplanten Fertigstellungswerten für bereits abgeschlossene Arbeitspakete.

---

[192] Zu Beginn der Bearbeitung von Arbeitspaketen muß allerdings Zeit investiert werden, um sich die entsprechenden Module für die Bearbeitung mit dem PC zu entwickeln.

4. Die geschätzten Projektgesamtkosten ergeben sich aus den geplanten Projekt-
    gesamtkosten, bereinigt um einen **Kostensteigerungsfaktor**. Dieser ergibt sich aus
    dem Verhältnis von aktuellen Ist-Kosten zu aktuellem Fertigstellungswert ($\frac{AIK}{AFW}$)

Folgendes Beispiel zeigt eine Kostentrendanalyse.

Berichts-periode	Plan-Gesamtkosten	Aktueller Fertig-stellungswert (AFW)	Aktuelle Ist-Kosten (AIK)	Kosten-steigerungs-faktor (AIK/AFW)	Schätzwert für Gesamtkosten
0	20.000				20.000
1	20.000	2.000	2.500	1,25	25.000
2	20.000	6.000	7.800	1,30	26.000
3	20.000	8.000	10.800	1,35	27.000
4	20.000	10.000	13.750	1,38	27.500
5	20.000	11.000	14.740	1,34	26.800
6	20.000	15.200	19.000	1,25	25.000
7	20.000	18.000	20.700	1,15	23.000
8	20.000	20.000	23.000	1,15	23.000

<u>Abb. 99</u>: **Kostentrendanalyse**

Graphisch ergibt sich folgende Trendkurve. Wichtig ist, daß die in der Trendkurve dargestellten Entwicklungen kommentiert werden.

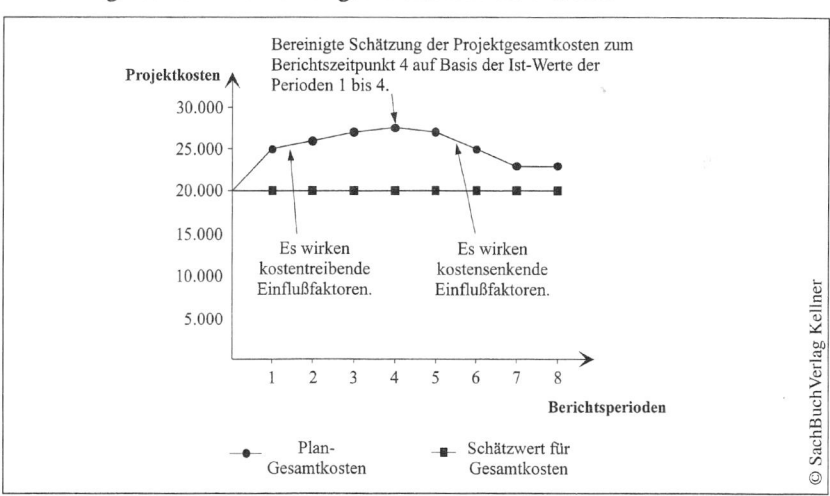

<u>Abb. 100</u>: **Trendkurve einer Kostentrendanalyse**

12.4 Steuerungsmaßnahmen

Um Einfluß auf Kosten, Termine und Leistungen im Projekt nehmen zu können, gibt es unterschiedliche Steuerungsmaßnahmen. Die Maßnahmen beziehen sich auf die inhaltliche Gestaltung des Projektgegenstandes, den Aufwand, den Einsatz von Ressourcen und die Produktivität. Dabei muß beachtet werden, daß die meisten Steuerungsmaßnahmen **Nebenwirkungen** haben, die berücksichtigt werden müssen. Diese Nebenwirkungen können vor allem in Form einer Erhöhung des Projektbudgets, einer versteckten Verlängerung des Projektes, in Motivationsverlusten bei den Beteiligten oder einer mangelnden Akzeptanz des Projektergebnisses auftreten. Die folgende Auflistung gibt Anregungen für Steuerungsmöglichkeiten und kann beliebig erweitert werden.

Maßnahmen	mögliche Nebenwirkungen
• die geplante Leistung reduzieren	➜ keine Zustimmung des Auftraggebers; Akzeptanzprobleme bei den Betroffenen
• Einschränkungen in der geplanten Qualität	➜ Erhöhung des Aufwands während der Nutzung des Projektgegenstandes
• Ablehnung von Änderungswünschen, die im Projektablauf geäußert werden	➜ Akzeptanzprobleme bei den Betroffenen; Kompromißlosigkeit bei von der Politik gewünschten Änderungen
• ...	➜ ...

Abb. 101: Inhaltliche Gestaltung des Projektgegenstandes

Maßnahmen	mögliche Nebenwirkungen
• Zukauf von Teilprodukten (z. B. (Softwaremodule, die eigentlich im Hause programmiert werden sollten)	➜ Aufwand für Definition, Abnahme der Teilprodukte und Suche nach einem geeigneten Lieferanten; Erhöhung des Projektbudgets
• Änderung des Entwicklungsprozesses (z. B. der Einsatz von klassischen Organisationsmethoden zur Ist-Analyse anstelle von Gruppendiskussionen, um Dauer und Personalkosten der Ist-Analyse zu senken)	➜ Umstellungsaufwand. Es ist unsicher, ob mit den Änderungen die gewünschten Ergebnisse zu erreichen sind.
• Projektstrukturplan bzw. Ablaufplan auf nicht zwingend notwendige Arbeitspakete überprüfen und diese streichen	➜ Qualitätsreduzierung und erhöhtes Risiko
• ...	➜ ...

Abb. 102: Aufwand

Maßnahmen	mögliche Nebenwirkungen
• Projektmitarbeiter von anderen Aufgaben befreien	➔ Konflikte mit den Mitarbeitern, die die Routinearbeiten der Projektmitarbeiter zusätzlich zu ihren eigenen übernehmen müssen
• zusätzliche Mitarbeiter für das freistellen lassen	➔ Bearbeitung der Routinearbeiten muß organisiert werden, siehe oben
• Umverteilung der Kapazität im Projekt	➔ Engpässe verlagern sich innerhalb des Projektes; Probleme können später an anderer Stelle auftreten
• externe Kapazität einkaufen	➔ die benötigte Qualifikation ist oft schwer zu finden; Erhöhung der Kosten; Einarbeitungszeit muß bedacht werden
• Arbeitspakete an Fremdfirmen vergeben	➔ Aufwand für die detaillierte Beschreibung des Auftrags
• Überstunden anordnen	➔ Motivationsverluste durch diese zusätzliche Belastung
• zusätzliche Sachmittel zur Unterstützung der Projektmitarbeiter bereitstellen.	➔ Erhöhung des Projektbudgets
• ...	➔ ...

Abb. 103: Kapazität

Maßnahmen	mögliche Nebenwirkungen
• Abschirmen der Projektmitarbeiter	➔ besondere Stellung kann Konflikte mit der Linie hervorrufen
• räumliche Zusammenlegung des Teams	➔ ist aufgrund räumlicher Kapazitäten oft nicht möglich
• Erhöhung der Information und Kommunikation	➔ erhöhter Zeitaufwand
• Einstellung besonders qualifizierter Mitarbeiter	➔ qualifizierte Mitarbeiter werden oft in mehreren Projekten und/oder auch in der Linie benötigt
• Ausbildung der Projektmitarbeiter	➔ wirkt häufig erst langfristig; Schulungsaufwand
• das Know-how der Projektmitarbeiter an der richtigen Stelle einsetzen	➔ keine Nebenwirkungen
• Aufgabenverschiebung	➔ ist aufgrund fachinhaltlicher Zusammenhänge nicht immer möglich
• Austausch einzelner Mitarbeiter	➔ Einarbeitung ist notwendig
• ...	➔ ...

Abb. 104: Produktivität

12.5 Berichtswesen

Projekte können nur dann sinnvoll gesteuert werden, wenn die richtigen Informationen für die entsprechenden Entscheidungssituationen vorliegen. Die wichtigsten Berichte sind der Sofort-, der Situations- und der Statusbericht.

Sofortbericht

Treten gravierende Veränderungen auf, ist ein Sofortbericht abzugeben. Je nachdem, auf welcher Ebene sich die Abweichung ergibt, sollte innerhalb von 24 Stunden

- vom Arbeitspaketausführenden an den Arbeitspaketverantwortlichen,
- vom Arbeitspaketverantwortlichen an die Projektleitung und
- binnen 48 Stunden von der Projektleitung an den Auftraggeber

berichtet werden.

Bei der Projektplanung muß daher festgelegt werden, bei welchen Abweichungen von der Planung ein Sofortbericht ausgelöst wird. Diese **Toleranzgrenzen** beziehen sich auf die Leistungen, die Termine, die Ressourcen und die Kosten.

Ein Sofortbericht enthält folgende Angaben:

- Welches sind die aufgetretenen Probleme?
- Welche Auswirkungen sind beim derzeitigen Kenntnisstand, bezogen auf Leistungen, Termine, Kapazitäten und Kosten, zu erwarten?
- Welche Maßnahmen werden vorgeschlagen?

Situationsbericht

Im Situationsbericht werden alle aktuellen und relevanten Projektdaten global dargestellt. Er ist das Ergebnis der regelmäßigen Projektteamsitzungen und kann an Beteiligte und Auftraggeber weitergeleitet werden. Der Situationsbericht kann wie folgt aussehen:

Situationsbericht		Datum	
Projekt:	Projektleitung:	Tel.:	Berichtszeitraum:
1. **Stand der Entwicklung des Projektgegenstandes**			
2. **Termine** ☐ Termine können eingehalten werden ☐ Termine können nicht eingehalten werden Begründung			
3. **Kosten** Anfall bis Stichtag: DM Überschreitung der Gesamtsumme ☐ nein ☐ ja Höhe Begründung			
4. **Besondere Schwierigkeiten**			
5. **Vorgeschlagene Maßnahmen**			

Abb. 105: Situationsbericht

Der Situationsbericht kann durch grafische Darstellungen ergänzt werden.

Statusbericht

Der Statusbericht gibt einen ausführlichen und umfassenden Einblick in das Projekt. Er ist so aufgebaut, daß der aktuelle Stand auf einen Blick zu erkennen ist und sich daran die ausführlichere Darstellung des Projektstatus anschließt.

1. Schlagzeilen

Auf den ersten Seiten werden die gegenwärtigen und erwarteten Ereignisse, Probleme und Trends genannt. Eine grafische Darstellung erleichtert den Überblick.

Projekt	**Situation/Trend**		Datum: Bearbeiter		
	Leistung / Qualität	Termine	Kosten	Kapazität / Aufwand	"weiche" Daten
kritische Abweichung		⇩			
geringe Abweichung	○		⇧		⇧
im Plan				○	
Trend: ○ Gleichbleibend ⇧ Verbesserung ⇩ Verschlechterung					

Abb. 106: Schlagzeilen im Statusbericht

2. Sachstand

In diesem Teil wird ausführlicher auf Ergebnisse, Ereignisse, Probleme, Maßnahmen und Risikoeinschätzungen im gegenwärtigen Berichtszeitraum eingegangen. Ferner werden die vorgesehenen Ergebnisse und Tätigkeiten für den folgenden Berichtszeitraum dargestellt.

3. Terminsitutation

Hier wird anhand der Balkenpläne die gegenwärtige Terminsituation mit ihren Verschiebungen und anhand der Meilensteintrendanalyse die zukünftige Terminsituation erläutert.

4. Kostensituation

Die für die Kostensteuerung erstellten Listen sind Grundlage für die Darstellung der gegenwärtigen Kostensituation.[193] In den Erläuterungen sollten die Kosten nach Auszahlungen, bereits eingegangenen Verpflichtungen und nicht haushaltswirksamen Kosten unterschieden werden. Ferner ist die Darstellung um detaillierte Begründungen für Abweichungen und eingeleitete Steuerungsmaßnahmen zu ergänzen. Der Zusammenhang zwischen Zeit, Kosten und Arbeitsfortschritt sowie zukünftiger Kostenentwicklung kann anhand der Kostentrendanalyse dargestellt werden.

5. Zusammenarbeit mit
a) anderen Dienststellen
b) extern beteiligten Firmen/Institutionen

Hier geht es um Punkte wie Termintreue, Einhaltung des Budgets, Einhaltung von Absprachen, Koordination u. ä. Die Darstellung sollte nach Zusammenarbeit mit anderen Dienststellen (die nicht durch die Projektorganisation fest in das Projekt eingebunden sind) und extern beteiligten Firmen/Institutionen unterschieden werden. Mit Firmen/Institutionen gibt es mehr Möglichkeiten, bei Abweichungen zu reagieren, da die Zusammenarbeit hier auf der vertraglichen Ebene geregelt ist.

12.6 Review und Audit

Probleme im Projektablauf wie u. a. Abweichungen von Plandaten, Motivationsverluste oder Konflikte mit der Linie können verschiedene Ursachen haben. Um diese Ursachen herauszuarbeiten, werden **Reviewsitzungen (kritische Besprechungen)** durchgeführt. In diesen Sitzungen werden Probleme und Ursachen gemeinsam erarbeitet. Dies fördert das Verständnis für die Probleme der anderen. Zudem

---

[193] siehe hierzu Teil IV, Kapitel 12.2 "Steuerung der Kosten"

können die Lösungswege effektiv umgesetzt werden, da die einzuleitenden Maßnahmen nach einer Reviewsitzung eher von allen getragen werden. Werden Reviewsitzungen regelmäßig durchgeführt, z. B. als Teil einer Projektstatussitzung, können potentielle Probleme frühzeitig erkannt, und es kann agiert statt reagiert werden. Reviewsitzungen können zwischen Auftraggeber/Projektlenkungsausschuß als "Prüfer" und dem Projekteam als "Überprüfte", der Projektleitung als "Prüfer" und den Projektmitarbeitern als "Überprüfte" (oder umgekehrt) durchgeführt werden. Ferner bieten sich Reviews beim Erreichen von Meilensteinen als Grundlage für die Entscheidung an, ob weitergemacht werden soll, ob ein Rückschritt nötig ist oder ob das Projekt abgebrochen werden soll.

Sollte das Projekt dennoch - vom Projekteam unbemerkt - aus der Kontrolle geraten, ist es Aufgabe des Auftraggebers/Projektlenkungsausschusses, eine **Dringlichkeitsüberprüfung (Audit)** einzuberufen. Das Audit sollte von einer von dem Projekt völlig losgelösten Person durchgeführt wird. D. h. die Person sollte weder in Beziehung zu den Projektmitarbeitern, der Projektleitung, dem Auftraggeber/Projektlenkungsausschuß und den jeweiligen Linienvorgesetzten stehen, noch zu dem Kreis der Betroffenen und sonstigen Beteiligten gehören. Dies ist wichtig, damit nicht die Autorität einzelner Personen (z. B. die der Projektleitung gegenüber dem Projektteam und den Linienvorgesetzten) verlorengeht und die Sitzung frustrierend wird.

Die folgenden Checklisten[194] enthalten Anhaltspunkte dafür, wo im Projekt Probleme auftreten können. Erfolgt eine regelmäßige Überprüfung des Projektes durch das Projekteam selbst, wird das Risiko, daß ein Audit durchgeführt werden muß, minimiert. Die Listen erheben keinen Anspruch auf Vollständigkeit und können um eigene Erfahrungen erweitert werden.

Pläne

• Sind alle anzuwenden Plantypen dokumentiert?
• Sind die Pläne vollständig?
• Machen die Pläne jedem Mitarbeiter den genauen EInsatz deutlich?
• Arbeitet die Projektleitung mit einem Ablaufplan (Netzplan)?
  (Die Arbeit mit dem Netzplan ist notwendig, da dieser die sequentiellen und parallelen Abläufe zeigt.)
• Existieren Widersprüche?
• Beziehen sich die einzelnen Pläne auf dieselben Termine und Personalaufwände?

---

[194] in starker Anlehnung an Kupper (1991), S. 192ff.

Sind die Pläne praktikabel?

- Wurden Ausfallzeiten durch Krankheit, Urlaub, Meetings, Mitarbeit an anderen Aufgaben usw. bei der Schätzung der benötigten Personalkapazitäten bedacht?
- Wurden Erfahrungen aus anderen Projekten den Planungen zugrunde gelegt?

Wird mit den Plänen gearbeitet?

- Sind angeforderte Pläne schnell erhältlich?
- Zeigen sie Zeichen der Benutzung wie handschriftliche Eintragungen und "Eselsohren"?
- Sind die Pläne den Projektmitarbeitern zugänglich?
- Existiert genügend Platz für Aktualisierungen?

Durch Interviews der Projektmitarbeiter können weitere Hinweise auf die Effektivität von Plänen gewonnen werden:

- Ist den Mitarbeitern ihre Aufgabe bekannt?
- Können sie ihre Aufgabe im PSP und im Ablaufplan wiederfinden?
- Ist jedem der Aktualisierungszyklus der Pläne bekannt?
- Wie berichten die Projektmitarbeiter der Projektleitung?
- Können diese Berichte eingesehen werden?
- Sind die Pläne mit dem Erstellungsdatum und, falls sie handschriftlich verändert worden sind, zusätzlich mit diesem Datum versehen?
- ...

Die Projektleitung

- Hat sie die richtige Qualifikation?
- Ist dies ihr erstes Projekt?
- Wenn nicht, war das vorangegangene Projekt erfolgreich?
- Lernt die Projektleitung dazu?
- Besteht genügend Zeit, um die Pläne zu überarbeiten?
- Hat sie Zeit, Projekt-Reviews durchzuführen oder durchführen zu lassen?
- Nimmt sie ihre eigenen Aufgaben wahr?
- Übernimmt sie Aufgaben anderer?
- Hat sie das gesamte Projekt im Blick?
- Konzentriert sie sich auf bestimmte Bereiche im Projekt?
- Üben Auftraggeber/Projektlenkungsausschuß und/oder Linienvorgesetzte Druck aus?

- Wie reagiert die Projektleitung auf Druck:
  - gerät in Panik
  - reagiert gelassen
  - kann ihren Standpunkt artikulieren
  - wirft die Flinte ins Korn?
- Sind die höheren Hierarchieebenen am Projekt interessiert?
- ...

Projektgröße

- Berichten mehr als 7 oder 8 Mitarbeiter der Projektleitung?
- Sind Koordinations-, Kommunikations- und Kontrollaufwand eingeplant?
- Erscheint das Projekt, bezogen auf die gesamte Organisation, zu groß und unwirtschaftlich?
- ...

Projektmitarbeiter

- Welche Projektorganisation wurde gewählt?
- Sind die Kompetenzen geregelt worden?
- Gibt es ein Kernteam, das während der gesamten Projektdauer existiert?
- Ist die Auslastung der Mitarbeiter im Kernteam sehr unterschiedlich?
- Ist die Freistellung geklärt worden?
- Ist die Berichtsspanne zu groß (berichten mehr als 10 Mitarbeiter an einen Verantwortlichen)?
- Identifizieren sich die Projektmitarbeiter mit dem Projekt?
- Werden ständig Mitarbeiter hinzugefügt?
  - Beruht die Hinzufügung auf einer Vergrößerung des Projektumfangs?
  - Oder beruht sie auf unrealistischen Schätzungen?
  - Sind die entsprechenden Aufgaben überhaupt teilbar?
  - Ist die Einarbeitungszeit berücksichtigt worden?
- Gab es bisher Änderungen in Schlüsselfunktionen (Projektleitung oder AG/PLA)?
  - Sind alle Projektmitarbeiter davon informiert worden?
  - Ist eine Person ersetzt worden?
  - Hat die neue Person die notwendigen Qualifikationen?
  - Ist auch hier eine Einarbeitungszeit berücksichtigt worden?

- Ist die Fluktuationsrate hoch?
  - Wo liegen die Ursachen?
  - Müssen deshalb Arbeitspakete wiederholt werden?
  - Kommen deshalb neue Arbeitspakete hinzu?
- Fallen Überstunden an?
  - Sind Überstunden schon bei der Schätzung der Termine eingeplant worden?
  - Wird in den Überstunden tatsächlich etwas geleistet?
  - Wirken sich die Überstunden negativ auf das Projektteam aus?
- ...

Kommunikation im Projekt

- Gibt es regelmäßige Treffen von Projektteam und Linie?
- Sind Berichte immer eher positiv ausgerichtet?
- Werden bei Problemen, grundsätzlich auch Lösungswege angegeben?
- Wird über den tatsächlichen Arbeitsfortschritt berichtet?
- Liegt die "Schuld" immer bei den anderen bzw. liegt immer alles an "objektiven" Bedingungen?
- ...

Motivation im Projekt

- Hat das Projekt beim Auftraggeber/Projektlenkungsausschuß ein gutes Image?
- Hat das Projekt bei den Betroffenen ein gutes Image?
- Hat das Projekt bei den anderen beteiligten Dienststellen ein gutes Image?
- Gibt es persönliche Differenzen zwischen Projektteammitgliedern?
- Wurden von außen bedeutende Änderungen bei den Projektzielen "angeordnet"?
- Kann das Projektteam ungestört arbeiten?
- Hat das Projekt einen eigenen Raum?
- Hat das Projekt einen ansprechenden Namen?
- ...

Qualität des Projektgegenstandes

- Entsprechen die Zwischen- oder Phasenprodukte den vorgegebenen Standards?
- Sind Qualitätsprüfungen gemacht worden?
- Sind diese Prüfungen von fachlich kompetenten Mitarbeitern gemacht worden?

- Sind zulässige Änderungen berücksichtigt worden?
- Sind unautorisierte Änderungen zu finden?
- ...

Schätzungen

- Ist nach einer Methode geschätzt worden?
- Hat man verschiedene Methoden angewendet?
- Geht man phasenorientiert vor?
- Werden beim Erreichen einer neuen Phase die Schätzungen überprüft?
- Wird der Endtermin oder das Budget in Frage gestellt?
- Werden die Schätzungen als Schätzungen (vor allem vom Auftraggeber/PLA) akzeptiert?
- Werden die Schätzungen als verbindliche Vorgaben angesehen?
- Beruhen die Schätzungen auf gültigen und vollständigen Informationen?
- Sind die Arbeitspakete hinsichtlich des Ergebnisses konkret formuliert, so daß der Aufwand detailliert abgeleitet werden kann?
- Sind die Schätzungen realistisch?
- Ist die Basis der Schätzungen ein durchdachter Ablaufplan?
- Beruhen die Schätzungen auf Vermutungen oder Intuition?
- Wurde der schnellste Mitarbeiter zum Maßstab gemacht?
- Ist davon ausgegangen worden, daß alles beim ersten Mal richtig gemacht wird?
- Kommt es zu permanenten Unterschätzungen?
- Ist permanent überschätzt worden?
- ...

Umgang mit Änderungen

- Gibt es Schnittstellen zwischen Dienststellen und Projektteam?
- Kennen die Projektmitarbeiter ihre eigene Verantwortung im Hinblick auf Änderungen?
- Wissen die Projektmitarbeiter und die Mitarbeiter in den beteiligten Dienststellen, wie Änderungsanträge initiiert werden müssen?
- Wird die Änderungsprozedur befolgt?
- Befolgen auch die Vorgesetzten in der Linie die Prozedur?
- Sind die entsprechenden Mitarbeiter von den anstehenden Änderungen unterrichtet?

- Wird darüber berichtet, wieviel Zeit für die Bearbeitung benötigt worden ist?
- Wird dem Auftraggeber/PLA von den Änderungsaktivitäten berichtet?
- Dauert es lange bis eine Entscheidung gefallen ist?
- Gibt es viele Änderungen?
- Macht die jeweils bearbeitende Fachabteilung Vorschläge?
- ...

Berichtswesen

- Empfinden die Projektmitarbeiter das Berichtswesen als Belastung?
- Ist das Berichtssystem für die Projektgröße angemessen?
- Werden die Informationen analysiert?
- Gibt es ein Feedback?
- Ist der jeweilige Berichtszeitraum zu groß?
- Ist der jeweilige Berichtszeitraum zu klein?
- Wird dem Auftraggeber/Projektlenkungsausschuß regelmäßig berichtet?
- Gibt es "Werte", ab wann ein Sofortbericht nötig ist?
- Enthalten Berichte und Entscheidungsunterlagen das Erstellungsdatum bzw. das Datum der Aktualisierung?
- ...

Das Projektumfeld

- Wie können die Projektmitarbeiter auf das Wissen von Dienststellen, die nicht durch die Projektorganisation mit dem Projekt verbunden sind, zugreifen?
- Wie werden die Anforderungen der (späteren) Nutzer in das Projekt eingebracht?
- Sind tatsächlich alle Gruppierungen von (späteren) Nutzern hinsichtlich ihrer Anforderungen befragt worden?
- Gibt es kontinuierliche Kommunikation mit den (späteren) Nutzern?
- Welcher Art ist diese Kommunikation?
- Gibt es Eingriffe von der politischen Ebene, die das gesamte Projekt beeinflussen?
- Fallen durch Übernahme von regulären Arbeiten der Projektmitarbeiter Überstunden für die Mitarbeiter in der Linie an?
- Wird dieses als selbstverständlich angesehen?
- Ist diese Verlagerung der Aufgaben mit den betroffenen Mitarbeitern abgesprochen worden?
- ...

13. Weitere Methoden und Checklisten

In diesem Kapitel werden Methoden, Instrumente und Checklisten beschrieben, die nicht direkt einzelnen Steuerungsfunktionen des Projektmanagements zuzuordnen sind. Sie bieten aber wichtige Hilfestellungen und sollen deshalb nicht unverwähnt bleiben.

13.1 Der Projektauftrag

Der Projektauftrag wird vom Auftraggeber/Projektlenkungsausschuß (AG/PLA) erstellt. Ein Beispiel für einen Projektauftrag befindet sich in Teil III "Fallstudie". Folgende Angaben sollten, soweit möglich, im Projektsauftrag enthalten sein:

- **Arbeitstitel des Projektes**

  Der eigentliche Name des Projektes sollte im Projektteam unter Einbeziehung der (späteren) Nutzer ausgewählt werden.

- **Projektleitung**

  Wurde zum Zeitpunkt der Erteilung des Projektauftrags noch keine Projektleitung bestimmt, so muß festgelegt werden, wer sich erst einmal um das Projekt kümmert. Hat der AG/PLA schon feste Vorstellungen über die zu fordernden Kompetenzen der Projektleitung (Leitung oder Koordination), so sollten auch diese auf jeden Fall schon hier aufgeführt werden.

- **Randbedingungen**

  Hier sind die Bedingungen aufgeführt, die in der Projektarbeit dringend beachtet werden müssen.

- **Zu erwartende Ergebnisse**

  Die zu erwartenden Ergebnisse nehmen nicht die inhaltliche Gestaltung der Ergebnisse entsprechend der Ziele vorweg. Eine Ergebnisformulierung ist z. B. "Das Projekt soll ein Konzept zur Einführung der Kosten- und Leistungsrechnung und die Umsetzung des Konzeptes beinhalten".

- **Ziele aus Sicht des AG/PLA**

  Hat der AG/PLA schon konkrete Zielvorstellungen, dann gehören diese unbedingt in den Projektauftrag.

- **Budget**

  Falls bereits Vorstellungen hinsichtlich des Budgets existieren, sollten diese auch genannt werden.

- **Termine, Meilensteine**

Ist bereits eine Terminierung vorgenommen worden, so ist diese aufzuführen.

Selbstverständlich gehört auch der Name des Auftraggebers bzw., falls ein Projektlenkungsausschuß bereits konstituiert ist, die Namen der Mitglieder des PLA in den Projektauftrag.

Mit dem Projektauftrag sollte auch ein Termin vorgegeben werden, wann eine Grobplanung im Hinblick auf das weitere Vorgehen vorliegen soll.

13.2 Fragen zur Analyse der Ausgangssituation des Projektes

Mit der Beantwortung der folgenden Fragen erarbeitet die Projektleitung bereits die Grundlagen für die Zielplanung und die geeignete Projektorganisation.[195]

1. Wer ist der Auftraggeber?

Projekte scheitern, weil "einflußreiche Persönlichkeiten" ihr Veto eingelegt haben oder ihre eigenen Anliegen stärker fördern. Daher ist zu prüfen, welche Stellung der Auftraggeber sowohl in der formellen als auch in der informellen Hierarchie einnimmt und welche Rolle er spielt. Welchen Einfluß kann er geltend machen bzw. macht er geltend? Bei bereits vorab erkennbar kritischen Projekten sollte der AG/ PLA so hoch wie möglich in der Hierarchie angesiedelt sein.

2. Wer trägt die Projektidee?

Träger von Projektideen sind eine wichtige Unterstützung für die Projektleitung, weil sie ein Interesse am Gelingen des Projektes haben. Wenn möglich, sollten diese Personen fest in die Projektarbeit eingebunden werden, z. B. als Mitglied im Projektlenkungsausschuß oder als Mitglied im Projektteam.

3. Gibt es "Hintermänner"?

Damit sind Initiatoren gemeint, die im Hintergrund bleiben wollen. Von dort aus wollen sie andere fördern oder behindern. Möglicherweise wollen sie verhindern, daß die wahren Ursachen für die Initiierung des Projektes bekannt werden. Oder, oder - ihre Intention ist jedenfalls nicht transparent.

---

[195] vgl. Hansel/Lomnitz (1987), S. 33ff.

(Die folgenden Fragen gelten sowohl für Projekte innerhalb einer Dienststelle als auch für Projekte mit mehreren betroffenen Dienststellen. Der Lesbarkeit halber wird hier nur von einer Dienststelle gesprochen.)

4. Fragen in bezug auf die betroffene Dienststelle

4.a Wie kann die betroffene Dienststelle charakterisiert werden?

- Stellung innerhalb eines Ressorts oder bezogen auf die gesamte öffentliche Verwaltung;
- Wichtigkeit, Image im Hause und nach außen;
- Selbstbild der Mitarbeiter und wie sie von anderen Dienststellen gesehen werden
- Geschichte und Entwicklung;
- betroffene Mitarbeiter (Vorbildung und Rollenverständnis);
- Betriebsklima und Führungsstil;
- externe Abhängigkeiten.

4.b Wie steht die Dienststelle dem Vorhaben gegenüber?

- Was ist bereits vor der Ernennung der Projektleitung geschehen?
- Meinungen, Gerüchte, Hoffnungen, Befürchtungen bei den (späteren) Nutzern.
- Existieren Gruppen oder Fronten?

4.c Welche Bedeutung hat das Vorhaben für die Dienststelle und die Mitarbeiter?

Hier geht es um die Frage, in welcher Form das Vorhaben Ziele und Aufgaben der Dienststelle unterstützt.

4.d Welche Erfahrungen gibt es mit früheren Projekten bzw. mit zu beteiligenden Bereichen oder Personengruppen (z. B. Datenschutzbeauftragter, Personalrat, Externe, Auftragnehmer)?

- Hat es vergleichbare Projekte gegeben und wie sind diese gelaufen?
- Gibt es Mißerfolge, die das aktuelle Projekt beeinflussen können?
- Wie ist die Zusammenarbeit bisher verlaufen?

Erfahrungen in der Zusammenarbeit zwischen der betroffenen Dienststelle und anderen beteiligten Bereichen

	++	+	0	-	--	
vertrauensvoll						kein Vertrauen
viel Abstimmung/ Kommunikation						keine Abstimmung
Bereitschaft zur Zusammenarbeit						keine Bereitschaft zur Zusammenarbeit
Konflikte werden offen ausgetragen						Konflikte werden verdeckt ausgetragen
Entscheidungen werden gemeinsam getragen						Entscheidungen werden nur von einer Seite getragen
Abmachungen werden eingehalten						es wird viel versprochen, aber nichts eingehalten
Probleme des anderen werden gesehen und verstanden						Probleme des anderen interessieren nicht
offener Informationsaustausch						es wird gemauert, mit Informationen taktiert
es gibt Kompromißbereitschaft						jeder beharrt auf seinem Standpunkt

Legende: ++ = sehr positiv | 0 = weder positiv noch negativ
+ = positiv | - = negativ
| -- = sehr negativ

Abb. 107: Checkliste "Erfahrungen in der Zusammenarbeit"[196]

5. Wer ist in welcher Form durch das Vorhaben betroffen und welche Beteiligungswünsche bestehen bei den Betroffenen?

Betroffenheit ist Voraussetzung für Engagement im positiven wie auch im negativen Sinne. Betroffenheit wird durch konkret geplante oder vermutete Veränderungen hervorgerufen. Diese Veränderungen können sowohl fachlicher als auch persönlicher Natur sein.

---

[196] Quelle: Hansel/Lomnitz (1987), S. 38

Mitarbeiter (Gruppe):					
Betroffenheitsaspekte	**Grad der Betroffenheit**			**Art der Betroffenheit**	
	nicht	**wenig**	**stark**	**positiv**	**negativ**
Aufgabenzuordnung					
Arbeitsablauf					
Handlungsspielraum					
Verantwortung					
Informationsstand					
Qualität der eigenen Arbeit					
Arbeitsbelastung					
Fremdkontrolle					
Persönliches Ansehen					
Einfluß					
Aufstiegschancen					
Einkommen					
Arbeitszufriedenheit					
Selbstverwirklichung					
...					

Abb. 108: Checkliste "Betroffenheitsanalyse"[197]

Betroffen zu sein heißt nicht, daß auch gleichzeitig die aktive Mitarbeit gewünscht wird. Manche Mitarbeiter

• möchten weder beteiligt noch informiert werden;

• andere möchten nur informiert werden;

• wieder andere wollen, daß ihre Meinung berücksichtigt wird;

• andere möchten mitarbeiten und

• wieder andere mitentscheiden.

Die Betroffenheit kann ermittelt werden

• durch persönliche Gespräche mit potentiell Betroffenen,

• durch Workshops, wo mit verschiedenen Gruppen über die verschiedenen Auswirkungen diskutiert wird,

---

[197] Quelle: Hansel/Lomnitz (1987), S. 40

- zur Not auch auf Basis eigener Vermutungen der Projektleitung oder der von Kollegen oder
- durch ein Rollenspiel (sich in die Lage der Betroffenen versetzen).

Es muß darauf geachtet werden, daß die Beteiligung der Betroffenen in den einzelnen Projektphasen unterschiedlich ist.

6. Wer ist willens und fähig, die Projektleitung zu übernehmen?

Es ist nicht immer möglich, die Projektleitung bzw. Projektkoordination abzulehnen. Jede gewählte Projektleitung oder Projektkoordination sollte jedoch die folgenden Fragen für sich beantworten, um z. B. eine eigene Schulung zu bestimmten Fragen oder eine bestimmte Zusammensetzung des Projektteams und/oder des Projektlenkungsausschusses zu erreichen:

- Habe ich die nötige fachliche Qualifikation, das Wissen und die Erfahrungen sowie die Akzeptanz der Beteiligten und Betroffenen oder werde ich sie erreichen?[198]
- Entspricht dieses Projekt meinen fachlichen Neigungen und Entwicklungsbedürfnissen?
- Welche Chancen und Risiken birgt die Aufgabenstellung in sich? Ist bei eindeutig kritischen Projekten das eigenen Ansehen gefährdet? Bin ich bereit, die Verantwortung für mögliche Mißerfolge zu tragen?
- Projektarbeit erfordert oftmals erhebliche Mehrleistung über die Tagesarbeit hinaus. Bin ich bereit, für das Projekt Überstunden zu machen, Urlaub zu verschieben etc.?

7. Gibt es schon einen eigenen Projektraum bzw. eine "Projektecke"?

Ein Projektteam benötigt einen eigenen Raum oder wenigstens eine eigene "Projektecke", damit die Identifikation mit dem Projekt wachsen kann und eine "optische" Anlaufstelle für alle Beteiligten und Betroffenen vorhanden ist. Die entsprechenden Räumlichkeiten sollten möglichst frühzeitig zur Verfügung stehen.

8. Wie sollten die ersten Sitzungen gestaltet werden?

Bei den ersten Sitzungen mit den potentiellen Teammitgliedern oder den Betroffenen sollte darauf geachtet werden, daß alle einen einheitlichen Informationsstand erst herstellen müssen. Dazu trägt die "10 %-Regel"[199] bei, nach der mindestens 10 % der Sitzungszeit darauf verwendet wird, daß Teilnehmer Fragen zum Projekt stellen können, die die anderen Teilnehmer beantworten. So kann allmählich sichergestellt werden, daß alle von den gleichen Projektinhalten sprechen und nicht

---

[198] siehe hierzu auch das Qualifikationsprofil in Teil IV, Kapitel 12.6
[199] vgl. dazu auch Dworatschek (1981)

von unterschiedlichen Annahmen ausgehen. Damit wird auch verhindert, daß die Vorstellungen über die Ergebniserwartungen in bezug auf das Projekt zwischen Team und Auftraggeber scherenförmig auseinanderlaufen. ("Scherensyndrom")[200]

13.3 Die Projektleitung

Rollenelemente der Projektleitung

Über die gesamte Projektdauer hat die Projektleitung die Aufgabe, zu planen und zu steuern. Je nach Situation und Anlaß nimmt sie zusätzlich verschiedene Rollen an, über die sie sich bewußt sein sollte:[201]

- Gruppenleitung   - die aus Mitarbeitern verschiedener Dienststellen ein arbeitsfähiges Team formt.
- Themenwächter   - der darauf achtet, daß bei Besprechungen beim Thema geblieben wird.
- Facharbeiter   - der selber bestimmte inhaltliche Aufgaben übernimmt.
- Lehrer   - um den Projektmitarbeitern Projektmanagementmethoden zu erklären.
- Diplomat   - der die politischen Prozesse und ihre Auswirkungen auf das Projekt einzuschätzen und zu steuern vermag.
- Diagnostiker   - der Veränderungen im Projektumfeld analysiert.
- Puffer   - zwischen Entscheidungsträgern und Projektteam bzw. Linienvorgesetzten und Projektteam.
- Lernender   - der gemachte Fehler zukünftig vermeidet.
- Konfliktmanager   - bei Konflikten innerhalb des Projektteams und zwischen dem Projektteam und anderen Gruppen (z. B. PLA).
- Revisor   - der kontinuierlich Soll-Ist-Vergleiche durchführt und Abweichungen analysiert.
- Interviewer   - der z. B. den Grad der Betroffenheit von bestimmten Beteiligten herauszufinden versucht.
- Psychologe, Seelsorger   - der Bedenken und Unsicherheiten der Betroffenen erkennt und ernst nimmt.
- Stratege   - der neben dem Berichtswesen ein "Kommunikationswesen" entwirft.
- Berater   - der für die beteiligten Dienststellen in allen Fragen zur Verfügung steht.
- Und manchmal auch der Sündenbock   - der für Mißerfolge, Verzögerungen, Kostenentwicklungen etc. im Projekt gerade steht.

---

[200] ebenda
[201] vgl. Hansel/Lomnitz (1987), S. 205ff.

Qualifikationsprofil einer Projektleitung/Projektkoordination

Je nach Projekt werden unterschiedliche Anforderungen an die Fach-, Methoden- und Sozialkompetenz einer Projektleitung oder Projektkoordination gestellt. Das folgende Qualifikationsprofil ist eine Entscheidungshilfe für die Auswahl einer Projektleitung/Projektkoordination und kann der Selbsteinschätzung dienen. Sie wird folgendermaßen angewandt.

1. Überprüfung Sie, ob alle relevanten Fähigkeiten/Kenntnisse aufgeführt worden sind und ergänzen Sie ggf. die Liste.

2. Bewerten Sie die Anforderungen für jedes Kriterium anhand der Punktbewertung für das Projekt. Das Ergebnis ist das Projektprofil.

3. Schätzen Sie nun die einzelnen Mitarbeiterinnen und Mitarbeiter, die für die Projektleitung/Projektkoordination in Frage kommen, ein. Für jeden Mitarbeiter wird eine Liste erstellt.

4. Vergleichen Sie die einzelnen Mitarbeiterprofile mit dem Projektprofil.

Qualifikationsprofil für die Auswahl einer Projektleitung/Projektkoordination	Punktbewertung				
	1	2	3	4	5
Fachinhaltliche Kompetenz in bezug auf die Projektaufgabe (Sachkompetenz)					
Kenntnisse über die beteiligten Dienststellen					
Beherrschung der Methoden und Instrumente des Projektmanagements					
Fähigkeit zur Führung eines Teams					
Fähigkeit zur Moderation von Gruppen					
Fähigkeit, Aufgaben an andere abgeben zu können					
Fähigkeit, Wichtiges von Unwichtigem zu unterscheiden (Prioritäten setzen zu können)					
Fähigkeit, Arbeitspakete übergeben zu können und den Mitarbeiter eigenverantwortlich arbeiten zu lassen					
Fähigkeit, im Sinne des gesamten Projektes zu denken					
Persönliche Akzeptanz durch die Linienvorgesetzten der Projektmitarbeiter					
Persönliche Akzeptanz durch die am Projekt Beteiligten					
Verhandlungsgeschick und Überzeugungskraft					
Organisationstalent					
...					
1 = geringe Fähigkeiten/Kenntnisse 5 = hohe Fähigkeiten/Kenntnisse					

Abb. 109: Qualifikationsprofil einer Projektleitung/Projektkoordination"[202]

---

[202] in Anlehnung an Groth/Erbslöh u. a. (1983), S. 39

13.4 Problemlösungszyklus[203]

Auf jeder Ebene, sowohl auf der Projektmanagement-Ebene als auch auf der Projekt-gegenstands-Ebene, und in jedem zeitlichen Abschnitt des Projektes sind Probleme zu lösen. Hilfestellung bei der Analyse und bei der Lösungssuche bietet der soge-nannte Problemlösungszyklus, innerhalb dessen folgende Fragen gestellt werden:

1. Schritt: Welches Problem stellt sich und warum? (Symptome, mögliche Ursachen)

2. Schritt: Was wollen wir erreichen?

3. Schritt: Welche Lösungen sind möglich?
               Es sind immer mehrere Lösungsvarianten zu erarbeiten. Man soll sich
               nicht mit der erstbesten Lösung zufriedengeben. Zu jeder Lösungs-
               variante werden die jeweilige Ausgestaltung sowie Vor- und Nachteile
               grob skizziert. Die Wahrscheinlichkeit einer guten Lösung wird durch
               diesen Ansatz größer.

4. Schritt: Welche Lösung finden wir sinnvoll?
               Zur Bewertung kann z. B. die Nutzwertanalyse[204] angewandt werden.
               Aus Gründen der Aufwandsreduzierung sollte **eine** Lösungsvariante
               ausgewählt werden, die im weiteren Verlauf verfolgt und verfeinert
               wird.

5. Schritt: Wie setzen wir die gewählte Lösung um?

Der Problemlösungszyklus kann in jeder Phase und innerhalb jeder Phase sogar mehrfach zur Anwendung kommen. Der Inhalt beim Problemlösungsprozeß hängt jeweils von den bisher geleisteten Arbeiten ab. Die größte Bedeutung kommt dem Problemlösungszyklus während der Entwicklung eines Sollkonzeptes zu, da hier die Grundlagen für die weitere Projektarbeit im Hinblick auf den Projektgegenstand gelegt werden. Für die meisten der hier auftretenden Probleme ist es deshalb zweck-mäßig, sie methodisch zu lösen. In der Realisierungsphase hat dagegen auch eine situative Improvisation ihre Berechtigung.

---

[203] vgl. dazu auch: Meyer (1992)
[204] siehe Teil IV, Kapitel 5.1

13.5 Moderation

Im Rahmen eines Projektes werden viele Aufgaben in Gruppenarbeit bewältigt. Ob es z. B. um die Sammlung von Zielen, die Projektstrukturierung oder eine Nutzwertanalyse geht, immer wieder ist es Aufgabe der Leitung der Gruppe, die unterschiedlichen Ansichten und Meinungen zu erfassen und ein Gruppenergebnis herbeizuführen. Für diese Gruppenarbeit oder auch Workshops bietet es sich an, interne oder sogar externe Moderatoren mit der Durchführung der Sitzungen zu beauftragen. Einige wichtige Aspekte zur Moderation werden im folgenden dargestellt.[205]

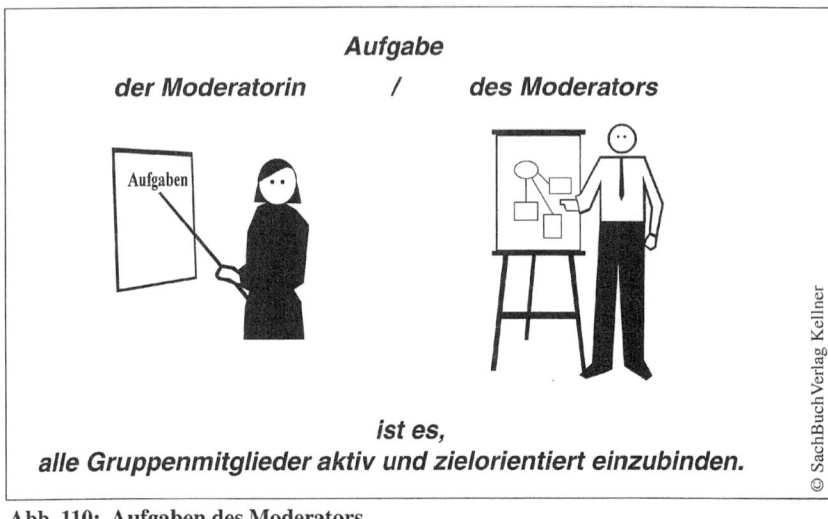

Abb. 110: Aufgaben des Moderators

Vorbereitung einer Gruppenarbeit/eines Workshops

Bei der Vorbereitung eines Workshops sind zuerst die Teilnehmer auszuwählen und ist der Ablauf der Gruppenarbeit zu planen. Für die Auswahl der Teilnehmer gilt folgende Regel:

- Zusammensetzung der Gruppe: Die Teilnehmer können oder sollten sogar aus unterschiedlichen Hierarchiestufen und aus verschiedenen fachlichen Richtungen kommen.
- Anzahl der Teilnehmer: 3-16 Teilnehmer; ab 10 Teilnehmern empfiehlt es sich, zwei Moderatoren einzusetzen.

---

[205] Der interessierte Leser sei auf weiterführende Literatur, insbesondere Seifert (1989) und Böning (1994) verwiesen.

Für den reibungslosen Ablauf der Gruppenarbeit sind mindestens folgende Vorarbeiten nötig:

*   **Planung der Dauer der Gruppenarbeit**: Sie sollte mindestens 2 Stunden, aber nicht länger als 2 Tage dauern.
*   **Reservierung der Räume**: Geeignete Räumlichkeiten müssen reserviert werden. Hier sollte insbesondere auf eine freundliche Arbeitsatmosphäre geachtet werden. Sofern Kleingruppenarbeit geplant ist, müssen auch genügend Kleingruppenräume **in der Nähe** des Gesamtgruppenraumes besorgt werden. Wichtig ist es darauf zu achten, daß sich die Wände zum Ankleben von z. B. Packpapier eignen. Auch das Arbeitsmaterial (Klebstoff, Stellwände, Karten, Papier, dicke Filzstifte, Scheren, ...) darf nicht vergessen werden.
*   **Planung des Ablaufs der Gruppenarbeit**: Eine Tagesordnung sollte vor der Sitzung feststehen; sie kann im Plenum noch abgestimmt werden.

Ablauf einer Moderation

Grundsätzlich kann bei der Moderation einer Gruppenarbeit nach folgendem Schema vorgegangen werden:

*   Begrüßung, Einstimmung und Einführung in das Thema
*   Erläuterung der Arbeitsweise, einschließlich der Darstellung von Kommunikationsregeln, die für die Sitzung bindend sein sollen
*   Arbeit am Thema
*   Darstellung der Ergebnisse und eventuell eines Tätigkeitskataloges
*   Abschluß.

Kommunikationsregeln

Das bewußte Ansprechen von Kommunikationsregeln ist sehr hilfreich für die inhaltliche Arbeit. Die gemeinsamen, für verbindlich verabredeten Regeln sollten für alle gut sichtbar im Raum dargestellt werden, damit man sie jederzeit vor Augen hat und sich gegenseitig daran erinnern kann. Im folgenden werden die wichtigsten Kommunikationsregeln aufgeführt.

*   **Jeder ist jedem gleichgestellt. Keiner ist wichtiger als der andere.**
*   **Butlerregel**: Jeder ist des anderen Butler. Jeder hilft jedem (z. B. Kaffee einschenken, Kaffeetassen wegräumen, Materialien aufräumen, ...)
*   **Es gibt keinen Leiter, sondern nur einen Moderator.**
*   **Störungen haben Vorrang.**

- Begrenzung der Sprechzeit: **30-Sekunden-Regel** (kurze sachliche Argumente, Meinungen)
- **Die anderen ausreden lassen.**
- **Jeder redet für sich selbst (Ich-Form).**
- **Keine "Killer"-Phrasen verwenden:** z. B.
  - zu modern, zu unmodern
  - zu theoretisch
  - zu wissenschaftlich, zu akademisch
  - das haben wir noch nie gemacht
  - bisher ging es auch so
  - sie sehen das Problem nicht
  - dafür bin ich Experte
  - ja, wenn das so einfach wäre
  - wir sind hier nicht in den USA/Japan
  - übernehmen Sie dafür Verantwortung
  - ...

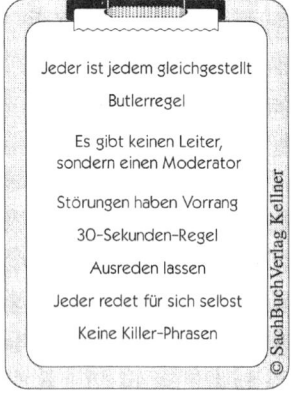

Jeder ist jedem gleichgestellt
Butlerregel
Es gibt keinen Leiter, sondern einen Moderator
Störungen haben Vorrang
30-Sekunden-Regel
Ausreden lassen
Jeder redet für sich selbst
Keine Killer-Phrasen

© SachBuchVerlag Kellner

Abb. 111: Kommunikationsregeln

Auf die Einhaltung der Regeln sollte jeder in der Gruppe achten. Insbesondere "Killer"-Phrasen können sehr schnell vom Thema ablenken oder eine Diskussion abwürgen.

Metaplan-Technik für die Arbeit am Thema (schematisch)

Ziel	Instrument
• **Einstiegsfrage** zum Erfassen von Stimmungen, Meinungen und zum Erkennen von Konflikten und Tendenzen; kann u. a. die Beeinflussung durch Meinungsträger vermeiden	**Ein-Punkt-Frage** Jeder Teilnehmer vergibt eine Stimme (z. B. einen Klebepunkt) für die Aussage, die er als richtig empfindet.
• **Erfassung der individuellen Aspekte**	• **Zuruf-Frage** Moderator schreibt für jeden sichtbar mit[206] • **Kartenabfrage** Jeder Teilnehmer schreibt seine Ansichten auf Karten. Werden zu viele Antworten erwartet, kann die Anzahl der Karten pro Teilnehmer begrenzt werden.

Abb. 112 (Teil 1): Schematische Darstellung der Metaplan-Technik

---

[206] Es handelt sich um Brainstorming. Ziel ist es, Gedankenketten in Gang zu setzen. Brainstorming sollte dann durchgeführt werden, wenn die Gruppe offen ist oder wenn bei einer Kartenabfrage eher weniger Antworten zu erwarten sind, da die Ideen bei den Teilnehmern noch fehlen.

Ziel	Instrument
• Aspekte für alle Teilnehmer **transparent machen**	Die geschriebenen Karten werden vom Moderator vorgelesen. Er ermuntert die "Autoren", einige Worte dazu zu sagen. Es liegt beim Moderator, ob er Diskussionen über die einzelnen Kartenbeiträge zuläßt. Neue Aspekte, die in der Diskussion auftauchen, werden auf neue Karten geschrieben.
• **Systematisierung der individuellen Aspekte,** eine Problemlandkarte entsteht	Welche Beiträge passen zusammen, welche müssen getrennt werden? Moderator oder Mitglied der Gruppe machen hierzu Vorschläge. Die Karten werden entsprechend **gruppiert.**
• **Schwerpunkte sichtbar machen Auswahl treffen Prioritäten zur Diskussion stellen**	**Mehr-Punkt-Frage** Jeder kann eine vorher festgelegte Anzahl von Stimmen vergeben.
• **Entwicklung von Lösungen**	**Kleingruppenarbeit** Die Ergebnisse werden visualisiert und den anderen Kleingruppen vorgestellt.

Abb. 112 (Teil 2): **Schematische Darstellung der Metaplan-Technik**

Aufgaben des Moderators während der Gruppenarbeit

Der Moderator soll die Diskussion in der Gruppe anregen. Mit seiner Hilfe soll sichergestellt werden, daß sich die Gruppenmitglieder vollständig auf die inhaltlichen Fragen konzentrieren können, und nicht durch zwischenmenschliche oder organisatorische Störfaktoren abgelenkt werden. Der Moderator muß sich seiner Rolle bewußt sein und darf sich nicht in inhaltliche Fragen einmischen. Er ist

Abb. 113: **Das Team und sein Moderator**

© SachBuchVerlag Kellner

gegenüber den Inhalten neutral. Dies kann aber nur dann erreicht werden, wenn der ausgewählte Moderator nicht aus denselben fachlichen oder organisatorischen Zusammenhängen stammt wie die Gruppe. Z. B. kann ein Mitarbeiter einer Organisationseinheit, die von einer Umorganisation betroffen ist, nicht gleichzeitig diesen

277

Prozeß moderieren. Er wäre befangen und würde sich nicht neutral verhalten können. Zu den Aufgaben eines neutralen Moderators gehören:

- Problemstellung erläutern,
- Arbeitsmittel und -techniken erläutern,
- auf Einhaltung der Regeln achten,
- Visualisierung fördern; sämtliche Aussagen sollten - wenn möglich - visualisiert werden,
- auf den Zeitplan achten,
- Einwände, nicht erfolgte Übereinstimmung und Fragen kennzeichnen:

Einwände mit ↙ und Fragen mit ❓,

- für eine offene und kooperative Atmosphäre sorgen,
- Konflikte lösen ohne moralische Appelle,
- jeden Teilnehmer ermuntern, sich zu beteiligen,
- keinen Teilnehmer in die Defensive geraten lassen,
- durch Fragen die Aktivität der Gruppe steigern,
- die Entscheidungsbereitschaft anregen,
- auf Sackgassen, die in Diskussionen auftreten können, aufmerksam machen,
- durch Fragen "Knackpunkte" aufdecken,
- Zwischenbilanz ziehen,
- wesentliche Ergebnisse in Abstimmung mit der Gruppe zusammenfassen,
- Probleme, die nicht endgültig geklärt werden konnten, bzw. zukünftige Aufgaben festhalten,
- systematisch vorgehen, aber trotzdem flexibel auf Äußerungen und das Klima in der Gruppe eingehen,
- immer den genauen Wortlaut von Texten, z. B. auf Flipcharts, vorlesen,
- zugerufene Texte immer erst nach Abstimmung mit der Gruppe endgültig aufschreiben.

Dieses Kapitel erhebt keinen Anspruch auf Vollständigkeit. Es sollten lediglich die wichtigsten Aspekte zum Thema "Moderation" dargestellt werden.

Literaturverzeichnis

Arndt, O. (1993): Die integrierte Projektsteuerung. Arbeitsmaterial Computer Based Training (CBT), unveröffentlichte Diplomarbeit, Institut für Projektmanagement und Wirtschaftsinformatik, Universität Bremen

Avots, I./Dworatschek, S. (1990): The State of the Art in Project Risk Management, in: INTERNET International Expert Seminar in connection with the PMI/ INTERNET Joint Symposium Atlanta USA 10/1989, Zürich 1990

Böning, Uwe (1994): Moderieren mit System, 2. Aufl., Wiesbaden

Bremisches Personalvertretungsgesetz vom 5. März 1974 (Brem.GBl. S. 131-2044- a-1), zuletzt geändert durch Gesetz am 13. September 1982 (auf Brem.GBl. S. 245)

Burghardt, M. (1993): Projektmanagement: Leitfaden für die Planung, Überwachung und Steuerung von Entwicklungsprojekten, 2. überarb. Aufl., Berlin - München

Buschmann, K. (1991): Änderungsmanagement, in: RKW/GPM (Hrsg.): Projekt-management-Fachmann, Bd. 2, Eschborn, S. 745-768

Daenzer, W. u. a. (Hrsg.) (1994): Sytems Engineering: Leitfaden zur methodischen Durchführung umfangreicher Planungsvorhaben, 8. Aufl., Zürich

Der Bundesminister des Innern (Hrsg.) (1988): Unterlagen für Ausschreibung und Bewertung von IT-Leistungen, Version II. (UfAB II), Bonn

Dienstvereinbarungen im Zusammenhang mit der Einführung neuer Technologien: Dienstvereinbarung zur Sicherung der Arbeitsplätze und Arbeitsbedingungen der Mitarbeiter/innen bei einem Personalausgleich vom 9. Sept. 1986; Dienstver-einbarung über berufliche Weiterbildung der Mitarbeiter/innen vom 9. Sept. 1986; Dienstvereinbarung über den Einsatz automatischer Datenverarbeitungsanlagen vom 9. Sept. 1986 (BremABl. 1986, S. 479-489)

DIN 69 900: Projektwirtschaft, Netzplantechnik, Berlin 1987

DIN 69 901: Projektwirtschaft, Projektmanagement - Begriffe, Berlin 1987

DIN 69 902: Projektwirtschaft, Einsatzmittel - Begriffe, Berlin 1987

DIN 69 903: Projektwirtschaft, Kosten und Leistung, Finanzmittel - Begriffe, Berlin 1987

Dworatschek, S. (1981): Standardized Planning of Small Projekts in Personnel Development, in: Project Management Institute/Internet, Boston Drexel Hill, S. 405-418

Dworatschek, S. (1995): Arbeitstexte zur Organisation und Personalwirtschaft. Arbeitsbericht Nr. 7, Institut für Projektmanagement und Wirtschaftsinformatik, Universität Bremen

Dworatschek, S./Gutsch, R. (1976): Die Leitung technischer Großsysteme, in: Zeitschrift für Organisation 4/1976, S. 222-228

Dworatschek, S./Hayek, A.(1992): Marktspiegel Projektmanagement Software; Kriterienkatalog und Leistungsprofile. 3. Aufl., Köln

Franke, A. (1984): Risikoanalyse und Risikobewertung, in: GPM (Hrsg.): Projektmanagement: Beiträge zur Jahrestagung am 8./9.11.1984 in Heidelberg, München, S. 21-31

Franke, A./Fürnrohr, M. (1994): Risikomanagement von Projekten - Ein Überblick, in: Schelle, H. u. a. (Hrsg.): Projekte erfolgreich managen, Loseblatt-Ausgabe, Köln, Kap. 4.2.1

Frese, E. (1987): Grundlagen der Organisation, Wiesbaden

Friedrichs, J.(1990): Methoden empirischer Sozialforschung, 14. Aufl., Opladen

Gabler-Wirtschafts-Lexikon (1984), 10. Aufl., Wiesbaden

Gesetz zur Gleichstellung von Frau und Mann im öffentlichen Dienst des Landes Bremen (Landesgleichstellungsgesetz) vom 20. Nov. 1990 (BremGBl. S. 433)

Gesetz zur Sicherung der Eingliederung Schwerbehinderter in Arbeit, Beruf und Gesellschaft (Schwerbehindertengesetz - SchwbG) vom 26. Aug. 1986 (BGBl. I S. 1421-1550), berichtigt am 15. Sept. 1986 (BGBl. I S. 1550), zuletzt geändert durch Gesetz vom 14. Sept. 1994 (BGBl. I S. 2325)

Groh, H./Gutsch, R. (Hrsg.) (1982): Netzplantechnik: Eine Anleitung zum Projektmanagement für Studium und Praxis, 3. Aufl., Düsseldorf

Groth, R./Erbslöh F. D./Hugelshofer, H.-J./Strombach, M. E. (1983): Projektmanagement in Mittelbetrieben, Köln

Hansel, J./Lomnitz, G. (1987): Projektleiter-Praxis, Berlin-Heidelberg

Haushaltsordnung der Freien Hansestadt Bremen (Landeshaushaltsordnung - LHO) vom 25. Mai 1971 (BremGBl. S. 143), zuletzt geändert durch Art. 2 des Brem. Gesetzes zur Ausführung des Wasserverbandgesetzes (BremAGWVG) vom 2. Febr. 1993 (BremGBl. S. 43)

Heintel, P./Krainz, E.E. (1994): Projektmanagement, 3. Aufl., Wiesbaden

Hoehne, J. (1991): Projektstrukturpläne, in: RKW/GPM (Hrsg.): Projektmanagement-Fachmann, Bd. 1, Eschborn 1991, S. 150-217

Horvath, P. (1990): Controlling, 3. Aufl., München

Janßen, W. (1996): Methodische Ansätze und ihre Grenzen beim Einsatz von Wirtschaftlichkeitskalkülen in DV-Projekten der öffentlichen Verwaltung, unveröffentlichter Dissertationsentwurf, Institut für Projektmanagement und Wirtschaftsinformatik, Universität Bremen, Stand 1996

Kaestner, R. (1991): Ziele, Abläufe und Phasen von Projekten, in: RKW/GPM (Hrsg.): Projektmanagement-Fachmann, Bd. 1, Eschborn, S. 64-86

Kästel, W./Witt, D. (1994): Beschleunigung von Entwicklungszeiten - ein portfolio-analytischer Ansatz, in: Projekt Management 3/1994, S. 12-21

Kellner, H. (1994): Die Kunst, DV-Projekte zum Erfolg zu führen, München - Wien

Kielkopf, H./Meyer, H.(1991): Integrierte Projektsteuerung, in: RKW/GPM (Hrsg.): Projektmanagement-Fachmann, Bd. 2, Eschborn, S. 769-857

Kieser, A./Kubicek, H. (1992): Organisation, 3. Aufl., Berlin - New York

Knieß, M. (1995): Kreatives Arbeiten, München

Kummer, W./Spühler, R./Wyssen, R. (1988): Projekt-Management: Leitfaden zu Methode und Teamführung in der Praxis, 3. Aufl., Zürich

Kupper, H. (1991): Zur Kunst der Projektsteuerung: Qualifikation und Aufgaben eines Projektleiters - aufgezeigt am Beispiel von DV-Projekten, 6. Aufl., München - Wien

Litke, H.-D. (1991): Projektmanagement: Methoden, Techniken, Verhaltensweisen, München

Madauss, B. (1994): Handbuch Projektmanagement: mit Handlungsanleitungen für Industriebetriebe, Unternehmensberater und Behörden, 5. Aufl., Stuttgart

Mees, J./Oefner-Py, S./Sünnemann, K.-O. (1995): Projektmanagement in neuen Dimensionen, 2. Aufl., Wiesbaden

Meyer, H. (1991): PM-Fachmann im Überblick und Transferüberlegungen, in: RKW/GPM (Hrsg.): Projektmanagement-Fachmann, Bd. 2, Eschborn, S. 1031-1118

Meyer, H. (1992): Tätigkeitsanalyse zum Projektmanagement: Aufgaben und Qualifikation von Mitgliedern der Projektleitung, Diss. Universität Bremen

Müller, D. (1991): Netzplantechnik, in: GPM, RKW (Hrsg.):Projektmanagement-Fachmann, Bd. 1, Eschborn, S. 219-340

Platz, J. (1989): Aufgaben der Projektsteuerung - Ein Überblick, in: Reschke, H./ Schelle, H./Schnopp, R. (Hrsg.): Handbuch Projektmanagement, Bd. 2, Köln, S. 633-660

Patzak, G. (1982): Systemtechnik - Planung komplexer innovativer Systeme: Grundlagen, Methoden, Techniken, Berlin - Heidelberg - New York

Reschke, H./Schelle, H./Schnopp, R. (Hrsg.) (1989): Handbuch Projektmanagement, Band 1 und 2, Köln

Reschke, H./Svoboda, M. (1983): Projektmanagement: Konzeptionelle Grundlagen, München

Reschke, H./Svoboda, M. (1984): Projektmanagement, Frankfurter Allgemeine Zeitung (Hrsg.), 2. Aufl., Nachdruck, München

Richard, H. (1988): Projektmanagement mit Systemdenken, 1. Aufl., Frankfurt a.M.

Rinza, P. (1994): Projektmanagement: Planung, Überwachung und Steuerung von technischen und nichttechnischen Vorhaben, 3. Aufl., Düsseldorf

Rucker, G. (1993): Projektmanagement in der bremischen Verwaltung. Seminarunterlagen für Fortbildung am Aus- und Fortbildungszentrum der Senatskommission für das Personalwesen, Bremen

Sattelberger, Th. (1994): Die lernende Organisation im Spannungsfeld von Strategie, Struktur und Kultur, in: Sattelberger, Th. (Hrsg.): Die lernende Organisation - Konzepte für eine neue Qualität der Unternehmensentwicklung, 2. Aufl., Wiesbaden, S. 11-55

Saynisch, M. (1989): Konfigurationsmanagement, in: Reschke, H./Schelle, H./ Schnopp, R. (Hrsg.): Handbuch Projektmanagement, Bd. 2, Köln, S. 561-590

Schelle, H. (1992): Portfoliotechniken im Projektmanagement, in: GPM (Hrsg.): Projektmanagement-Forum '92, München, S. 374-385

Schelle, H. (1994): Methoden zur Schätzung der Kosten komplexer Vorhaben und Ratschläge für die Praxis der Kostenschätzung, in: Goller, J./Maak, H./ Müller-Hedrich, B. (Hrsg.): Verwaltungsmanagement, Loseblattsammlung, Stuttgart 1989ff., Teil B, Kap. 3.2

Schmidt, G. (1994): Methode und Techniken der Organisation, 10. Aufl., Gießen

Schnorrenberg, U./Göbels, G./Rassenberg, S. (1996): Risikomanagement in Projekten, bislang unveröffentlichtes Buchmanuskript, Wiesbaden, erscheint 1996

Seifert, J. W. (1989): Visualisieren Präsentieren Moderieren, 6. Aufl., Bremen

Senator für Finanzen der Freien Hansestadt Bremen (Hrsg.) (1995): Anleitung für die Durchführung von Wirtschaftlichkeitsrechnungen in der bremischen Verwaltung (Verwaltungsvorschriften zur Haushaltsordnung der Freien Hansestadt Bremen (VV-LHO))

Sievers, B. (1975): Theorien und Methoden der Organistionsentwicklung in den USA, in: Gruppendynamik 6/1975, S. 29- 9

Steinmann, H./Schreyögg, G. (1990): Management - Grundlagen der Unternehmensführung - Konzepte, Funktionen und Praxisfälle, 1. Aufl., Wiesbaden

Verwaltungsvorschriften zur Haushaltsordnung der Freien Hansestadt Bremen (VV-LHO) vom 4. Okt. 1976 (BremABl. 1976, S. 413) und vom 22. Nov. 1977 (BremABl. 1977, S. 619), zuletzt geändert durch Schreiben des Senators für Finanzen vom 22. Dez. 1994

Watson, G. (1975): Widerstand gegen Veränderungen, in: Bennis, W.G./Benne, K.D./ Chin, R. (Hrsg.): Änderung des Sozialverhaltens, Stuttgart, S. 415-429

Das Autorenteam:

Wolfgang Ewert, Ausbildung zum Verwaltungsbeamten des mittleren und gehobenen Verwaltungsdienstes, beschäftigt bei der Senatskommission für das Personalwesen der Freien Hansestadt Bremen im Bereich der Grundsatzangelegenheiten der technikunterstützten Informationsverarbeitung (TuI); im Rahmen von Personalratstätigkeit mehrjährige Mitarbeit im TuI-Projekt zur Einführung eines dialogorientierten Personalabrechnungssystems.

Wiard Janßen, Diplom-Wirtschaftsingenieur, wissenschaftlicher Mitarbeiter am Institut für Projektmanagement und Wirtschaftsinformatik (IPMI) der Universität Bremen (Institutsleitung: Prof. Dr. Dr. h. c. S. Dworatschek) mit dem Forschungsschwerpunkt Wirtschaftlichkeitsanalysen; mehrjährige Berufserfahrung in der Privatwirtschaft als Projektleiter, Schulung von Projektmanagement in der öffentlichen Verwaltung.

Dörte Kirschnick-Janssen, Diplom-Ökonomin, wissenschaftliche Mitarbeiterin am Institut für Projektmanagement und Wirtschaftsinformatik (IPMI) der Universität Bremen (Institutsleitung: Prof. Dr. Dr. h. c. S. Dworatschek) mit dem Forschungsschwerpunkt Innovationsprozesse. Schulung, Beratung und Moderation verschiedener Organisationsentwicklungsprojekte in der bremischen Verwaltung und in anderen Kommunen; mehrjährige Berufserfahrung in der Privatwirtschaft.

Dr. Heike Papenheim-Tockhorn, Diplom-Ökonomin, Referentin in der Senatskommission für das Personalwesen der Freien Hansestadt Bremen im Bereich der Grundsatzangelegenheiten der Verwaltungsorganisation und Betriebswirtschaft; mehrjährige Tätigkeit als wissenschaftliche Mitarbeiterin am Lehrstuhl für Organisation und Planung (Prof. Dr. G. Schreyögg) der Fernuniversität - Gesamthochschule Hagen mit dem Forschungsschwerpunkt Kooperations-Strategien.

Gisela Schwellach, Diplom-Informatikerin, Referatsleiterin in der Senatskommission für das Personalwesen der Freien Hansestadt Bremen für den Bereich der Grundsatzangelegenheiten der technikunterstützten Informationsverarbeitung (TuI); mehrjährige Tätigkeit als wissenschaftliche Mitarbeiterin in Forschungsprojekten der beruflichen Bildung an der Gesamthochschule Kassel - Universität -, Kontaktstelle für wissenschaftliche Weiterbildung (Prof. Dr. P. Faulstich) und Forschungsgruppe Verwaltungsautomation (Prof. Dr. H. Brinkmann, Prof. Dr. K. Grimmer).

PraxisReihe VerwaltungsReform

Nachwort des Herausgebers

1. Die öffentlichen Dienste unterliegen - meist mit guten Gründen - nicht oder nur eingeschränkt dem allgemeinen Wettbewerb. Sie sind steuer- und beitragsfinanziert. Ihr Handeln ist uneingeschränkt verrechtlicht und gerichtlich überprüfbar. Das Haushaltsrecht ist genau und kompliziert, aber auch unflexibel und intransparent; hierunter leidet nicht nur die Wirksamkeit des parlamentarischen Budgetrechts, sondern auch die Effektivität der Verwaltung. Das öffentliche Dienstrecht wird vom Grundsatz der Lebenszeitlichkeit beherrscht, Leistungsanreize irgendwelcher Art kennt es (bislang) nicht.

Ein solches System hat gewiß seine Vorteile - es gewährleistet Kontinuität und demokratische Rechtstaatlichkeit öffentlichen Handelns; es gibt darüber hinaus den Mitarbeitern eine soziale Sicherheit, die die Orientierung am demokratischen Gesetzgeber und grundsätzlich parteipolitische Neutralität garantiert.

Die Gefährdungen liegen aber gleichfalls auf der Hand: Wirtschaftlichkeit und schnelle Aufgabenerledigung haben einen geringen Stellenwert; Selbstgenügsamkeit von Verwaltung und Politik herrschen vor, wo ein offensiver Vergleich mit anderen Leistungsanbietern - von der Nachbarkommune bis zum Privatunternehmen - möglich und notwendig wäre. Transparente Zielbeschreibungen und überprüfbare Aufgabenerledigung - etwa in Form des Projektmanagements - unterbleiben, aus Sorge um die Hierarchie und aus Furcht vor bisherigen, möglicherweise nachweisbaren Mängeln. Allgemein gesprochen: Die Methoden und das breite Wissen, die durch das Managen von privaten Dienstleistungen erprobt sind, finden nicht ohne weiteres Zugang in die öffentlichen Dienste. Hier soll mit dem vorliegenden Handbuch eine Lücke geschlossen und Mut zum Experimentieren mit einer neuen Arbeitsform - dem Projektmanagement - in den Verwaltungen gemacht werden.

2. Die aktuelle Diskussion um Reformen entzündet sich manchmal bereits an der Frage, ob die öffentlichen Dienste kundenorientiert arbeiten sollen und ob der Begriff des Kunden/der Kundin nicht passend sei ("Vom Untertan zum Kunden" heißt bezeichnenderweise eine Untersuchung zu diesem Thema[1]). Entscheidend ist dabei - wie ich meine -, daß es dem Selbstverständnis der Bürger/innen entspricht,

---

[1] vgl. Bogumil/Kißler, Vom Untertan zum Kunden? Möglichkeiten und Grenzen von Kundenorientierung in der Kommunalverwaltung, Berlin 1995

auf dem Rathaus oder in anderen Bereichen der öffentlichen Dienste wie Kunden angenommen zu werden. Alles andere erscheint aus drei Gründen unzeitgemäß:

- Neu ist das Umfeld von Dienstleistungen, das die Verwaltungen umgibt, zum Beispiel nehmen alle Bürger/innen kommerzielle Dienstleistungen in früher unbekanntem Umfang in Anspruch, bei Bank und Sparkasse, an der Tankstelle, bei Versicherungen usw. Hier werden keineswegs alle Kundenwünsche erfüllt, zumindest ist aber erfahrbar eine Dienstleistungsatmosphäre, die Service, Qualität und Preisgünstigkeit verspricht. Demgegenüber geben sich die öffentlichen Dienste vielfach wenig kundenorientiert.

- Neu ist die Leistungsfähigkeit privater Anbieter im Bereich der bisher von den öffentlichen Diensten erstellten Produkte, so daß sich für die Politiker die Frage nach dem Wettbewerb unvermeidbar stellt. Zu Beginn unseres Jahrhunderts brauchte z. B. jede Großstadt ein kommunales Hygieneinstitut, um bestimmte gesundheitliche Standards in den öffentlichen Krankenhäusern sicherzustellen. Heute bieten hierfür zahlreiche private Laborbetriebe ihre gute Arbeit an und würden das entsprechende Auftragspaket gerne übernehmen. Es besteht also Entscheidungsbedarf auf der Basis von Kriterien wie Verfügbarkeit und Sicherheit der Leistung, fachliche Qualität und Preis.

- Neu ist das betriebswirtschaftliche Instrumentarium, das der expandierende private Dienstleistungsbereich entwickelt und erprobt hat und das von den betriebswirtschaftlichen Lehrstühlen der Hochschulen wissenschaftlich begleitet wird. Die Kameralistik, d. h. das Haushaltsrecht der öffentlichen Dienste und der von Juristen geprägte Betrieb seiner Institutionen, hat hiervon bislang wenig Kenntnis genommen.

3. Der Aufbruch in der Reformdebatte hat einen Vorlauf. Bemerkenswert waren die inhaltlichen Ansätze, die die Hochschule für Verwaltungswissenschaften Speyer nach der Reaktorkatastrophe von Tschernobyl, der Diskussion über das Waldsterben u. a. zur Innovationskraft der Verwaltung formulierte[2]. Stärker organisationspolitisch orientiert argumentierte die damalige Vorsitzende der Gewerkschaft ÖTV, Monika Wulf-Mathies, mit der Schriftenreihe "Zukunft durch öffentliche Dienste"[3]. Grundlegend für die Reformbewegung wurden die Konzepte der Kommunalen Gemeinschaftsstelle für Verwaltungsvereinfachung (KGSt)[4]. Die Städte und Landkreise als Träger der KGSt spüren nämlich am schärfsten den Wettbewerb unter den

---

[2] Böhrel/Klages/Reinermann/Siedentopf (Hrsg.), Herausforderungen an die Innovationskraft der Verwaltung, Opladen 1987
[3] Wulf-Mathies (Hrsg.), Zukunft durch öffentliche Dienste, Band 1: Im Wettstreit der Ideen: Reform des Sozialstaats, Köln 1991
[4] Das neue Steuerungsmodell - Erste Zwischenbilanz der KGSt, Bericht Nr. 10, Köln 1995

privaten und öffentlichen Dienstleistern, stehen unter dem Druck der Wirtschafts-
förderung und -ansiedlung, von Wünschen und Erwartungen der Bürger/innen, von
ausbleibenden Finanzmitteln und der Kommunalaufsicht, die - anders als bei Län-
dern und Bund - der Nettokreditaufnahme Grenzen setzt. Und ihre Beratungsinstanz,
die KGSt, weiß auch, was im europäischen Ausland geschieht. Die Trends lauten,
so bestätigt es Frieder Naschold, heute OECD-weit: Ergebnissteuerung, Wettbewerb
und Qualitätspolitik.

Die Verringerung der Produktionstiefe - Funktionsverschiebung von der Produzenten-
rolle zur Gewährleistungsrolle - steht auf der Tagesordnung, ebenso wie Budgetierung
und Steuerung auf Abstand, Zusammenfügen von Sach- und Ressourcenverantwortung bei gleichzeitiger Stärkung des Controllings durch die zentralen Einheiten,
Einführen von Qualitätsmanagement, das auch der Bürgerbeteiligung einen neuen
Sinn gibt. Personalentwicklung jenseits des Vorgesetzen-Untergebenen-Schemas
gewinnt an Bedeutung und bedient sich neuer Instrumente (Mitarbeiter-Vorgesetz-
ten-Gespräch, Leistungsanreize, Arbeitszeitkonten, Kontraktmanagement). Wer die
Reform will, braucht eben mehr, als die Vorstellung von einer funktionierenden
Pyramide öffentlich Beschäftigter. Handelt es sich doch um die Erbringung hoch
komplexer Dienstleistungen, deren Qualität nicht zuletzt vom Engagement der
Mitarbeiterschaft abhängt. Schließlich ist von herausragender Bedeutung für die
Gebietskörperschaften ein Beteiligungsmanagement, das die verselbständigten
Einheiten ökonomisch und politisch zusammenführt und "Konzern"-Strategien
formulierbar macht.

Es ist offenkundig: Für alle Ansätze sind Praxisberichte, organisationspsychologische
Analysen und Beratungen, kommunalpolitische Kompendien, betriebswirtschaftliche Lehrbücher sowie praxisnahe Tagungsergebnisse ebenso einschlägig wie praktische Handbücher, zu denen das vorliegende gezählt wird. Hier wird mit der
PraxisReihe VerwaltungsReform eine wichtige Lücke gefüllt, damit in den Verwaltungen und anderen Bereichen der öffentlichen Dienste die Aufgaben methodisch up to date und handwerklich professionell angegangen werden können, deren
Erledigung von einem modernen Dienstleistungsbetrieb heutzutage erwartet wird.

Dr. Friedrich-Wilhelm Dopatka, Bremen

PraxisReihe VerwaltungsReform

SachBuchVerlag **Kellner**

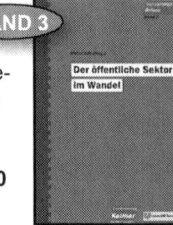